Michaela Arnold | Holger Bergold |
Martin Pundt | Karin Schreiber

DER NORDEN KANADAS

MIT ALASKA

66 TIPPS ABSEITS der ausgetretenen PFADE

360° medien

IMPRESSUM
Der Norden Kanadas mit Alaska
66 Tipps abseits der ausgetretenen Pfade
Michaela Arnold | Holger Bergold | Martin Pundt | Karin Schreiber

Nachtigallenweg 1 | 40822 Mettmann
360grad-medien.de

Redaktion und Lektorat: 360° medien

Satz und Layout: Elke Gräfe

Gedruckt und gebunden:
LD Medienhaus GmbH & Co. KG | Feldbachacker 16 | 44149 Dortmund
www.ld-medienhaus.de

Bildnachweis: siehe Seite 388

ISBN: 978-3-96855-201-9
Hergestellt in Deutschland

360grad-medien.de

Michaela Arnold | Holger Bergold |
Martin Pundt | Karin Schreiber

DER NORDEN KANADAS

MIT ALASKA

66 TIPPS ABSEITS der ausgetretenen PFADE

360° medien

VORWORT

Kanadas Norden und Alaska sind Traumziele; sie stehen auf der „Bucket List" vieler Reisender – einmal im Leben dorthin...

Während der Lockdowns wurde bei vielen von uns die Sehnsucht nach dem wilden, einsamen Norden noch größer. Jetzt sind die Northwest Territories, der Yukon und Alaska endlich wieder für Reisende aus Europa erreichbar.

Auch wir AutorInnen haben die einst so selbstverständliche Reisefreiheit schmerzlich vermisst, haben uns an viele berührende Erlebnisse im Norden erinnert – und auch daran, dass es neben der vielfältigen Flora und Fauna noch so viel mehr zu entdecken gibt: Indigene Kultur und einzigartige Geschichte, kulinarische Genüsse und eindrucksvolle Road Trips, dazu stets und überall authentische Begegnungen mit herzlichen Menschen.

Nur ein Klischee wird die Region – zehnmal so groß wie Deutschland, aber nur gut 800.000 Einwohner – bisher nicht los: Hier sei doch sowieso schon alles „abseits der ausgetretenen Pfade". Das hörten wir mehr als einmal während der Arbeit an diesem Buch. Sicher: Massentourismus und Besucherschlangen gibt es im hohen Norden nicht (abgesehen von den Kreuzfahrtriesen in Südost-Alaska). Aber genau deswegen lohnt es, sich intensiv auf das Land einzulassen, Überraschendes und Einmaliges zu entdecken – und sich dabei manchmal auch selbst wieder zu finden.

Whitehorse und Yellowknife verdanken ihre Entstehung dem Gold – bieten aber heute nicht nur Geschichte und Natur, sondern weitaus mehr Kunst, Kultur und Kulinarisches als jede deutsche Stadt vergleichbarer Größe. Anchorage ist die nördlichste Großstadt des Kontinents – doch nur fünf Minuten Fußweg trennen die Shopping Malls von den Elchen am Coastal Trail. In allen Städten des Nordens bieten sich abwechslungsreiche Stopps, unerwartet Sehenswertes und überraschend Skurriles.

White Pass & Yukon Route Railroad

Wer sich auf die vielen großartigen Road Trips begibt, sei es der Alaska Highway (der übrigens überwiegend im Yukon verläuft!), der legendäre Dempster Highway oder die historische Deh Cho Route, sollte ebenfalls genug Zeit mitbringen für die Vielfalt der Region: Auch hier liegen viele lohnende Ziele nicht im Blickfeld, sondern links und rechts der Route.

Hinzu kommt: Das Straßennetz ist in Kanadas Norden und Alaska sehr begrenzt und wer die Schönheiten der Natur nicht nur durch die Windschutzscheibe sehen will, sollte öfter mal die Wanderschuhe schnüren und losziehen: zu gewaltigen Wasserfällen und auf einsame Berggipfel, in wilde Flusstäler und in den Regenwald an der Küste, sei es für einen halben Tag oder für den halben Urlaub …

Oft sind die Entfernungen gewaltig. Dann geht es nur noch mit den „Locals" weiter: Mit dem Wasserflugzeug in die Schluchten des Nahanni National Park, mit dem Kanu den Yukon hinunter oder per Fährschiff die Küste Alaskas entlang, bis zum Horizont.

Wir laden Sie herzlich ein: Kommen Sie mit uns in den Norden Kanadas und nach Alaska – und entdecken Sie 66 Ziele abseits aller ausgetretenen Pfade.

Michaela Arnold | Holger Bergold | Martin Pundt | Karin Schreiber

INHALTSVERZEICHNIS

I. NORTHWEST TERRITORIES

II. YUKON TERRITORY

III. ALASKA

Hinweise: Während der Recherche zu diesem Buch änderten Lokale und Besucherattraktionen aufgrund der Corona-Pandemie immer wieder ihre Arbeitsweise. Darum wurde bei den Service-Informationen auf die Angabe von Öffnungszeiten, Preisen etc. verzichtet. Allen Reisenden sei empfohlen, sich aktuell vor Ort bzw. auf den aufgeführten Internetseiten zu informieren.

Aus Gründen der besseren Lesbarkeit wird auf eine geschlechtsneutrale Differenzierung verzichtet. Entsprechende Begriffe gelten im Sinne der Gleichbehandlung grundsätzlich für alle Geschlechter. Die verkürzte Sprachform beinhaltet keine Wertung.

Arktischer Ozean
GRÖNLAND
Beaufortsee
NUNAVUT
NORTHWEST TERRITORIES
USA
ALASKA
YUKON
KANADA
Nuuk
ALBERTA
MANITOBA
QUÉBEC
BRITISH COLUMBIA
SASKATCHEWAN
ONTARIO
Ottawa
USA
Washington
Atlantischer Ozean
Pazifischer Ozean
Mexiko
Nordpazifischer Ozean
Südpazifischer Ozean

Arktischer Ozean
Beaufortsee
NORTHWEST TERRITORIES
NUNAVUT
USA
ALASKA
YUKON
Yellowknife
Anchorage
Whitehorse
KANADA
Beringsee
Golf von Alaska
ALBERTA
BRITISH COLUMBIA
Edmonton
SASKATCHEWAN
Regina
Vancouver
Pazifischer Ozean
USA

Northwest Territories

Autorinnen:
Michaela Arnold & Karin Schreiber

Der Ausblick ist das Ziel!

WILLKOMMEN IN DEN NORTHWEST TERRITORIES!

Hoch im Norden Kanadas liegen sie: die Northwest Territories. Imposante Natur, ursprüngliche Wildnis und eine faszinierende Tierwelt – dies alles zeichnet die Region aus, die touristisch bisher nur schwach erschlossen ist und gerade darum erstklassige Reisebedingungen für Naturliebhaber und Abenteurer bietet.

Mit ihrer unberührten Natur, spektakulären Canyons und wilder Einsamkeit sind sie ein Traum für jeden Kanada-Urlauber. Zahllose Seen, Tundra und Permafrost verleihen der arktischen Landschaft hier ihren ganz besonderen Reiz.

Viel gerühmt ist die einzigartige Tierwelt der Northwest Territories. Hier leben rund 10.000 Schwarz- und Grizzly-Bären, 6000 Polarbären, 700.000 Karibus und 85.000 Moschusochsen. Es ist also fast unmöglich, bei der Tierbeobachtung leer auszugehen. Halten Sie die Kamera bereit!

Ein Moschusochse vor imposanter Landschaft

Wer die Northwest Territories ganz waschecht erleben möchte, sollte bestimmte Erlebnisse auf keinen Fall verpassen! Viele von ihnen sind übrigens ganz unentgeltlich zu haben.

Den „Big Four" begegnen: Zu den „Big Four" des Nordens zählen Moschusochsen, Karibus, Elche und Waldbisons. All diese Tierarten sind in den Northwest Territories zu Hause, einem der größten unberührten Wildnisgebiete Kanadas. Fast überall bieten sich ausgezeichnete Möglichkeiten zur Wildtierbeobachtung: auf den einzigartigen Highways, aus Buschflugzeugen und von Booten, auf den Eisstraßen des Winters und bei geführten Touren mit lokalen Outfittern. Auf geht's zur Polar-Safari!

Anglerparadies Northwest Territories

Einen 40-Pfünder an Land ziehen: ... denn jeder Fisch, der kleiner ist, wird hier als „Köder" bezeichnet. Ganz egal, ob man beim Fliegenfischen auf Äsche oder Hecht angelt, beim Schleppangeln Forellen ins Visier nimmt oder sich im Eisfischen versucht – in den Northwest Territories wird mit Sicherheit jeder Angler früher oder später einen Fisch am Haken haben. Die riesigen Flüsse, stillen Bäche und hunderte von Seen sind berüchtigt für ihren Reichtum an gigantischen Fischen.

Bärenbegegnung auf dem Dempster Highway

Bis zum Ende der Straße fahren: Die Straßen der Northwest Territories führen durch eine malerische, unberührte Wildnis, und dennoch gibt es an allen größeren Highways Camping- und Picknickplätze, Tankstellen und Besucherzentren. Die Krönung eines jeden Roadtrips ist es allerdings, über das Ende der Straße hinauszugehen - zu Fuß, mit dem Kanu oder per Schneemobil.

Die Flasche am Fuße eines Wasserfalles auffüllen: Wasserfälle – wild, lebendig, majestätisch! Die gewaltigen Wassermassen, die sich über Klippen in die Tiefe stürzen, das kraftvolle Tosen, das die Luft erfüllt und der feine Sprühnebel, der in glitzernden Regenbogenfarben empor steigt, während man gefühlt sehr klein dem strömenden Wasser gegenüber steht ... Die Northwest Territories sind ein Wasserfall-Wunderland. Die Region hat ein riesiges Wasservorkommen und schier endlose Felsvorsprünge, von denen die Flüsse herunterspringen. Tipp: Eine Fahrt entlang der Wasserfall-Route!

Die beeindruckenden Alexandra Falls

Die Ragged Ass Road entlangspazieren: Die berühmteste Straße in Yellowknifes Old Town ist so wild, wie ihr Name vermuten lässt. Ihr Name entstand im Jahr 1970 als die Anwohner nach einer schwierigen Goldschürf-Saison und nur geringen Einnahmen fanden, dass sie „ragged ass broke", also pleite wie die Lumpensammler waren. Aber erst Mitte der 2010er-Jahre wurde die Straße durch die Stadt Yellowknife offiziell mit Schildern gewürdigt. Sie wird als eine der berühmtesten Straßen Kanadas bezeichnet.

Eine der berühmtesten Straßen Kanadas, die Ragged Ass Road

Mit einer traumhaften Aussicht aufwachen: Muss man dazu noch mehr sagen?

TOP 10

DER SEHENSWÜRDIGKEITEN IN DEN NORTHWEST TERRITORIES

1 **Den Polarkreis überqueren:** Der legendäre Dempster Highway passiert den Polarkreis – die einzige Möglichkeit in Kanada, um diese bedeutungsvolle Linie mit dem Auto zu überqueren. Ein Stopp ist hier ein Muss! Wer über den Arctic Circle geschlendert ist, darf sich selbst gratulieren. Schließlich war man gerade an einem Ort, an dem nur wenige Menschen zuvor waren!

2 Einen Roadtrip durch die Wildnis machen: Kilometerlange Straßen durch die Einsamkeit des Nordens machen die Northwest Territories zu einem Eldorado für alle Urlauber im Roadtrip-Modus. Legendäre Straßen wie die Wasserfallroute, der Dempster Highway oder der neue Highway zum Arktischen Ozean lassen sich am besten per Wohnmobil erkunden.

3 Für eine Herde Bisons bremsen: Einst streiften Millionen von Bisons durch den Westen. Heutzutage sind sie fast überall von der Bildfläche verschwunden – außer in den Northwest Territories. Herzlich willkommen im letzten Refugium der tierischen Ikone Nordamerikas! Im Wood Buffalo National Park, Kanadas größtem Nationalpark, ist der Name Programm, denn er wurde im Jahre 1922 zum Schutz der letzten Waldbisons der Region gegründet. Auch heute noch leben rund 6000 Bisons im Park und bilden die größte freilebende Gruppe weltweit. Fernglas parat?

4 **Durch den großartigsten aller Parks paddeln:** Die wilden Flussläufe der Northwest Territories sind ein wahres Eldorado für Kanuten und Kajakfahrer! In vielen Regionen gibt es geführte Touren, die in Länge und Schwierigkeitsgrad variieren und großes Abenteuer versprechen. Kanadas berühmtester Wildwasserfluss fließt durch den Nahanni National Park, ein Natur-Paradies aus stattlichen Gipfeln, herabstürzenden Wasserfällen, hoch aufragenden Canyons und Geschöpfen, die so manch einer noch nie zuvor gesehen hat. Einen kühnen Sprung aufs Floß oder ins Kanu und dann rein ins Vergnügen!

5 **Der Sonne beim Nicht-Untergehen zuschauen:** Im Sommer bleibt die Sonne auf und wandert auf herrliche Weise am Horizont entlang. Lust auf eine Runde Golfen, Angeln oder Paddeln um Mitternacht? Das Bett kann warten!

6 **Von der Erde lernen:** In den Northwest Territories ist eine große Anzahl tiefverwurzelter indigener Kulturen zu Hause. Von einem Geschichtenerzähler der Dene, einem Jäger der Inuvialuit oder einem Fischer der Métis kann man das indigene Verständnis der Erde erlernen.

7 **Einen Polarlichtsturm betrachten:** Wenn es Nacht wird, erscheinen nicht selten die Polarlichter am Himmel, denn die Northwest Territories sind das Aurora Capital of the World! Normalerweise schleichen sie in einem geisterhaften Grün

wie in Zeitlupe direkt über den Köpfen ihrer Zuschauer. Doch von Zeit zu Zeit gerät der Himmel völlig außer Rand und Band. Ein Polarlichtsturm! Ein Genuss, wenn bunte Wellen quer über den Himmel rollen und sich lilafarbene Vorhänge funkelnd entfalten, die den Himmel so herrlich in Aufruhr versetzen!

8 **In einer Wildnis-Lodge im Luxus schwelgen:** Ob man nun ein Angler, Fotograf oder Naturlieb-haber ist, den schönsten Weg zurück zur Natur findet man im Rahmen eines Aufenthalts in einer Wildnis-Lodge. Von schick bis rustikal gibt es in den Northwest Territories unzählige, landschaftlich reizvoll gelegene Rückzugsorte, die zu einem längeren Aufenthalt einladen.

9 **Schauen, was Old Town Neues zu bieten hat:** Die beschauliche Hauptstadt Yellowknife hat viel Spannendes zu berichten, denn ihre rund 20.000 Einwohner stammen aus über 90 (!) Nationen! Kanadas seltsamstes und gleichzeitig wunderbarstes Stadtviertel lädt hier zu einem gemütlichen Spaziergang ein: Die Old Town ragt frech aus den Felsnasen über dem Great Slave Lake hervor und war einst der Ursprung des Goldrausches in den Northwest Territories.

10 **Den Ausblick vom Wasserflugzeug genießen:** In den NWT gibt es tausendmal mehr Flüsse als Straßen. Wasserflugzeuge dienen als Taxen – sie bringen ihre Passagiere zu abgelegenen Lodges und unberührten Angelplätzen oder entführen auf einem Panoramaflug in die Lüfte. Einmal sollte jeder eines chartern.

KURIOSES & BESONDERHEITEN

AUS DEN NORTHWEST TERRITORIES

Smoking Hills: Seit Jahrhunderten qualmen die düsteren Smoking Hills am Ufer von Cape Bathurst, unweit der Gemeinde Paulatuk in der westlichen Arktis und schicken dabei wabernden schwefelhaltigen Ruß in die Nordwest

Passage. An diesem Ort aus Feuer und Schwefel ist der Boden von Schichten aus Ölschiefer durchzogen, die sich spontan selbst entzünden, sobald sie der Luft ausgesetzt sind.

Sinkholes: Zwischen den Städten Tulita und Norman Wells, im riesigen, unerschlossenen Zentrum der Northwest Territories, wird die waldige Landschaft von dutzenden Sinklöchern durchzogen, die Mutter Erde hier ein seltsam entstelltes, pockennarbiges Aussehen geben. Das berühmteste ist das Bear Rock Sinkhole, das nordwestlich der gleichnamigen Bergformation liegt und mit seinen steil abfallenden Seitenrändern und dem tiefen, aquamarinfarbenen Wasser ins Auge sticht. Wissenschaftler sagen, dass dieses Naturwunder durch den Einbruch einer riesigen unterirdischen Höhle entstanden ist.

„The Bottomless Lake“: Ein tiefes Geheimnis liegt unter den Schaumkronen des Great Slave Lake. In der Nähe der Gemeinde Lutselk'e fällt der Seeboden unweit der Küste plötzlich und rapide um hunderte von Metern ab und bildet damit die tiefste Stelle in ganz Nordamerika. Liebevoll nennen die Einheimischen den Great Slave Lake daher „The Bottomless Lake“. Völlig unklar ist, wie weit es hier tatsächlich nach unten geht. Die offiziellen Angaben belaufen sich auf 614 Meter, allerdings entdeckten Wissenschaftler bei kürzlich durchgeführten bathymetrischen Messungen der Wassertiefe mancherorts noch wesentlich tiefere Gräben.

Rabbitkettle Tufa Mound: Wie ein bizarrer Mond-Stalagmit erhebt sich der größte Tuffstein-Hügel Kanadas nahe dem Ufer des Rabbitkettle River im Nahanni National Park. Der dreißig Meter hohe und 10.000 Jahre alte Hügel Rabbitkettle Tufa Mound wurde aus Thermalquellen gebildet, die aus dem vulkanischen Boden entspringen und dabei Calciumcarbonat mit sich führen, das sich an der Erdoberfläche in einer Kruste aus Tuffstein erhärtet. Wer die Schuhe auszieht, kann den Park Guide auf einem barfüßigen Spaziergang zu dieser empfindlichen Anhöhe begleiten.

„The Rapids of the Drowned“: die Stromschnellen der Ertrunkenen. Der Name dieses spektakulären Ortes ist kein Witz. Dort, wo der gigantische Slave River kurz vor Fort Smith auf den Präkambrischen Schild trifft, explodiert er regelrecht zu einem Strudel aus haushohen Wellen, Bäume vernichtenden Wasserwirbeln und galoppierenden Strömungen. Die einzelnen Flussabschnitte haben an dieser Stelle Namen, die vom Grandiosen bis zum Absurden reichen, z. B. Rollercoaster, Rockem Sockem, Land of A Thousand Holes oder aber die legendären Molly's Nipples.

Quiz-Frage: Wie lautet der Name des höchsten Berges der Northwest Territories? Wer mit „Ich weiß es nicht" antwortet, liegt goldrichtig. Der höchste Gipfel der Region ist ein 2773 Meter hoher Berg in der Ragged Range Region östlich der Grenze zum Yukon Territory – und er hat keinen Namen. Inoffiziell wird der namenlose Gipfel manchmal Mt. Nirvana, Summit 2773 oder Summit 9027 (das entspricht seiner Höhe in Fuß gemessen) genannt, oder einfach „Unnamed Peak". Ein vom Geographical Name Board of Canada akzeptierter Name müsste von den Nahanni Butte Dene vergeben werden, den hier heimischen First Nations.

Northwest Territories

Unterwegs im Nahanni National Park

Northwest Territories

1. 48 Stunden in Yellowknife
2. Aurora Borealis:
   Klassiker im Winter – Geheimtipp im Sommer
3. Ausblick mit Herzklopfen:
   Flightseeing in den Northwest Territories
4. Auf der Deh Cho Route: Zu den schönsten
   Wasserfällen der Northwest Territories
5. Einmaleins der Nationalparks:
   Ein Park für jeden Geschmack
6. Highlights der Western Arctic
7. In Wanderschuhen durch die Wildnis:
   Die coolsten Trails der Northwest Territories
8. Nahanni National Park:
   Ikone unter den Nationalparks
9. Zeitlos schön: Traditionelles Kunsthandwerk
10. Winterstraßen:
    Die coolsten Highways des Nordens
11. Kanuabenteuer:
    Wo jede Paddeltour zur Pilgerreise wird
12. Wood Buffalo National Park:
    Der mit dem Bison tanzt
13. Tuktoyaktuk:
    Stadt am Ende der arktischen Straße

Arktischer Ozean
Beaufortsee
KANADA
Great Bear Lake
Yellowknife
Great Slave Lake
Whitehorse
Wood-Buffalo-Nationalpark
Juneau
Pazifischer Ozean
Grande Prairie

1. 48 STUNDEN IN YELLOWKNIFE

Yellowknife, die beschauliche und zugleich dynamische Hauptstadt der Northwest Territories, ist mit ihren nur 20.000 Einwohnern die größte Stadt der Region. Gleichwohl hat sie Spannendes zu berichten. Noch heute weht ein Hauch von Goldgräberstimmung durch ihre historische Altstadt. Und die bunte Mischung von Bewohnern aus über 90 Nationen macht Yellowknife zu einem energiegeladenen und aufregenden Ort. Gleichzeitig ist die Stadt durch ihre perfekte Lage am nördlichen Zipfel des Great Slave Lake ein idealer Ausgangspunkt für Aktivitäten in der Natur. 48 Stunden in Yellowknife könnten wie folgt aussehen:

Blick auf Yellowknife

1. Tag: Beginnen Sie den Tag im Northern Frontier Visitor Centre, um einen ersten Eindruck von der wilden Hauptstadt des Nordens zu bekommen! Ganz in der Nähe liegen das Parlamentsgebäude der NWT Legislative Assembly sowie das Prince of Wales Northern Heritage Museum. Letzteres ist die Mutter aller Museen des Nordens und bietet einen ausgezeichneten Überblick über die Kunst, Kultur, Industrie und Geschichte der Region. Im Anschluss wartet Yellowknifes flippige und historische Altstadt. Mit ihren schrägen Hütten, stattlichen Villen, bunten Hausbooten, Wasserflugzeugen und dem hervorragenden Zugang zum Great Slave Lake ist die Old Town vielleicht das interessanteste Stadtviertel in ganz Kanada. Frech ragt sie aus den Felsnasen über der Yellowknife Bay hervor.

Für das leibliche Wohl sorgt ein Lunch-Stopp im historischen Wildcat Café. Das beliebte Sommerlokal ist in einer alten Blockhütte untergebracht, die an Yellowknifes Goldgräberstimmung der 1930er- Jahre erinnert. Als ältestes Restaurant ist es mit seinen leckeren Gerichten aus lokalen Zutaten nicht nur historisch, sondern auch kulinarisch ein Highlight!

Bunte Hausboote am Great Slave Lake

Frisch gestärkt steht am Bush Pilot's Monument ein einzigartiger Panoramablick auf dem Programm. Der beliebteste Aussichtspunkt Yellowknifes erhebt sich über der Old Town und bietet einen atemberaubenden Blick über den Great Slave Lake. Ein blinkendes Licht auf der Spitze des Turms zeigt an, wenn Wasser- oder Skiflugzeuge in der nahen Yellowknife Bay aktiv sind. Das glitzernde Wasser des Great Slave Lake sieht einladend aus? Dann mieten Sie für den restlichen Nachmittag ein Kanu oder Paddleboard, um die Wasserflugzeuge und Hausboote in der Yellowknife Bay von nahem zu bestaunen.

Bush Pilot's Monument

Zurück an Land dürfen Sie sich auf ein wohlverdientes Abendessen auf der schönen Außenterrasse von The Woodyard freuen. Das coole Brew Pub in der Old Town bietet nicht nur leckeres Essen, sondern auch selbst gebrautes Bier aus lokalen Zutaten.

Wenn sich der Tag in Yellowknife dem Ende zuneigt, sollte man den Blick unbedingt noch gen Himmel richten. Mit etwas Glück entflammt hoch über den Köpfen ein atemberaubendes Feuerwerk der Natur, wenn sich der sternenklare Himmel mit den schwirrenden Lichtern der Polarlichter füllt. Yellowknife zählt zu den besten Orten der Welt zur Beobachtung der Aurora Borealis – sie tanzen hier fast in jeder Nacht des Jahres.

2. Tag: Der Tag beginnt mit einem wahrhaft funkelnden Erlebnis! Yellowknife liegt inmitten eines Gebietes, das reich an Gold und Diamanten ist. Letztere wurden erst Anfang der 1990er-Jahre entdeckt und bescherten der Region nach ihrem Goldrausch der 1930er-Jahre einen erneuten Boom. Während die Diamantenminen etwas außerhalb liegen, entführt in der Stadt das NWT Diamond Centre in die Geheimnisse der arktischen Diamantenwelt.

Mieten Sie sich im Anschluss ein Auto und erkunden Sie den herrlichen Ingraham Trail. Mit etwa 70 Kilometern Länge führt er auf dem Highway No. 4 in östlicher Richtung bis zum Tibbitt Lake. Durch die vielen Wochenendhäuschen ist die Region auch als Yellowknifes „Cottage Country" bekannt. Zahlreiche schöne Seen säumen die Strecke und bieten wunderbare Möglichkeiten zum Schwimmen. Das Highlight des Ingraham Trails sind jedoch die Cameron Falls im Hidden Lake Territorial Park. Ein kurzer Wanderweg windet sich hier durch immergrüne Wälder, über Holzstege und hügelige Felsnasen, bis man den Aussichtspunkt gegenüber dem Wasserfall erreicht. Hier stürzt sich der Cameron River auf seinem Weg zum Great Slave Lake 17 Meter in die Tiefe.

Traumhafter Ausblick auf die Cameron Falls

Nach einem aufregenden Tag in der Natur geht es am späten Nachmittag zurück nach Yellowknife. Gönnen Sie sich ein Abendessen im legendären Fischrestaurant Bullock's Bistro in der Old Town. Hier dürfen Sie sich auf ein kühles Bier und den „Catch of the Day" freuen: fangfrischen Fisch aus dem Great Slave Lake.

Das legendäre Fischrestaurant Bullock's Bistro

INFO

Lage: Yellowknife liegt am Nordufer des Great Slave Lakes. Hier mündet auch der Yellowknife River in den See.

Aktivitäten:

- Northern Frontier Visitor Centre: in der Yellowknife City Hall, 52 Street, Lower Level
- Prince of Wales Northern Heritage Museum: *pwnhc.ca*
- Wild Cat Café, 3504 Wiley Rd, Yellowknife, Tel. +1 867 873 4004
- Paddeln in der Yellowknife Bay z. B. mit Narwal Northern Adventures: *narwal.ca*, Old Town Paddle: *oldtownpaddle.com*, The Woodyard: *nwtbrewingco.com*
- NWT Diamond Centre: *nwtdiamondcentre.com*
- Ingraham Trail: *nwtparks.ca/explore/ingraham-trail*
- Hidden Lake Territorial Park: *nwtparks.ca/explore/ingraham-trail/hidden-lake*
- Cameron Falls: *nwtparks.ca/explore/ingraham-trail/cameron-falls*

Website: *extraordinaryyk.com*

2. Aurora Borealis: Klassiker im Winter – Geheimtipp im Sommer

Mit Hundeschlitten auf einem verschneiten Pfad durch die Wildnis, während am Himmel die legendären Polarlichter tanzen – so in etwa stellen sich viele die Northwest Territories vor. Ein Winter-Wunderland, das in einem wirbelnden Licht aus bunten Farben erstrahlt. Doch die Northwest Territories können auch anders: Dass sich die Aurora Borealis im hohen Norden Kanadas auch im Sommer zeigen, ist für viele noch ein echter Geheimtipp. Wir räumen auf mit dem Vorurteil, dass die Nordlichter nur durch eiskalte Winternächte tanzen.

Mythos 1 – Die Polarlichter halten Sommerschlaf: Entgegen der allgemeinen Annahme sind die Polarlichter keine saisonale Himmelsdekoration. Eigentlich tanzen sie das ganze Jahr über durch die Atmosphäre. Sie entstehen, wenn Sonnenteilchen von den Magnetfeldern der Erde eingefangen und Richtung Nordpol geschickt werden und dabei unterwegs mit Luftteilchen zusammenprallen. Mal sind sie ganz blass und kaum erkennbar, ein einzelner

Nordlichter zeigen sich auch im Sommer

grüner Streifen vielleicht, ein anderes Mal leuchten sie wie ein kunterbuntes Feuerwerk und färben den Himmel in orange, pink und violett. Und in den Northwest Territories, der „Aurora Capital of the World", kann man sie fast ganzjährig bestaunen.

Mythos 2 – Im Sommer ist es zu hell, um die Aurora zu beobachten: Zugegeben, wenn es im Juni oder Juli kaum dunkel wird in den Northwest Territories, ist es etwas schwieriger, die Polarlichter am taghellen Himmel auszumachen. Ab August gibt es aber schon wieder bis zu vier Stunden Dunkelheit, im September sogar zwölf Stunden. Beste Bedingungen also, um das leuchtend bunte Spektakel bei angenehm milden Temperaturen zu bestaunen. Wobei die länger werdenden Nächte für Nordlicht-hungrige Urlauber natürlich trotzdem äußerst kurz ausfallen können, wenn sie ihren Blick nonstop in den Himmel richten.

Sommer-Aurora am 4 Mile Lake

Mythos 3 – Im Sommer ist der Himmel über den Northwest Territories oft zu bedeckt: Es stimmt schon, dass die klirrend kalten, trockenen Winter hoch oben im Norden für eine glasklare und unendlich weite Sicht sorgen. Aber auch die Sommertage in Yellowknife sind oft sonnig und vor allem wolkenlos, selbst im September ist der Himmel hier nur zu

Nordlichter am Black Bay Star Trail

30 Prozent des Monats bedeckt. Mit dem Oktober kommen dann allerdings verstärkt Nebel und Wolken zurück, deshalb ist bis Mitte November Pause beim Aurora-Viewing.

Mythos 4 – Es gibt keine geführten Aurora-Touren im Sommer: Doch, unbedingt! Die Aurora-Touren haben sozusagen zweimal Hauptsaison. Von August bis Anfang Oktober und dann von November bis Mitte April. Je nachdem, wie abenteuerlustig Sie sind und welches Zeit- und Reisebudget Sie mitbringen, gibt es verschiedene kleine Touren in und um Yellowknife. Oder aber, Sie fliegen für einige Tage zu einer abgelegenen Lodge in der Wildnis, lassen es sich dort unter dem Schein der Polarlichter so richtig gut gehen und machen tagsüber nebenbei noch Fotos von Bären, Karibus, Bisons und Elchen für Ihre Urlaubsgalerie.

Winterliche Nordlichter im Aurora Village

Mythos 5 – Nordlichter im Winter sind der Klassiker: Ok, das stimmt. Aber die Sommer-Nordlichter sind ein echter Geheimtipp! Noch. Beides hat seinen ganz eigenen Reiz. Einmal ist die Landschaft der Northwest Territories in eine weiße Schneedecke gehüllt, während das andere Mal die Welt in voller Blütenpracht erstrahlt und sämtliche Farben aufgefahren werden, die die Natur zu bieten hat. Stellen Sie sich einen perfekten Sommertag vor: Sie verbringen die Zeit am See, campen, fahren Kajak, wandern, angeln. Und abends beim Lagerfeuer oder auf einem Boot gesellen sich die Polarlichter dazu und knipsen ihre zauberhafte Farbenshow am Firmament an. Wenn die himmlische Tanzfläche für das atemberaubende Feuerwerk der Natur eröffnet ist, dann darf einem ruhig mal der Atem stocken.

INFO

Die Northwest Territories sind „Aurora Capital of the World“. Sie bieten perfekte Rahmenbedingungen zur Sichtung der Polarlichter:

- geographische Lage direkt unter dem Aurora Oval
- halbtrockenes, arktisches Klima mit klaren Winternächten
- keine Lichtverschmutzung
- flache Landschaft für freie Sicht

Beste Reisezeit für die Aurora Borealis:

- August bis Anfang Oktober
- November bis Mitte April

Aktivitäten:

- Das Tipi-Dorf Aurora Village liegt 30 Minuten außerhalb von Yellowknife und bietet Rundum-Sorglos-Pakete mit Transfers und winterlichen Outdoor-Aktivitäten. Die Aurora Viewing Touren führen zu den besten Aussichtspunkten oder man nimmt auf einem beheizten Viewing Seat im Aurora Village Platz: *auroravillage.com*
- Rund 30 Flugminuten südöstlich von Yellowknife bietet die luxuriöse Blachford Lake Lodge mit ihrer einmaligen Lage am Seeufer einen wunderbaren Ausblick. Tagsüber warten spannende Outdoor Abenteuer in der Wildnis und abends der sternenklare Aurora-Himmel: *blachfordlakelodge.com*
- North Star Adventures ist ein indigener Reiseveranstalter, dessen Touren stets in einen kulturellen Kontext gesetzt werden. Die ein- oder mehrtägigen Aurora Hunting Touren werden sowohl im Sommer als auch im Winter angeboten: *northstaradventures.ca*

Website: *astronomynorth.com* (tagesaktuelle Aurora-Vorhersage)

3. Ausblick mit Herzklopfen: Flightseeing in den Northwest Territories

Wer die Northwest Territories wirklich begreifen möchte, sollte in luftige Höhen steigen. Denn erst aus der Vogelperspektive zeigt sich das eindrucksvolle Land in Kanadas Norden in seiner ganzen Pracht. Von vielen Gemeinden starten kleine Flugzeuge zu spektakulären Flightseeing-Touren. Sie versprechen einen atemberaubenden Blick auf einzigartige Landschaften, deren Ausmaß man sich vom Boden aus nicht ansatzweise vorstellen kann.

Flightseeing im Nahanni National Park

Steile Gipfel und herabstürzende Wasserfälle tauchen im Blickfeld auf. Riesige Bison- und Karibuherden ziehen direkt unter den Betrachtern vorbei. Abgelegene Geisterstädte, die fast schon von der Landkarte verschwunden sind, erwachen zum Leben. Sagenumwobene Seen und Sümpfe breiten sich am Horizont aus. Balsam für das Auge und für die Seele! Das Herz schlägt höher, nicht nur während des Fluges, sondern nachhaltig – für Kanadas Norden. Hier kommen die Top 5 der Flightseeing-Abenteuer in den Northwest Territories:

Canol Trail: Ein Flug über den Canol Trail ist ein Flug durch die Geschichte. Von der kleinen Stadt Norman Wells aus führt die Flugroute durch die gewaltigen Mackenzie Mountains und folgt dabei dem Canol Trail – einer gespenstisch anmutenden, aufgegebenen Militärpassage, die während des Zweiten Weltkriegs durch das unwirtliche Land geschlagen wurde. Aus der Luft sind die verfallenden Beweise dieses monumentalen Unterfangens gut zu erkennen – Flugpisten, Kasernen, alte Armee-Laster und Überreste des Straßenbettes. Der Flug führt außerdem über den berühmten Dodo Canyon, die stolzen Carcajou Falls sowie viele wilde Tiere wie Grizzlys, Karibus, Elche oder Bergschafe, die noch nie einen Menschen zu Gesicht bekommen haben.

East Arm des Great Slave Lake: Der östliche Arm des Great Slave Lake ist vielleicht der landschaftlich reizvollste Küstenstreifen Kanadas. Der Flug startet in Yellowknife und führt dann rasch über die glitzernde Weite des riesigen Sees mit seinen forellengefüllten Buchten, von Klippen gesäumten Kanälen und roten Felseninseln. Neben Elchen und Bären kann man hier aus der Luft oft auch Moschusochsen entdecken. Das Szenario ist an Herrlichkeit kaum zu übertreffen: ein Paradies in Blau, Grün und Gold!

Wood Buffalo National Park: Der Wood Buffalo National Park breitet sich vor den Fluggästen aus wie eine riesige Leinwand. Im größten Naturschutzgebiet Nordamerikas gibt es nur eine Handvoll Straßen, sodass man den größten Teil ohnehin nur aus der Luft bewundern kann. Vor der Linse erscheinen die wilden, haushohen Wellen der Slave River Rapids, die glitzernden Salt Plains und das bioaktive Peace-Athabasca Delta – das größte Binnenmündungsge-

Wilde Bisons im Wood Buffalo National Park

biet der Erde. Auch die Namensgeber des Parks werden sicherlich in Erscheinung treten: die größte verbliebene Herde wilder Waldbisons in Nordamerika durchstreift hier die borealen Ebenen und wirbelt ordentlich Staub auf.

Mackenzie Delta: Ein kurzes Stück nördlich von Inuvik teilt sich Kanadas größter Fluss, der mächtige Mackenzie River, in tausende Abzweigungen und die ganze Welt scheint sich in Wasser zu verwandeln. Ein faszinierendes Labyrinth aus Rinnen und Kanälen, in dem viele Vögel und Tiere zu Hause sind. Ein gutes Stück weiter nördlich liegt der Arktische Ozean, der oft von Eis bedeckt ist, manchmal von Walen bevölkert wird und stets von Geheimnissen umhüllt scheint. Auch ein ganz besonderes Merkmal der arktischen Landschaft kann man nicht übersehen: Pingos! Und schließlich erscheint das wackere Tuktoyaktuk, Zentrum der Kultur der Inuvialuit, das prekär an der polaren Küste thront und stolz auf seinen Titel als größter Außenposten der Northwest Territories nördlich der Baumgrenze ist.

Spektakulärer Flug über das Mackenzie-Delta

Nahanni National Park: Der Nahanni National Park ist die Mutter aller Flightseeing-Ziele. Wenn sich das Flugzeug in Fort Simpson in die Lüfte schwingt, werden schon bald die bekannten Wahrzeichen des Parks ins Blickfeld rücken. Es herrscht pure Aufregung, wenn der Pilot beim Überflug laut ihre Namen ruft: Headless Range. Deadmen Valley. Hell's Gate. Sunblood Peak, Lotus Flower Tower und Cirque of the Unclimbables. Little Doctor Lake. Scimitar Canyon. Moose Ponds und Rabbitkettle Mound. Und natürlich das Herzstück des Nahanni, die legendären Virginia Falls! 30 Stockwerke sind sie hoch und stürzen sich unter den Flügelspitzen der Maschine tosend, mächtig und fast schon surreal wirkend in die Tiefe. Welch ein Erlebnis!

Virginia Falls

INFO

Aktivitäten:

- Canol Trail: Flüge ab Norman Wells: *normanwells.com*, North Wright Air: *north-wrightairways.com*
- East Arm des Great Slave Lake: Flüge ab Yellowknife: *extraordinaryyk.com*, Ahmic Air: *ahmicair.com*, Air Tindi: *airtindi.com*
- Wood Buffalo National Park: Flüge ab Fort Smith: *fortsmith.ca*, Reliance Airways: *relianceairways.ca*
- Mackenzie Delta: Flüge ab Inuvik: *inuvik.ca*, Arctic Chalet Tours: *arcticchalet.com*
- Nahanni National Park: Flüge ab Fort Simpson: *fortsimpson.com*, Simpson Air: *simpsonair.ca*, South Nahanni Airways: *southnahanniairways.ca*

4. Auf der Deh Cho Route: zu den schönsten Wasserfällen der Northwest Territories

Getreu dem Motto „Der Weg ist das Ziel" ist die Deh Cho Route ein echter Geheimtipp für jeden Roadtrip-Fan. Ganz unberührt von Stress und Hektik der Zivilisation führt sie durch Kanadas wilden Nordwesten, vorbei an grandiosen Naturschauplätzen und Geheimnissen aus längst vergangenen Tagen.

Auf einer Strecke von insgesamt 1800 Kilometern durchquert sie dabei den Norden der Provinzen Alberta und British Columbia sowie die südlichen Northwest Territories. Auf kaum befahrenen, aber gut gewarteten Straßen und Schotterpisten folgt sie dem Mackenzie, dem Liard und dem Alaska Highway auf den Spuren der Händler und Pioniere, die den Norden Kanadas vor Jahrhunderten erkundeten. Sie kamen, um bei den Ureinwohnern Pelze einzutauschen und befuhren dabei die Wasserstraßen, die seit unzähligen Generationen von den indigenen Völkern genutzt wur-

Die Alexandra Falls

den. „Deh Cho" – so nennen diese den Mackenzie River, den gewaltigen Fluss, der die scheinbar unendlichen Weiten der Northwest Territories vom Great Slave Lake bis hin zum Polarmeer durchfließt und von einem Viertel der Wassermassen ganz Kanadas gespeist wird.

Waterfalls Route

„Mile Zero" des Mackenzie Highways (Alberta Highway No. 35) ist einer der möglichen Ausgangspunkte dieses abenteuerlichen Roadtrips durch die Wildnis des Nordens. In Grimshaw, Alberta, etwa 500 Kilometer nordwestlich der Provinzhauptstadt Edmonton, startet die Deh Cho Route in nördlicher Richtung. Nach weiteren 470 Kilometern erreicht man ziemlich genau am 60. Breitengrad die Grenze zu den Northwest Territories. Hier wird es feierlich: Jeder Besucher, der zum ersten Mal die Schwelle zum hohen Norden überschreitet, erhält im Besucherzentrum ein „North of 60"-Zertifikat.

Hinter der Grenze führt die Deh Cho Route auf dem Mackenzie Highway (nun NWT Highway No. 1) weiter Richtung Norden. Der danach folgende Streckenabschnitt wird auch als Wasserfallroute bezeichnet, denn zahlreiche rauschende Wasserstürze, Kaskaden und Stromschnellen säumen hier den Weg.

Bereits 45 Minuten hinter der Grenze kann man im Twin Falls Gorge Territorial Park unweit der kleinen Stadt Enterprise die Kraft und das Tosen des mächtigen Hay River spüren, wenn er sich an den Alexandra Falls mehr als 30 Meter in die Tiefe stürzt. Nur vier Kilometer flussabwärts erreicht man über einen kleinen bewaldeten Pfad einen zweiten Wasserfall – die nicht weniger eindrucksvollen Louise Falls. Hier liegt einer der schönsten und be-

Die Louise Falls

liebtesten Campingplätze der Northwest Territories, der einen wunderbaren Blick auf die 15 Meter hohen, stufenförmigen Kaskaden im Hay River Canyon bietet.

Die Lady Evelyn Falls

Zurück auf der Deh Cho Route fährt man nun Richtung Westen parallel zum Mackenzie River, der hier eine weite Ebene durchfließt. Ein lohnenswerter Abstecher zur kleinen Dene Siedling Kakisa führt direkt an den malerischen Lady Evelyn Falls vorbei. Landschaftsarchitekten hätten diesen Wasserfall kaum besser planen können, als die Natur sie gebaut hat. An den sichelförmigen Felsen fällt der Kakisa River wie ein knapp 18 Meter langer Vorhang aus Sprühnebel und Gischt herab.

Camper auf dem Mackenzie Highway

Bei der Weiterfahrt auf dem Mackenzie Highway machen die Sambaa Deh Falls im gleichnamigen Territorial Park mit donnerndem Getöse auf sich aufmerksam. Einen kleinen Spaziergang flussaufwärts sprudelt ein weiterer Wasserfall fröhlich vor sich hin: die Coral Falls sind weniger pompös, dafür hat man sie meist für sich allein.

In Checkpoint, an der Kreuzung der Mackenzie und Liard Highways (NWT Highway No. 7), ist ein weiterer Abstecher Richtung Norden fällig. Die Strecke führt in das geschichtsträchtige Städtchen Fort Simpson, das am Zusammenfluss von Mackenzie und Liard River liegt und aus der ältesten ehemaligen Handelsnieder-

Beeindruckende Wassermassen an den Virginia Falls

lassung der Hudson's Bay Company entstanden ist. Fort Simpson ist Ausgangspunkt für einen Ausflug in den Nahanni National Park. Mit dem Wasserflugzeug – neben Boot oder Kanu übrigens das einzige Verkehrsmittel, mit dem man in den Park gelangt – kann man zu den imposanten Virginia Falls fliegen. Staunend steht man vor einer flüssigen Lawine, die endlos weiterrollt. Hier fallen täglich rund 100 Millionen Tonnen des South Nahanni River eine 96 Meter hohe Bergwand herunter. Die Virginia Falls sind damit fast doppelt so hoch wie die berühmten Niagarafälle in Ontario.

Eingang zum Blackstone Territorial Park

Zurück in Checkpoint geht es nun wieder Richtung Süden. Im Blackstone Territorial Park kann man nochmal einen phänomenalen Ausblick auf die Nahanni Mountains genießen. Die Strecke führt dann weiter über den Liard Highway, vorbei an der Ortschaft Fort Liard. Jetzt heißt es leider „Good bye, Northwest Territories!". Die Deh Cho Route führt nun weiter durch die Provinz British Columbia bis zur „Mile Zero" des Alaska Highways bei Dawson Creek, bevor man schließlich in Alberta über Grande Prairie zurück nach Grimshaw oder Edmonton fahren kann.

INFO

Aktivitäten:

- 60th Parallel Territorial Park: *nwtparks.ca/explore/waterfalls-route/60th-parallel*
- Twin Falls Gorge Territorial Park (Alexandra Falls & Louise Falls): *nwtparks.ca/explore/waterfalls-route/louise-falls-campground-twin-falls-gorge*
- Enterprise: *enterprisenwt.com*
- Hay River: *hayriver.com*
- Lady Evelyn Falls Territorial Park: *nwtparks.ca/explore/waterfalls-route/lady-evelyn-falls*
- Sambah Deh Falls Territorial Park: *nwtparks.ca/explore/waterfalls-route/sambaa-deh-falls*
- Fort Simpson: fortsimpson.com
- Nahanni National Park Reserve: *pc.gc.ca/en/pn-np/nt/nahanni*
- Blackstone Territorial Park: *www.nwtparks.ca/explore/liard-trail/blackstone*
- Fort Liard: *fortliard.com*

Campingplätze: *nwtparks.ca/campgrounds*

Highways und Fähren:

- Alberta: *ama.ab.ca*
- Northwest Territories: *inf.gov.nt.ca/en/transportation*
- British Columbia: *drivebc.ca*

Websites:

- *dehchotravel.ca*
- *nwtparks.ca/explore/waterfalls-route*

5. Einmaleins der Nationalparks: Ein Park für jeden Geschmack

Gleich sechs großartige Nationalparks liegen in den Northwest Territories. Hier fließen glasklare Flüsse, Gipfel ragen in den Himmel, Wasserfälle stürzen in die Tiefe und es gibt wilde Tiere in Hülle und Fülle – Moschusochsen, Karibus, Grizzlys oder Bisons, um nur einige von ihnen zu nennen.

Einige der Parks, wie beispielsweise der sagenumwobene Nahanni, sind echte Legenden und stehen auf der Bucket-Liste eines jeden Abenteurers. Andere sind unbesungene Juwele und zählen zu den unberührtesten Orten unseres Planeten. Doch ganz gleich, ob man im Wood Buffalo darauf wartet, dass die Bisonherde den Weg freigibt, oder ob man im Nááts'ihch'oh einen noch namenlosen und unbestiegenen Gipfel erklimmt, stets kann man die Erde in ihrer perfekten Form erleben: herrlich, wild und grenzenlos frei. Vielleicht hilft das kleine Einmaleins der Nationalparks der Northwest Territories bei der Wahl des richtigen Parks:

Aulavik National Park

- Geeignet für: Flachwasserpaddler, die die Wildnis der Arktis mit ihrer einzigartigen Tier- und Pflanzenwelt mögen.

Moschusochse

- Besonderes Wahrzeichen: Der Thomsen River, die nördlichste schiffbare Wasserstraße der Welt
- Charakteristisches Tier: Moschusochse – von ihm gibt es hier abertausende.
- Typisches Erlebnis: Sich durch das polare Paradies treiben lassen
- Beste Jahreszeit: Wer kein Iglu bauen kann, sollte im Sommer kommen.
- Schwierigkeitsgrad: Mittel. Das Paddeln ist zwar ein Kinderspiel, aber eventuell benötigte Hilfe ist ziemlich weit entfernt.
- Ausgangspunkt: Inuvik. Von hier kann man ein Flugzeug in den Park chartern.

Náátsʼįhchʼoh National Park Reserve

Nıonep'ene Lake

- Geeignet für: Kenner, die wissen, dass dieser Park überhaupt existiert. Er ist noch recht neu und ein absolut verstecktes Juwel.
- Besonderes Wahrzeichen: Sein namensgebender Gipfel, der stattliche Berg Náátsʼįhchʼoh
- Charakteristisches Tier: Grizzly, Bergziege und andere alpine Tiere

- Typisches Erlebnis: Paddeln auf dem Oberlauf des Nahanni oder dem Natla & Keele River. Alpines Wandern auf unberührten Pfaden
- Beste Jahreszeit: Sommer
- Schwierigkeitsgrad: Hoch. Der „Rock Garden" am Oberlauf des Nahanni bedeutet 50 Kilometer Wildwasserstrecke.
- Ausgangspunkt: Fort Simpson oder Norman Wells mit einem gecharterten Wasserflugzeug

Nahanni National Park Reserve

- Geeignet für: Fans von Ausflügen im Wasserflugzeug und Ausblicke auf unberührte Wildnis
- Besonderes Wahrzeichen: Die Virginia Falls, ihres Zeichens die Königin unter den Wasserfällen Kanadas
- Charakteristisches Tier: Bergschaf – stets auf flinkem Fuß durch die steinige Landschaft unterwegs
- Typisches Erlebnis: Besteigung des Gipfels Sunblood Peak, Paddeln entlang der Figure of 8 Rapids oder ein wärmendes Bad in den Kraus Hot Springs
- Beste Jahreszeit: Sommer

Wanderung im Nahanni National Park

- Schwierigkeitsgrad: Hoch für Kanuten. Leicht für Tagesausflügler im Wasserflugzeug zu den Virginia Falls
- Ausgangspunkt: Fort Simpson. Von hier kann man ein Flugzeug in den Park chartern.

Thaidene Nëné National Park

- Geeignet für: Angler, Segler, Kajakfahrer oder Motorboot-Liebhaber
- Besonderes Wahrzeichen: Die schroffen, sich aufbäumenden Küstenklippen der Pethei-Halbinsel

Moschusochsen im Thaidene Nene National Park

- Charakteristische Tiere: Riesige Forellen
- Typisches Erlebnis: Diese Forellen fangen, ein Bierchen zischen und dabei ein leckeres Shore-Lunch am Ufer braten
- Beste Jahreszeit: Sommer für Angler und Bootsfahrer, Winter zur Beobachtung der Polarlichter
- Schwierigkeitsgrad: Hoch, wenn man als Kajakfahrer oder Segler allein unterwegs ist. Leichter, wenn man an einem geführten Sportangel-Ausflug teilnimmt.
- Ausgangspunkt: Yellowknife (hier kann man ein Flugzeug zum Park chartern) oder Luselk'e (hier starten die Bootstouren zum Park)

Tuktut Nogait National Park

- Geeignet für: Freunde von Einsamkeit, Karibus und endloser Tundra
- Besonderes Wahrzeichen: La Roncière Falls am Hornaday River
- Charakteristisches Tier: Karibu. Der Park ist Heimat der 68.000-köpfigen Bluenose-West-Karibu-Herde, die hier ihre Jungen zur Welt bringt.
- Typisches Erlebnis: Sich auf dem Hornaday treiben lassen. Ein geführter Besuch des Parks mit lokalen Guides aus Paulatuk
- Beste Jahreszeit: Sommer, wenn süße Karibu-Babys im Überfluss vorhanden sind.
- Schwierigkeitsgrad: Hoch. Man ist hier völlig isoliert und auf sich allein gestellt. Ein gewisses Überlebenstalent ist erforderlich.
- Ausgangspunkt: Inuvik. Von hier kann man ein Flugzeug in den Park chartern.

Wood Buffalo National Park

- Geeignet für: Fans von Roadtrips per Auto oder Camper, Ornithologen oder Wildwasser-Kajakfahrer von Weltklasse

Ausblick in den Wood Buffalo National Park

- Besonderes Wahrzeichen: Ein Salzwasserfluss, ein Schlangen-„Hibernaculum" und der größte Biberdamm der Welt
- Charakteristisches Tier: Bison. Mit etwas Glück begegnet man hier auch dem größten und seltensten Vogel der Welt, dem Schreikranich.
- Typisches Erlebnis: Barfuß über die glitzernden Salzebenen laufen
- Beste Jahreszeit: Ganzjährig
- Schwierigkeitsgrad: Leicht
- Ausgangspunkt: Fort Smith

INFO

Aulavik National Park:

- *pc.gc.ca/en/pn-np/nt/aulavik*
- *Infos zur Anreise: pc.gc.ca/en/pn-np/nt/aulavik/visit/visit1#access*

Náátsʼįhchʼoh National Park Reserve:

- *pc.gc.ca/en/pn-np/nt/naatsihchoh*
- *Infos zur Anreise: pc.gc.ca/en/pn-np/nt/naatsihchoh/visit/get_here*

Nahanni National Park Reserve:

- *pc.gc.ca/en/pn-np/nt/nahanni*
- *Infos zur Anreise: pc.gc.ca/en/pn-np/nt/nahanni/visit/visit1#air*

Thaidene Nëné National Park:

- *pc.gc.ca/en/pn-np/nt/thaidene-nene*
- *Infos zur Anreise: pc.gc.ca/en/pn-np/nt/thaidene-nene/visit/guides*

Tuktut Nogait National Park:

- *pc.gc.ca/en/pn-np/nt/tuktutnogait*
- *Infos zur Anreise: pc.gc.ca/en/pn-np/nt/tuktutnogait/visit/visit1*

Wood Buffalo National Park:

- *pc.gc.ca/en/pn-np/nt/woodbuffalo*
- *Anreise über Fort Smith: fortsmith.ca*

6. Highlights der Western Arctic

Rentiere in Herden, die so groß sind, dass sie den Horizont verdunkeln. Einsame Berge in einem Kleid aus Rot und Gelb. Kanadas größtes Flussdelta, in dem der riesige Mackenzie River in tausende von zerfledderten Wasserläufen zu explodieren scheint. Die Inselwelt der Hocharktis, die von Moschusochsen übersät und von Walen umgeben ist. Und die stolzen Völker der Gwich'in und Inuvialuit, die gleichsam zeitlosen wie modernen Lebensweisen folgen. Dies alles ist die Western Arctic.

Folgende Highlights sollten hier auf keinen Fall verpasst werden:

Ibyuk Pingo bei Tuktoyaktuk: Die seltsamen und zugleich wunderbaren Pingos der arktischen Küste gehören wohl zu den beliebtesten Besonderheiten des Nordens. Ein Kern aus Eis lässt die hochaufragenden Bergkuppen am Ufer der Beaufortsee anschwellen und die flache Tundra überragen. Der zweitgrößte Pingo der Welt ist der 49 Meter hohe Ibyuk vor den Toren Tuktoyaktuks.

Das Ibyuk Pingo bei Tuktoyaktuk

Iglu-Kirche in Inuvik: Das vermutlich kultigste und am meisten fotografierte Gebäude des Nordens ist die Kirche Our Lady of Victory in Inuvik. Ihre schneeweiße, runde Form mit silberner Kuppel erinnert an eines der ehemaligen Schneehäuser der Inuvialuit. Im Inneren der Kirche sind Gemälde der lokalen Künstlerin Mona Thrasher zu bewundern.

Die Iglu-Kirche in Inuvik

Richardson Mountains im Herbst: Eine Fahrt entlang des Dempster Highways ist zu jeder Jahreszeit schön, aber ab Ende August wird sie zu einer Reise durch ein Wunderland aus Leuchtfarben. Die Tundra der Richardson Range entflammt in brennendem Rot und leuchtendem Gelb – ein mitreißendes Herbst-Kaleidoskop, von dem der Blick kaum abgewendet werden kann.

Eisbären: Als König der Arktis steht der große, weiße Bär unangefochten an erster Stelle, wenn er entlang der arktischen Küste und auf den Inseln des hohen Nordens patrouilliert. Lokale Outfitter in Gemeinden wie Sachs Harbour und Ulukhaktok nehmen Besucher auf Touren per Boot oder Schneemobil mit, um einen Blick auf die königlichen Tiere zu erhaschen.

Das Mackenzie Delta

Mackenzie Delta: Dort, wo der größte Fluss des Nordens in Richtung Meer strömt, zersplittert er in ein Gewirr aus Holz und Wasser – ein verschlungenes Mündungsdelta, das Heimat für alle möglichen Arten von Fischen und Federvieh, aber auch Wale, Bären

Das Regional Visitor Centre in Inuvik

und Karibu bietet. Gleichzeitig stellt das Mackenzie Delta eine der reichhaltigsten, von Menschenhand gestalteten Regionen des Nordens dar, die vom Mosaik einer uralten Kulturlandschaft geprägt ist. Touren werden ab Inuvik und anderen Gemeinden der Region angeboten.

Tuktut Nogait National Park: Als einer der abgelegensten Nationalparks Kanada, liegt der Tuktut Nogait an den Flanken der Nordwest Passage und schützt neben den Kalbungsgebieten der Barrenland Karibus den Lebensraum von Saibling, Wölfen und vielen Greifvögeln. Der Park ist bekannt für den berühmten Hornaday River und seine charakteristische Kaskade, die 23 Meter hohen La Roncière Falls.

INFO

Aktivitäten:

- Ausflüge ab Tuktoyaktuk mit Noksana Mushing Tours: *noksanamushingtours.ca*; Ookpik Tours & Adventures: *ookpiktours.ca*
- Inuvik: Inuvik ist das Ende des Dempster Highways und der Beginn des Inuvik-Tuktoyaktuk Highways an den Arktischen Ozean. Außerdem Ausgangspunkt für zahlreiche Ausflüge in die Western Arctic. Western Arctic Regional Visitor Center: *travel_westernarctic@gov.nt.ca*, 284 MacKenzie Road, Inuvik, NT X0E 0T0, Tel. +1 867 777 7237; Town of Inuvik Tourism: *tourism@inuvik.ca*, *inuvik.ca*, Tel. +1 867 777 8618; Igloo Church Inuvuik: 178 Mackenzie Road, Inuvik, NT X0E 0T0, Tel. +1 867 777 2236
- Ausflüge in die Western Arctic ab Inuvik mit Tundra North Tours: tundranorthtours.com; Arctic Adventure Tours: *arcticchalet.com*

Websites:

- Pingo Canadian Landmark: *pc.gc.ca/en/lhn-nhs/nt/pingo*
- Tuktoyaktuk: *tuktoyaktuk.ca*
- Tuktut Nogait National Park: *pc.gc.ca/en/pn-np/nt/tuktutnogait*

7. In Wanderschuhen durch die Wildnis: Die coolsten Trails der Northwest Territories

Die Northwest Territories sind ein wahres Wildnis-Paradies mit unendlich vielen Wanderwegen durch malerische Landschaften – von befestigten Pfaden bis hin zu abenteuerlichen Steigen im großartigen Hinterland des Nordens. Die coolsten Trails durch die wilden und wunderbaren Northwest Territories stellen wir hier vor.

Canol Trail: Der 355 Kilometer lange Canol Trail folgt einer stillgelegten Militärstraße, die einst die Mackenzie Mountains durchquerte, und ist möglicherweise Nordamerikas härtester Wanderweg. Die meisten Wanderer benötigen in der Regel drei Wochen, um die Strecke zwischen Norman Wells und der Grenze zum Yukon Territory zurückzulegen. Verpflegung, Ausrüstung und ein aufblasbares Floß führen sie dabei stets mit sich, um die vielen reißenden und von Gletschern gespeisten Flüsse zu überqueren.

Unterwegs auf dem Canol Trail

Twin Falls Gorge Trail: Der leicht zu bewältigende Trail folgt dem Lauf des wunderschönen Hay River Canyons. Er beginnt im Städtchen Enterprise und führt über acht Kilometer durch ein üppiges boreales Waldgebiet in Richtung Süden. Der Weg ist gut ausgeschildert und bietet großartige Ausblicke auf die klaffende Kalksteinschlucht und die wunderbaren Naturschätze des Twin Falls Gorge Territorial Parks, darunter die Zwillings-Wasserfälle Louise Falls und Alexandra Falls, an denen der Pfad endet.

Wandern im Nahanni National Park

Ram Plateau: Das monumentale Ram Plateau im Nahanni National Park ist eine kleine Erinnerung daran, dass in den Northwest Territories die Natur regiert. Die Hochebene gleicht einer enormen Tischplatte aus Dolomit, die von den Mackenzie Mountains umgeben und von steil abfallenden Canyons durchzogen ist. Auf diesem faszinierenden Tafelberg gibt es jede Menge Leben: Dallschafe, Bären, Bergkaribus, Greifvögel und eine Unmenge alpiner Wildblumen.

Sunblood Peaks: Eine Wanderung zum 1450 Meter hohen Gipfel, der sich über den legendären Virginia Falls erhebt, ist vielleicht eines der prominentesten Erlebnisse im Nahanni National Park. Der 16 Kilometer lange Rundweg beginnt direkt auf der anderen Flussseite des Virginia Falls Campgrounds, führt in nordöstlicher Richtung durch einen alten Fichtenwald und schließlich über einen offenen Bergrücken zum Gipfel. Einzigartige Panorama-Ausblicke sind dabei garantiert!

Unterwegs an den Virigina Falls

Portage an den Virginia Falls: Die Portage dient eigentlich den Paddlern, um ihr Kanu oder Kajak um den legendären Wasserfall des Nahanni National Parks herumzutragen. Der zwei Kilometer lange Pfad, der bergab über einen Holzsteg führt, sollte jedoch auch Wanderern nicht vorenthalten werden! Der Trail beginnt oberhalb der Virginia Falls und bietet einen atemberaubenden Blick auf die Stromschnellen der Sluice Box Rapids, an denen der Nahanni zu einem reißenden Strom wird. Ein Stück weiter teilt der riesige Mason's Rock den Fluss in zwei Teile. Schließlich windet sich der Pfad zu einem Aussichtspunkt an der Abbruchkante der Virginia Falls, wo sich die Wassermassen 30 Stockwerke in die Tiefe stürzen und am Boden mit furchterregender Wucht explodieren. Der Weg endet an dem gepflasterten Strand unterhalb der Fälle – ein perfekter Ort für ein Picknick.

Sambaa Deh Canyon: Bei der Fahrt von Fort Providence nach Fort Simpson ist ein Stopp an der klaffenden Schlucht des Sambaa Deh Canyons ein Muss. Hier, ganz in der Nähe der Gemeinde Jean Marie River, schneidet sich der Trout River seinen Weg durch einen dichten Fichtenwald. Die meisten Besucher fotografieren den kleinen Wasserfall an der Straße, wo sich der Fluss durch einen schmalen Spalt aus Kalkstein zwängt und über eine steil abfallende Kante schießt. Wenn man jedoch dem dichten Netz an Wanderwegen folgt, das sich entlang des Canyons zieht, gibt es weitaus mehr zu entdecken! Etwa 1,5 Kilometer stromaufwärts liegen beispielsweise die idyllischen Coral Falls, die ihren Namen den zahlreichen fossilen Korallen verdanken, die in der Region gefunden wurden.

Cameron Falls Trail: Eine schöne kleine Wanderung durch die typische nördliche Landschaft des kanadischen Schildes ist rund 45 Kilometer östlich von Yellowknife zu finden. Der Cameron Falls Trail windet sich hier durch immergrüne Wälder, über Holzstege und hügelige Felsvorsprünge, bis man rund 20 Minuten später den Aussichtspunkt vis-à-vis des Wasserfalls erreicht. Hier stürzt sich der Cameron River auf 17 Metern entlang einer schrägen Steinwand in die Tiefe. Ab nun geht es flussaufwärts weiter, bis man über eine Brücke auf die andere Flussseite gelangt, wo exzellente Picknick- und Angelmöglichkeiten sowie an heißen Tagen Badespaß am Fuße des Wasserfalls warten.

INFO

Websites:

- Canol Trail: *normanwells.com* (umfangreicher Canol Trail Wanderführer ist hier erhältlich *canol.trail@theedgenw.ca*)
- Twin Falls Gorge Trail: *nwtparks.ca/explore/waterfalls-route/louise-falls-campground-twin-falls-gorge*
- Nahanni National Park (Ram Plateau, Sunblood Peaks, Virginia Falls): *pc.gc.ca/en/pn-np/nt/nahanni*
- Sambaa Deh Canyons: *nwtparks.ca/explore/waterfalls-route/sambaa-deh-falls*
- Cameron Falls Trail: *nwtparks.ca/explore/ingraham-trail/cameron-falls*

8. Nahanni National Park: Ikone unter den Nationalparks

Ein Besuch des Nahanni National Parks hinterlässt Spuren. Niemand kehrt unverändert von ihm zurück – dafür ist er zu groß, zu alt und zu wild. Nur per Boot oder mit dem Wasserflugzeug ist der drittgrößte Nationalpark Kanadas zu erreichen. Bei gerade einmal 700 Besuchern im Jahr begeistert er mit seiner ursprünglichen Wildnis und einer einzigartigen Landschaft, die den sagenhaften South Nahanni River umgibt. Auf einer Fläche von rund 30.000 Quadratkilometern befindet sich eine immense Dichte an Wildwasserflüssen, Canyons, Schluchten und alpiner Tundra.

Einen spektakulären Gesamteindruck der Szenerie erhält man im Rahmen einer Flightseeing Tour. Im nahe gelegenen Fort Simpson startet die Twin Otter in luftige Höhe hoch über die Berge auf. Der South Nahanni River schlängelt sich hier durch tiefe Canyons, so

Unvergessliche Wanderungen im Nahanni National Park

dass der Blick aus der Vogelperspektive ein überwältigendes Bild abgibt.

Eine Zwischenlandung an den atemberaubenden Virginia Falls ist ein Muss! Der Wasserfall ist mit 96 Metern fast doppelt so hoch wie die Niagarafälle. Eine kurze Wanderung zur Kopfzone erlaubt einen spritzigen Blick in die Tiefe. Wanderer finden bei einer Tour zum 1.450 Meter hohen Sunblood Peak ihre Erfüllung. Der Ausblick auf die Virginia Falls ist einzigartig. Auch wenn man die vielfältige Tierwelt der Region bereits aus der Luft erspäht hat, so

Wasserflugzeug am Glacier Lake

steigt bei einer Wanderung die Chance auf eine echte Begegnung mit Dallschafen, Waldkaribus, Schwarzbären, Wölfen oder Adlern. Und wenn erst der Grizzly um die Ecke schaut …

Aber auch für Nicht-Alpinisten gibt es im Park genug zu tun: die blühende Wildblumenwiese der legendären Fairy Meadows liegt wie eine flache, grüne Oase im Herzen der berühmten Cirque of the Unclimbables und lädt zum Verweilen ein. Auf sanften Pfaden spazieren, ein Sonnenbad inmitten der alpinen Blumen genießen, die Falken und Murmeltiere beobachten oder einfach im Schatten der eindrucksvollen Gipfel faulenzen.

Mit dem Kanu auf dem South Nahanni River

Zusammen mit dem benachbarten Nááts'ihch'oh National Park schützt der Nahanni National Park stolze 86% des gesamten Wassereinzugsgebiets des South Nahanni River. Kein Wunder, dass die Region ein wahres Eldorado für Kanuten und Kajakfahrer aus aller Welt ist. Die Paddelsaison dauert von Mitte Juni bis Mitte September. Wer früh im Sommer kommt, kann sich dank der nicht untergehenden Sonne über nahezu 24 Stunden Tageslicht freuen! Ab Mitte August steigen dagegen die Chancen, am klaren Nachthimmel Polarlichter zu sichten.

Die sicherste und angenehmste Art, den Nahanni National Park per Kanu zu erkunden, ist im Rahmen einer geführten Kanutour eines registrierten und lizenzierten Outfitters ab Fort Simpson. Die mehrtägigen Touren variieren in Länge und Schwierigkeitsgrad und können zusätzlich Wander- oder Raftingausflüge beinhalten. Hier ist für jeden das Richtige dabei, egal ob Anfänger oder erfahrener Kanute. Die Touren führen durch wilde Canyons und reißende Stromschnellen. Ein beliebter Haltepunkt sind auch die Kraus Hot Springs – sie versprechen ein erholsames Bad in heißen Quellen.

Der Nahanni National Park wurde im Jahr 1978 als Weltkulturerbe der UNESCO ausgezeichnet. Seit 1987 zählt der South Nahanni River zu den Canadian Heritage Rivers.

> **INFO**
>
> **Aktivitäten:**
> - Flighseeing ab Fort Simpson: Simpson Air, *simpsonair.ca*; South Nahanni Airways, *southnahanniairways.ca*
> - Geführte Kanutouren ab Fort Simpson:
>   Black Feather, *nahanniriver.ca*;
>   Canoe North Adventures, *canoenorthadventures.com*;
>   Nahanni River Adventures, *nahanni.com*
>
> **Unterkunft:**
> - Nahanni Mountain Lodge: *via simpsonair.ca*
>
> **Website:** *pc.gc.ca/en/pn-np/nt/nahanni*

9. Zeitlos schön: Traditionelles Kunsthandwerk

Kanadas Norden ist mit magischen Nordlichtern und einer grenzenlosen Wildnis voller majestätischer Tiere gesegnet. Kein Wunder, dass es den lokalen Künstlern nicht an Inspirationen mangelt. Das von der Natur beeinflusste und aus Naturmaterialien hergestellte zeitlose und hochwertige traditionelle Kunsthandwerk der Northwest Territories begeistert auf ganzer Linie.

Körbe aus Birkenrinde: Die glatten und robusten Birkenrindenkörbe sind ein wahres Wunderwerk. Sie sind wasserfest, biegsam, verrotten nicht und werden in der Regel mit zarten Blumenmustern verziert, die aus sorgfältig getrimmten Elchhaargebinden oder liebevoll arrangierten Stachelschweinkielen gefertigt sind. Eine große Auswahl ist im Acho Dene Native Crafts Store in Fort Liard erhältlich. Aber auch viele andere Souvenir- und Kunsthandwerksläden in den gesamten Northwest Territories verkaufen entsprechende Produkte.

Körbe aus Birkenrinde

Mokassins, Mukluks und Fausthandschuhe: Die Kleidung des Nordens ist warm, bequem und riecht unschlagbar gut: Das gegerbte Karibu- oder Elchfell behält jahrelang seinen charakteristischen, rauchigen Geruch. Zuhause trägt man mit Biberfell gefütterte und schönen Perlen verzierte Mokassins. Im Freien sind Mukluks aus Elchfell unschlagbar – sie halten die Zehen auch an den kältesten Tagen warm. Und Fausthandschuhe aus Biberpelz schützen die Finger vor kalten Winterwinden. Boutiquen wie der Yellowknives Dene Artisan Shop in Dettah oder der Tlicho Online Store aus Behchoko verkaufen Kleidung und Accessoires aus perlenbesetztem Elchfell. Aurora Heat in Fort Smith führt Biberfellwärmer, die man in Fäustlinge oder Stiefel stecken kann.

Mokassins

Mother Hubbard Parkas: In der Western Arctic ist der Mother Hubbard Parka zu Hause, eine ikonische Mode der Inuvialuit. Die zweilagige Winterjacke besticht durch ihre wärmende Kapuze mit einem Rand aus Vielfraß- oder Wolfsfell. Die Näherinnen in den Gemeinden der Western Arctic nehmen Maß und fertigen die Parkas nach den Wünschen ihrer Kunden an.

Stachelschweinkiele: Die Präparation von Stachelschweinkielen ist ein zeitaufwändiges Unterfangen. Man betrachte nur die faszinierenden Muster, wenn die Kiele in dekorative Bänder eingewebt werden, oder die einzigartigen Strukturen, mit denen sie allerorts Birkenrindenkörbe, Mokassins, Elchlederwesten oder Schmuck verzieren.

Schmuck: Indigene Schmuck-Designer schlagen Wellen in der nationalen und internationalen Modewelt. Charakteristisch ist die Verwendung von Knochen und heimischen Edelsteinen, Fischschuppen, Stachelschweinkielen oder Perlen, die auf gegerbtem Elchfell befestigt werden. Indigenen Schmuck findet man in den meisten Gemeinden auf Pop-up-Märkten, in Kunst- und Modeboutiquen sowie in Souvenirläden.

Geduld und Liebe zum Detail sind gefordert

Elchhaar-Tufting: Das traditionelle Elchhaar-Tufting erfordert Geduld und Liebe zum Detail. Die Künstler zupfen zunächst steife Haare aus dem Fell, die dann, nach Größe und Länge sortiert, gewaschen, gefärbt und gebündelt, auf eine Unterlage aus gegerbtem Elchleder – alternativ auf Stoff oder Birkenrinde – aufgefädelt, in Form geschnitten und zu schönen Blumenmustern zusammengeführt werden. Gerahmtes Elchleder-Tufting kann online über den Acho Dene Native Crafts Store bestellt oder in einem der vielen Kunstgeschäfte erworben werden.

Schnitzereien und Skulpturen: Ob Knochen oder Kalkstein, die Schnitzer der Northwest Territories verwenden eine Vielzahl von Materialien, um ihre Geschichten zu erzählen. Auf einem Elchgeweih können sie eine ganze Jagdszene gestalten. Oft liegt die Kunst des Schnitzens in der Familie und der Nachwuchs lernt von den älteren Generationen. In Yellowknife kann man im Frozen Rock Studio örtlichen Schnitzern bei der Arbeit zuzusehen. Die Kunstgenossenschaft Northern Images war-

Schnitzerei auf einem Elchgeweih

tet mit Schnitzereien aus dem gesamten Norden auf. Auch in der Gallery of the Midnight Sun in der Old Town gibt es eine großartige Auswahl an Schnitzereien und Skulpturen.

Jugendliche Trommler

Trommeln der Dene und Inuvialuit: Der Trommeltanz ist ein wichtiger Bestandteil indigener Zeremonien. Je nach Ort, kann eine traditionelle Trommel in Größe, Form und Klang variieren. Die Standardtrommel der Dene besteht aus getrocknetem Karibu-Fell, das auf einen Rahmen aus Birkenholz gespannt ist. Die deutlich größere Trommel der Inuvialuit hat einen Griff für den Trommler, der somit einen viel tieferen Klang erzeugen kann. Inuvialuit-Trommeln sind im Inuvialuit Regional Craft Shop in Inuvik erhältlich.

INFO

Shops:

- Acho Dene Native Crafts Store in Fort Liard: *adnc.ca*
- Yellowknives Dene Artisan Shop in Dettah: *yellowknives-dene-artisan-shop.myshopify.com*
- Tlicho Online Store: *onlinestore.tlicho.ca*
- Aurora Heat in Fort Smith: *auroraheat.ca*
- Frozen Rock Studio in Yellowknife: *nwtarts.com/organization-profile/frozen-rock-studio*
- Northern Images in Yellowknife: *northernimages.ca*
- Gallery of the Midnight Sun in Yellowknife: *nwtarts.com/organization-profile/gallery-midnight-sun*
- Inuvialuit Regional Craft Shop in Inuvik: *nwtarts.com/organization-profile/inuvialuit-regional-corporation-craft-shop*

10. WINTERSTRASSEN: DIE COOLSTEN HIGHWAYS DES NORDENS

Sobald der Winter kommt, ändert sich die Straßenkarte der Northwest Territories dramatisch. Auf den zugefrorenen Seen und Flüssen bildet sich ein temporäres Netz aus Eisstraßen, das die Länge der regulären Highways der Region vorübergehend verdoppelt! Winterstraßen von fast 2000 Kilometern Länge werden durch unwirtliche Landschaften gepflügt, die im Sommer unpassierbar sind. Sie verbinden zwölf abgelegene Gemeinden, die damit einen temporären Zugang zur Außenwelt erhalten.

Unterwegs auf einer Eisstraße

Alljährlich werden die Eisstraßen vom Verkehrsministerium der NWT gebaut und instandgehalten. Ihre Saison ist kurz und dauert in der Regel von Ende Dezember bis Anfang April. Die meisten bestehen aus einer Eisschicht, die stolze 1,20 Meter dick ist und damit stark genug, einen Jumbo-Jet zu tragen. Daher keine Sorge, wenn das Eis unter dem Fahrzeug einmal knackt – die extra Portion Elch-Gulasch vom Vorabend ist sicherlich nicht schuld daran.

Keineswegs sind die Winterstraßen jedoch mit den normalen Highways der Northwest Territories zu vergleichen. Oft sind sie eng, zerfurcht und können selten mit Geschwindigkeiten von mehr als 50 km/h befahren werden. Da die Tage im Norden Kanadas im Winter dunkel und bitterkalt sind und es nur wenige Verbindungsstrecken gibt, sollten man vor der Abfahrt unbedingt sicherstellen,

Eisstraße nach Tuktoyaktuk

dass das Fahrzeug winterfest ist und ausreichend Vorräte und wärmende Kleidung an Bord sind.

Yellowknife-Dettah Ice Road: Die kurze, landschaftlich reizvolle Fahrt über die zugefrorene Yellowknife Bay beginnt, wo die School Draw Avenue auf den Great Slave Lake abzweigt, und führt zur Ortschaft Dettah. Die kleine Gemeinde der Dene First Nations zählt etwa 180 Einwohner und liegt direkt an der Mündung der Bucht. Da die Eisstraße extrem breit ist, kann man sich problemlos auf den Standstreifen stellen, um das blanke Eis zu bestaunen und Fotos zu schießen. Nach sechs Kilometern erreicht man Dettah, wo der Yellowknife Dene Artisan Shop im Chief Drygeese Centre indigenes Kunsthandwerk und Kleidung aus lokaler Herstellung verkauft.

Behchokǫ̀-Gamètì Winter Road: Die Winterstraße von Tlicho verbindet die Gemeinden Wekweètì, Whatì und Gamètì mit Behchokǫ̀. Hier beginnt die Straße gleich außerhalb der Ortschaft und schlängelt sich zunächst durch den Wald, bis der zugefrorene Marian Lake zur Straße wird. An bedeckten oder verschneiten Tagen kann man den Himmel kaum vom Grund unterscheiden – eine herausfordernde Szenerie! Am nördlichen Ende des Sees führt die Straße schließlich auf einer Reihe von steilen Passagen über kleinere Gewässer, bis sie wieder festen Boden erreicht. Man passiert Abzweigungen nach Wekweètì und Whatì, bevor die Strecke in der Gemeinde Gamètì endet. Die abenteuerliche Reise auf dieser Winterstraße sollte nicht auf die leichte Schulter genommen werden. Die Fahrt dauert in einer Richtung gut und gerne drei bis fünf Stunden bei lückenhafter bis gar nicht vorhandener Handy-Netzabdeckung.

Unendliche Eisweiten …

Inuvik-Aklavik Ice Road: Die Winterstraße von Inuvik nach Aklavik führt nördlich des Polarkreises durch das Mackenzie-Delta und bietet auf 117 Kilometern atemberaubende Aussichten, darunter auf die Richardson Mountains. Wenn ab April die Tage länger werden, ist auch hier ordentlich was los. Die Bewohner der gesamten Region machen sich dann auf den Weg nach Aklavik, wo das alljährliche Frühlingsfest Aklavik Jamboree gefeiert wird, ein Wochenende voller Wettbewerbe, Veranstaltungen und Aktivitäten.

Wrigley-Fort Good Hope Winter Road: Bewohnern der Sahtu-Region bietet diese Winterstraße die einzige Möglichkeit, auf dem Landweg in die malerischen Gemeinden der abgelegeneren Gebiete zu gelangen. Ab Wrigley, einem Dorf mit 150 Einwohnern, folgt die Straße dem Pfad des Deh Cho (Mackenzie River) nach Norden bis Tulita und führt dann über Norman Wells nach Fort Good Hope. Unterwegs zweigt sie zu den Gemeinden Délı̨ne und Colville Lake ab. Auch für diese Strecke müssen sich die Fahrer gut vorbereiten – ungeübten Laien wird von einer Fahrt abgeraten. Lange Passagen sind ohne Handyempfang und nur wenige Gemeinden entlang der Route bieten Benzinversorgung.

INFO

Allgemein: Offizielle und tagesaktuelle Informationen über Betriebszeiten und Straßenverhältnisse der Ice Roads in den Northwest Territories gibt es unter *inf.gov.nt.ca/en/transportation*

Yellowknife-Dettah Ice Road: Länge 6 Kilometer, Betriebszeit ca. 18. Dezember bis 19. April, Ø 479 Fahrzeuge pro Tag

Behchokǫ̀-Gamètì Winter Road: Länge 194 Kilometer, Betriebszeit ca. 20. Februar bis 19. April, Ø 49 Fahrzeuge pro Tag

Inuvik-Aklavik Ice Road: Länge 117 Kilometer, Betriebszeit ca. 24. Dezember bis 29. April, Ø 54 Fahrzeuge pro Tag

Wrigley-Fort Good Hope Winter Road: Länge 482 Kilometer, Betriebszeit ca 31. Dezember bis 24. März, Ø 85 Fahrzeuge pro Tag

11. Kanuabenteuer: Wo jede Paddeltour zur Pilgerreise wird

Wie kaum eine andere Region Kanadas stehen die Northwest Territories für ein dichtes Netz an wilden Flüssen: der Nahanni, der Thelon, der Mackenzie. Bereits beim bloßen Erklingen ihrer Namen dürfte jeder Wildnis-Kanute ins Schwärmen geraten. Willkommen in der Heimat der berühmtesten Paddeltouren der Welt!

Mit dem Kanu den Nahanni National Park entdecken

Horton River: Von seinem Quellgebiet am Horton Lake bahnt sich dieser Fluss seinen Weg über 600 Kilometer durch verkümmerte Fichtenwälder und die Barrenland-Tundra bis hin zur Franklin Bay bei Paulatuk an der arktischen Küste. Unterwegs durchquert er die unheimlichen Smoking Hills sowie faszinierende Kalksteinschluchten. Kanuten dürfen sich auf geführte Touren auf dem Upper und Lower Horton freuen. Der Zugang erfolgt per Charterflug ab Inuvik.

Keele River: Der alpine Keele River eignet sich gleichermaßen für erfahrene Kanuten und Paddel-Anfänger. Er erstreckt sich von der Mündung des Natla River auf einer Länge von 360 Kilometern vorbei an den Bergen, heißen Quellen und der Tierwelt des Nááts'ihch'oh National Parks und mündet schließlich südlich von

Kanutour auf dem Mackenzie River

Tulita in den Mackenzie River. Auch auf dem Keele River werden geführte Paddeltouren angeboten, die ab Norman Wells mit dem Flugzeug erreichbar sind.

Mackenzie River: Mit einer Länge von 1738 Kilometern ist der Mackenzie der längste Fluss Kanadas. Er entwässert ein Fünftel des Landes. Jahrhundertelang war der „Deh Cho" (großer Fluß) der „Superhighway" des Nordens und verband die indigenen Völker, die an seinen Ufern lebten. Auch heute noch ist das Paddeln auf dem Mackenzie die beste Art, das Herz der Northwest Territories zu erkunden. Man kann nicht nur die am Ufer gelegenen traditionellen Dörfer besuchen (von Fort Providence am Oberlauf bis Tuktoyaktuk nahe der Mündung), sondern auch Berge, heiße Quellen und die in der Nähe von Fort Good Hope gelegenen „Ramparts" bestaunen, wo massive Kalksteinklippen den Fluss buchstäblich einzwängen.

Slave River: Der größte Nebenfluss des Mackenzie fließt träge durch den Wood Buffalo National Park und explodiert im weiteren Verlauf in den Slave River Rapids, einem Gewirr aus Wasserfällen, Strudeln und haushohen Wellen. Heute nutzen Weltklasse-Kajakfahrer die Slave River Rapids zum Üben. Hinter Fort Smith fließt der Fluss weitere 290 beschauliche Kilometer durch die Wälder bis nach Fort Resolution am Great Slave Lake.

South Nahanni River: Wenigstens einmal im Leben sollte man den Nahanni gesehen haben – ein flüssiges Juwel, das durch ein Reich von Gipfeln strömt. Noch besser als eine Flightseeing-Tour per Wasserflugzeug ist eine Kanu-Tour auf dem Nahanni, die zu so berühmten Orten wie den Tufa Mounds, Rock Gardens und Kraus Hot Spring führt. Paddler starten ihre Touren normalerweise am Nahanni Butte oder bei Blackstone Landing. Der Zugang erfolgt per Flugzeug ab Fort Simpson.

Mit dem Kanu auf dem Nahanni unterwegs

Mountain River: Die 250 Kilometer lange Strecke des Mountain River gilt als eines der besten Wildnis-Paddelerlebnisse für mittlere bis fortgeschrittene Kanuten. Fast durchgängig sind die Paddler hier tagelang im Wildwasser unterwegs. Aus diesem Grunde werden hier geführte Touren empfohlen. Der Zugang erfolgt auf dem Luftweg ab Norman Wells.

Coppermine River: Dieser historische Fluss, der von Anführern und Abenteurern wie Hearne, Matonabbee, Akaitcho und Franklin erobert wurde, entspringt am Lac de Gras und fließt fast 1000 Kilometer bis zur Nordwest-Passage. Er zeichnet sich durch viele Stromschnellen, einige Wasserfälle und eine Landschaft aus, die von Tundra und

Wald geprägt ist. Der Zugang erfolgt in der Regel auf dem Luftweg ab Yellowknife.

Natla River: Der Natla River beginnt am O'Grady Lake im Naats'ihch'oh National Park und bietet auf 115 Kilometern wilde Stromschnellen in den Bergen, bevor er schließlich in den Keele River mündet. Auf beiden Flüssen werden geführte Kanu-Touren angeboten, die mit dem Flugzeug ab Norman Wells zu erreichen sind.

Thomsen River: Dieser ruhige und klare Fluss wird mit Wasser aus der Schneeschmelze gespeist und schlängelt sich durch das Herz des Aulavik National Parks auf Banks Island. Er ist der nördlichste Fluss Nordamerikas zum Kanufahren. Seine Ufer sind gesäumt von zarten Wildblumen der Tundra, archäologischen Stätten der Inuit und riesigen Herden von Moschusochsen. Der Zugang erfolgt in der Regel per Charterflugzeug ab Inuvik.

Thelon River: Der größte aller Flüsse der Barrenlands entspringt östlich des Great Slave Lake und fließt durch das Thelon Game Sanctuary (mit Moschusochsen, Sanddünen und Gletscher-Eskern) zum Baker Lake in Nunavut. Geführte Touren werden mit Zugang per Flug ab Yellowknife oder Fort Smith angeboten.

INFO

Anbieter geführter Kanu-Expeditionen:

- Canoe North Adventures: *canoenorthadventures.com* (u.a. Horton River, Keele River, South Nahanni River, Mountain River, Coppermine River, Natla River)
- Jack Pine Paddle: *jackpinepaddle.com* (u.a. Horton River, Keele River, South Nahanni River, Coppermine River, Natla River, Thelon River)
- Nahanni River Adventures: *nahanni.com* (u.a. Horton River, South Nahanni River, Thelon River)
- North Star Adventures: *northstaradventures.ca* (Kanu-Expeditionen auf dem Mackenzie River mit indigenem Bezug)

12. WOOD BUFFALO NATIONAL PARK: DER MIT DEM BISON TANZT

Ganz im Süden der Northwest Territories liegt der Wood Buffalo National Park, der sich über die Provinzgrenze hinaus bis nach Alberta erstreckt. Mit einer Fläche so groß wie die Schweiz ist er der größte Nationalpark Kanadas sowie der zweitgrößte weltweit und gehört zudem zu den World Heritage Sites. Sein Name ist Programm, denn als er im Jahre 1922 gegründet wurde, geschah dies unter anderem zum Schutz der letzten Waldbisons der Region – den Wood Buffalos. Auch heute noch leben rund 6000 Bisons im Park und bilden die größte freilebende Gruppe weltweit.

Auch wenn die Bisons dem Wood Buffalo National Park seinen Namen gegeben haben, sind sie natürlich nicht die einzigen Parkbewohner. Rund 300 Tierarten nennen den Park ihr Zuhause, darunter Wölfe, Bären und Elche sowie rund 250 Vogelgattungen. Tausende von Zugvögeln überqueren die Region zweimal im Jahr

Bison am Straßenrand

Bisons mit Nachwuchs

auf ihren Flügen in die Sommer- bzw. Winterquartiere. Auch die weltweit letzten Nistplätze des vom Aussterben bedrohten Schreikranichs befinden sich auf dem Gelände des Parks. Seine lauten Rufe sind nicht zu überhören. Auch der weltweit größte Biberdamm befindet sich hier. Die Arbeit stammt von Generationen an Bibern, die den Wald hier seit den 1970er Jahren (oder länger!) angeknabbert haben. Mit seiner Länge von nahezu einem Kilometer staut der Damm eine gewaltige Menge an Sumpf. Er ist so groß, dass er sogar aus dem Weltall gesehen werden kann.

Im Nordosten des Wood Buffalo National Parks, ganz in der Nähe des Highway No. 5 bei Fort Smith, liegen die berühmten Salt Plains. Quer durch die Ebene sprudeln hier unterirdische Salzrückstände eines vorzeitlichen Meeres aus Quellen an die Oberfläche und türmen sich an manchen Stellen zu Hügeln von bis zu zwei Metern Höhe auf. Im Frühjahr verteilt sich das Salz über die gesamte Fläche und formt faszinierende weiße Muster auf dem Boden. Die kristalline Landschaft ist Heimat einer einzigartigen Pflanzenwelt und zieht zahlreiche wilde Tiere an, die die Ebene als Salzlecke nutzen, so z. B. Wölfe, Bisons oder Bären. Das Salz ist reines Tafelsalz, das sich vor vielen Millionen Jahren abgesetzt

Barfuß durch die Salt Plains

hat. Zur Zeit des Pelzhandels wurde es hier kommerziell abgebaut. Heute ist es einfach eine Wohltat für die Füße, barfuß über die salzige Ebene zu spazieren.

Die wunderbare boreale Landschaft des Parks mit ihrem endlosen Labyrinth aus Flüssen, Seen und Sümpfen zieht kolossal in ihren Bann. Immerhin bildet das Flussdelta aus Slave, Peace und Athabasca River eines der größten Frischwasserdeltas der Welt. Im Norden des Parks erstreckt sich westlich des Slave River das bedeutendste Gipskarstgebiet Nordamerikas. Hunderte von Höhlen, Dolinen und Karstquellen sowie ein ausgedehntes Labyrinth unterirdischer Flüsse durchziehen die Region. Manche der Höhlen sind im Laufe der Jahrtausende zusammengebrochen und haben die für die Gegend so charakteristischen Sinklöcher gebildet.

A propos Sinkloch: Das spektakulärste ist der heutige Pine Lake, an dem sich auch ein Campingplatz befindet. Wer mit dem Wohnmobil unterwegs ist, kann hier ganz gemütlich Quartier für die Nacht beziehen und die Ruhe der hereinbrechenden Dunkelheit genießen.

Der Wood Buffalo National Park wurde 2013 zum weltweit größten „Dark Sky Preserve" ernannt. Die nächtliche Umgebung wird hier in ihrer ursprünglichen Form erhalten und vor künstlichen Lichtquellen geschützt – ideale Voraussetzungen für die Beobachtung des tiefschwarzen Nachthimmels! Bereits ab Ende August hat man hier ausgezeichnete Möglichkeiten, nicht nur das funkelnde Sternenzelt, sondern auch die zarten, wirbelnden Lichtschleier der Polarlichter am Himmel tanzen zu sehen.

Nordlichter an den Slave River Rapids

INFO

Unterkünfte:

- Pine Lake Campground: *pc.gc.ca/en/pn-np/nt/woodbuffalo/activ/activ2/activ2a/Pine_Lake*
- Pelican Rapids Inn: *pelicanrapidsinn.com*
- Whooping Crane Guesthouse: *whoopingcraneguesthouse.com*
- Wood Buffalo Inn: *woodbuffaloinn.com*

Website: *pc.gc.ca/en/pn-np/nt/woodbuffalo*

13. TUKTOYAKTUK: STADT AM ENDE DER ARKTISCHEN STRASSE

Vier lange Jahre dauerte der Bau der Allwetterstraße, die seit Herbst 2017 als Verlängerung des Dempster Highways auf 137 Kilometern von Inuvik an die Nordküste Kanadas führt. Sie ist die erste ganzjährig befahrbare Straße zum Nordpolarmeer und damit die erste, die Kanadas drei Küsten auf dem Landweg miteinander verbindet. Ein einzigartiger Roadtrip und das Tüpfelchen auf dem „i“ für alle, die Roadtrips lieben.

Die Straße windet sich durch die – je nach Jahreszeit auch teils gefrorene – Sumpf- und Seenlandschaft. Die Ausblicke sind gewaltig. Zwischendurch stößt man auf Hochplateaus, die sich bestens für einen Fotostopp eignen. Auf dem letzten Streckenabschnitt erspäht man ringsum die für die Region typischen Pingos (Erdhügel mit Eiskern) und das Ganze wirkt wie eine faszinierende Mondlandschaft. Am Ende dieser arktischen Straße wartet eine kleine Gemeinde, die wilder und unberührter kaum sein könnte: Tuktoyaktuk.

Der Dempster Highway

Die Geschichte der kleinen Inuvialuit Gemeinde Tuktoyaktuk, die auf einer schmalen Landzunge am Rande der Beaufortsee liegt, ist sagenumwoben und legendär im Norden Kanadas. Jahrhundertelang ließen sich die Ureinwohner der Arktis bereits in diesem Gebiet nieder, um Karibus und Belugawale zu jagen. Die eigentliche Gründung Tuktoyaktuks begann jedoch mit dem Niedergang des Walfangs auf Herschel Island. Immer mehr Familien zogen von ihren Lagerstätten in die kleine Gemeinde, die ab 1937 sogar über einen Handelsposten der Hudson's Bay Company und eine Kirche verfügte und seinerzeit unter dem Namen Port Brabant bekannt war. Im Jahr 1950 kehrte sie jedoch als erster Ort Kanadas zu ihrem indigenen Namen zurück: „Tuktoyaktuk", was wörtlich übersetzt „sieht aus wie ein großes Karibu" heißt. Die Einheimischen nennen ihr Zuhause seit jeher liebevoll „Tuk".

Der Ibyuk Pingo

Tuktoyaktuk liegt inmitten der weltweit größten Konzentration von Pingos. Wie hügelige Wächter über das Polarmeer ergießen sich diese gefrorenen Eruptionen im Zeitlupentempo aus dem Permafrostboden der flachen Tundra. Rund 1350 Pingos gibt es auf der Halbinsel von Tuktoyaktuk, dies entspricht in etwa einem Viertel aller Pingos weltweit. Der größte Pingo Kanadas und zweitgrößte

Willkommen in Tuktoyaktuk

der Welt befindet sich direkt vor den Toren der kleinen Ortschaft. Der legendäre Ibyuk ist so groß wie ein 15-stöckiges Gebäude und am Boden mehr als 300 Meter breit. Und er wächst noch immer. Man schätzt, dass der Ibyuk Pingo stolze 1300 Jahre alt ist.

Fast neun Monate lang ist der Arktische Ozean vor der Küste Tuktoyaktuks jedes Jahr mit Eis bedeckt. Auch mitten im Sommer überschreitet seine Temperatur nur knapp den Gefrierpunkt. Er ist Heimat für Belugawale, Robben und Dutzende von Zugvögeln.

Tuk liegt nördlich der arktischen Baumgrenze, d. h. rund um die Gemeinde ist meilenweit nur baumlose Tundra zu sehen. Trotz allem sind hier einige Ufer mit einem Gewirr von Treibholz übersät. Denn wenn der wasserreiche Frühling kommt, werden viele

Tuktoyaktuk von oben

Bäume am Ufer des Liard und des Mackenzie Rivers entwurzelt und von der Flussströmung mitgerissen, bis sie sich schließlich in den geschützten Buchten der Beaufortsee verfangen. Die Menschen in Tuk lebten daher seit jeher in der einzigen arktischen Gemeinde mit einer natürlichen Holzquelle, so dass sie schon früh Grassodenhäuser anstelle traditioneller Iglus bauten. Heute können Besucher die authentische Rekonstruktion eines solchen Grassodenhauses im Herzen Tuktoyaktuks in Augenschein nehmen.

Auch wenn Tuk mittlerweile Häuser im „südlichen Stil", einen Flughafen und Internetanschluss hat, sind die alten Traditionen hier noch immer ein allgegenwärtiger Bestandteil des Alltags. Im Rahmen geführter Programme gibt es spannende Einblicke in die Sprache der Inuvialuit, in das traditionelle Handwerk und die indigene Kunst, in Tanz und Musik, die traditionelle Kleidung und Spiele oder in die Nahrungsmittel aus der Region. Örtliche Anbieter ermöglichen kulturelle Führungen durch die Gemeinde und die umliegenden Gebiete. Sehr interessant ist zum Beispiel auch ein „Lunch with a local", bei dem man in einer indigenen Familie am Mittagessen teilnimmt und aus erster Hand einen Eindruck vom Leben der Inuvialuit erhält.

INFO

Aktivitäten:

- Noksana Mushing Tours: *noksanamushingtours.ca*
- Ookpik Tours & Adventures: *ookpiktours.ca*
- Tundra North Tours: *tundranorthtours.com*
- Pingo Canadian Landmark: *pc.gc.ca/en/lhn-nhs/nt/pingo*

Unterkünfte:

- End of the Road B&B: Tel. +1 777 363 1468
- Hunters B&B: *huntersbnbtuk.com*
- Smitty's B&B: Tel. +1 867 977 2777
- Tuktu B&B: Tel. +1 867 678 5116
- Tuk Souvenir Store & Campground: Tel. +1 867 620 2153

Website: *tuktoyaktuk.ca*

Yukon Territory

Autor: Holger Bergold

Flightseeing im Tombstone Territorial Park

WILLKOMMEN IM YUKON TERRITORY!

Es freut mich, dass Sie sich für diese unglaubliche Region in der nordwestlichsten Ecke Kanadas interessieren oder eventuell sogar eine Reise dorthin planen. Ich selbst habe eine sehr enge Verbindung zu dieser herrlichen Gegend, vertrete sie seit nunmehr 28 Jahren im deutschsprachigen Europa, habe sie kreuz und quer bereist, zu Fuß, mit dem Kanu, im Auto und Wohnwagen, auf dem Pferderücken und im eigenen Flieger. Und obwohl ich über die Jahre sicherlich schon an die 100 Mal den Yukon bereist habe, lerne und erlebe ich bei jeder weiteren Reise dorthin Neues und Aufregendes.

Schwarzbär in Löwenzahn

Ich gestehe, ich bin eigentlich kein gläubiger Mensch. Korrektur – ich glaube an keine Kirche, keine Sekte und keine Glaubensgemeinschaften. Trotzdem passiert es mir oft, dass ich im Yukon völlig fasziniert in eine Landschaft blicke und mir vor Staunen der Mund offensteht. Und immer dann weiß ich, es gibt eine Schöpfungskraft, die alles überragt und in der der Mensch nur ein kleines unbedeutendes Zahnrädchen ist.

Ja, die Natur im Yukon haut einen sprichwörtlich um. Dort stehen die höchsten Berge Kanadas, die größten Eisfelder außerhalb der Polarregionen, dort gibt es mit 62 Säugetier- und 279 Vogelarten einen Tierreichtum, der weltweit seinesgleichen sucht. Genauso vielfältig ist mit über 1000 verschiedenen Pflanzenarten der Pflanzenreichtum, der von hochalpinen Arten bis hin zu Gewächsen der arktischen Tundra reicht. Das Ganze gewürzt mit gigantischen Flüssen und glasklaren Seen, grandiosen Bergmassiven und einer reichen Geschichte, die von der Eiszeit und den ersten Ureinwohnern über den größten Goldrausch aller Zeiten und den Bau des Alaska Highways bis zum heutigen Tag geht.

Dazu besticht das Yukon Territory noch mit einer anschaulichen Infrastruktur, denn elf sehenswerte Traumstraßen queren die Region, die etwa eineinhalb Mal so groß wie Deutschland ist, aber nur knapp 42.000 Einwohner beherbergt, 32.000 davon allein in seiner heutigen Hauptstadt Whitehorse. Und obwohl nur so wenig Menschen in dieser riesigen Landschaft leben, bestehen hervorragende Flugverbindungen zu den großen kanadischen Metropolen. Selbst die Condor fliegt im Sommer nonstop aus Frankfurt in die Hauptstadt des Yukon. Ich selbst war schon überall in Kanada unterwegs und jede Region hat definitiv ihren eigenen Reiz. Aber für mich kulminiert sich dieses großartige Land Kanada in „meinem" Yukon. Dieses Gebiet mit all seinen sagenhaften Landschaften ist für mich ganz einfach „Kanada hoch Drei" oder besser noch „Kanada auf Anabolika", denn alles hier ist gigantischer, menschenleerer und tierreicher!

In diesem sagenhaften Territorium gibt es drei Nationalparks. Der größte und bekannteste von ihnen ist der Kluane National Park im Westen. Ein kleinerer, unbekannterer und recht unzugänglicher Park ist der Vuntut National Park, nahe der Gemeinde Old Crow. Und ganz oben im Norden, direkt ans Nordpolarmeer grenzend, liegt der Ivvavik National Park. Dazu kommen vier Territorial Parks, der Herschel Island – Qikiqtaruk Territorial Park ganz oben im Nordmeer gelegen, etwas südlicher davon der Ni'iinlii Njik (Fishing Branch) Territorial Park der nahe Dawson City gelegene Tombstone Territorial Park und der hinter Watson Lake, der östlichsten Gemeinde des Territoriums, gelegene Coal River Springs Territorial Park.

Mit dem Kanu unterwegs

Auch ist der Yukon mit jeder Menge Strömen und Flüssen gesegnet. Diese Gewässer des Territoriums haben seit der ersten Besiedlung das Leben maßgeblich beeinflusst, denn sie sind die

Lebensader in einer landschaftlich schönen, aber insbesondere in den Wintern harten und oftmals lebensfeindlichen Umgebung. Sie gaben und geben Trinkwasser und Fisch, insbesondere den Lachs, sie waren Transportweg für Handel und Austausch. Kurzum, die Heritage River des Yukon wie zum Beispiel der Thirty Mile, der Bonnet Plume, der Alsek oder auch der Tatshenshini River sind Flüsse des Erbes der First Nations, aber auch der ersten Entdecker. Für den heutigen Besucher bieten die vielen Gewässer jede Menge Abwechslung, Spaß und Abenteuer. Die glasklaren Gewässer haben einen gesunden Fischbestand, eignen sich hervorragend zum Angeln und bieten sich natürlich für Kanu- und Wildwassertouren in jeder Länge und in jedem Schwierigkeitsgrad an.

Kanus der First Nations

Apropos Aktivitäten: Betrachten Sie den Yukon ruhig als einen riesigen Abenteuerspielplatz, wo Sie rund ums Jahr allen Ihren Hobbies frönen können. Vom Adrenalin-Kick im Powerboot zur Off-Road Safari im ATV, vom Motorschlitten bis hin zum Hundeschlitten, alles ist hier im Yukon machbar, alles ist buchbar und vor allem, alles ist wunderbar. Neben Wandern, Sightseeing und all den vielen anderen Outdoor-Aktivitäten beherbergt der Yukon auch eine blühende Kunstszene, faszinierende Museen und Kulturzentren, zahlreiche saisonale Kunsthandwerksmärkte und Festivals sowie erstklassige Geschäfte und Restaurants. Und egal woher die internationalen Gäste auch in den Yukon kommen, wenn es sie nach Gerichten aus ihrer Heimat gelüstet, gibt es im Yukon ein entsprechendes Restaurant. Das gilt für Deutsch-Schweizer Spezialitäten genauso wie für Italienisch, Mexikanisch, Indisch, Chinesisch, Philippinisch, Japanisch, Karibisch, Griechisch und, und, und ... Auch wer eher auf große, saftige Steaks und leckere BBQ Ribs steht oder wer doch lieber frische Austern schlürft, der kommt hier voll auf seine Kosten.

Der Yukon ist Kanada in XL

Ob unter der Mitternachtssonne oder dem tanzenden Polarlicht, das Yukon Territory ist mehr als nur ein Reiseziel. Eine Reise dorthin ist ein transformierendes Erlebnis mit erstaunlichen Sehenswürdigkeiten und Aktivitäten, mit gemütlichen Unterkünften und Lodges und mit jeder Menge Gastfreundschaft. Es ist eine der wirklich noch ursprünglich gebliebenen Gegenden dieser Erde, die vom Besucher entdeckt werden will.

Es würde mich freuen, wenn Sie dieses Kapitel als zusätzliche Anregung für Ihre Yukon-Reiseplanung, als Urlaubslektüre oder auch zum Nachlesen für bereits Erlebtes verstehen würden. Er erhebt keineswegs Anspruch auf Vollständigkeit, sondern gibt meine ganz persönlichen Eindrücke, Vorschläge und Tipps wieder. Und noch eines: Da Nordamerikareisen in den vergangenen zwei Jahren leider nicht möglich waren, spiegeln die Hinweise und Informationen in diesem Band den Status quo vor dem Auftreten der Corona-Pandemie wider. Sehen Sie es mir deshalb bitte nach, wenn in der Zwischenzeit vor Ort kleinere Veränderungen eingetreten sind. Herzlichst, Ihr Holger Bergold

TOP 10

DER SEHENSWÜRDIGKEITEN IM YUKON

1 **Aurora Borealis und Mitternachtssonne:** Man nennt den Yukon auch das Land der Mitternachtssonne und des Polarlichts. Zugegeben, Sie müssen sich in einem Urlaub schon für das eine oder das andere entscheiden. Beides zusammen geht leider nicht. Die Mitternachtssonne ist das Nordlicht des Sommers. Im Juni und Juli bedeutet das für den Yukon nahezu 24-Stunden Tageslicht. Eine ideale Zeit zum Fotografieren und die in weiches und mystisches Licht getauchte Landschaften des Yukon zu verinnerlichen. Ab Mitte August – also eventuell noch während eines Sommerurlaubs – bis Mitte April kann man dann die Nordlichter beobachten. Die mystische Naturerscheinung, die durch Elektronen des Sonnenwindes beim Aufprall auf unsere Atmosphäre entstehen, sind absolut spektakulär und gehören sicherlich auf jede Bucketlist.

2 **Dawson City:** Wer den Yukon wirklich erfahren und kennenlernen will, muss unbedingt einen Besuch in Dawson City einplanen. Schon seit Menschengedenken ist die Gegend am Zusammenfluss von Klondike und Yukon ein wichtiges Jagdgebiet der Tr'ondëk Hwëch'in First Nation, auf deren Territorium Dawson City noch heute liegt. Die im Jahre 1897 gegründete und berühmt gewordene Stadt war bis 1952 die Hauptstadt des

Territoriums. Zu Hoch-Zeiten des Goldrauschs lebten in Dawson City an die 40.000 Menschen, soviel wie heute im gesamten Yukon. Heute sind das gerade mal 1300 Einwohner, aber trotzdem hat sich dort seit der Goldrauschzeit kaum etwas verändert. Noch heute sind die Straßen unbefestigt und die Gehwege hölzerne Boardwalks. Das urige Städtchen, in dem das Herz des Yukon schlägt, ist heute ein lebendes Museum mit vielen Höhepunkten, die es zu entdecken gibt.

---

3 Emerald Lake: Eine der am häufigsten fotografierten Attraktionen im Yukon Territory ist der farbenprächtige Emerald Lake. Seine intensiv grün-blaue Farbe resultiert von Gesteinsablagerungen der letzten Eiszeit vor etwa 14.000 Jahren. Die an karibische Strände erinnernde Farbe kommt vom einfallenden Licht, das vom weißen Sedimentgestein am Grund des seichten Wassers reflektiert wird. Ganz besonders schön leuchtet der See durch Sonnenstrahlen am Vormittag. Der Emerald Lake ist von Whitehorse aus bequem in 45 Minuten mit dem Auto zu erreichen und liegt nur 60 Kilometer außerhalb der Stadt.

4 **First Nations-Kultur:** Sehr stolz ist man im Yukon auf das reiche First Nations-Erbe. Etwa 25 Prozent der Bevölkerung sind First Nations, also Nachfahren der Ureinwohner.

Es gibt 14 verschiedene First Nations im Yukon, deren traditionelle Territorien sich teilweise überlagern. Auch die größeren Städte wie Whitehorse, Dawson City und Watson Lake liegen, zumindest teilweise, auf traditionellen First Nations-Gebieten. Unter diesen gibt es acht unikale Sprachgruppen. Als Besucher im Yukon kann man viel über die einzigartigen Traditionen und die Gastfreundschaft der verschiedenen First Nations erfahren. Unter anderem in Museen und Besucherzentren in verschiedenen Gemeinden des Yukon.

5 **Kluane National Park:** Der Kluane National Park liegt ganz im Südwesten des Territoriums und hat eine Gesamtfläche von 22.016 Quadratkilometern. 82 Prozent seiner Fläche sind vom Kluane Eisfeld und von seinen Gletschern bedeckt. Er beinhaltet die weltweit größten, nicht-polaren Gletscherfelder. Der

Nationalpark wurde 1976 gegründet, ist der viertgrößte in Kanada und natürlich der größte im Yukon. Seit 1979 zählt er zum UNESCO Weltnaturerbe. 17 der 20 höchsten Berge Kanadas stehen im Kluane National Park, darunter auch der höchste, der 5959 Meter hohe Mount Logan. Er ist nach dem Mount Denali in Alaska auch gleichzeitig der zweithöchste Berg Nordamerikas.

6 **Miles Canyon:** Nur ein paar Kilometer außerhalb des Stadtzentrums von Whitehorse befindet sich ein atemberaubendes Naturmerkmal. Dort hat sich der Yukon River einen tiefen Canyon durch das 8,5 Millionen Jahre alte Basaltgestein eines Lavastroms geschnitten. Die Stromschnellen hinter dem Canyon, die heute durch den durch Stauung entstandenen Schwatka Lake verschwunden sind, waren für den Namen der Hauptstadt verantwortlich, denn sie erinnerten an die Mähne eines weißen Pferdes. Rund um den Miles Canyon, über den übrigens eine Hängebrücke gespannt ist, gibt es viele tolle Wanderwege bis hin ins historische Canyon City, einem früheren Fish Camp der First Nations und einer wichtigen Anlaufstelle für die Glücksritter des Goldrauschs auf ihrem Weg in den Klondike.

7 **Tombstone Territorial Park:** Der 2200 Quadratkilometer große Tombstone Park liegt rund 110 Kilometer nordöstlich von Dawson City in den Ogilvie Mountains. Der spektakuläre Dempster Highway von Dawson City nach Inuvik quert diesen Park und macht ihn dadurch äußerst zugänglich. Gleichzeitig teilt er ihn dabei in einen westlichen und einen östlichen Teil. Seinen Namen hat der Park vom zerklüfteten, 2196 Meter hohen Tombstone Mountain. Der Park ist bekannt und beliebt für seine abwechslungsreichen Wandermöglichkeiten, grandiose und bizarre Landschaften und seine reiche Fauna und Flora.

8 **Traumstraßen:** Annähernd zwei Drittel aller europäischen Besucher kommen in den Yukon, mieten sich einen SUV oder ein Motorhome und befahren die gigantischen Traumstraßen des Territoriums. Es gibt elf Stück davon mit einer Gesamtlänge von etwa 4800 Kilometern. Die meisten sind geteert, manche haben teilweise Schotterbelag, ein paar sind eher „gepimpte" Feldwege. Aber alle haben sie eines gemeinsam: Sie führen durch unermesslich weite Wälder, vorbei an tausenden von Seen und Tümpeln, entlang mächtiger Bergmassive und gewaltiger, ungezähmter Flüsse, und sie werden begleitet vom dramatischen Spiel der Mitternachtssonne und des Polarlichtes. Es sind Straßen, die Spaß und Abenteuer versprechen und auf denen man der nordischen Wunderwelt permanent begegnet.

9 **Schilderwald – Sign Post Forest:** Was 1942 der US-amerikanische Soldat Carl K. Lindley mehr oder weniger aus Heimweh anfing, wird bis heute von tausenden von Touris-

ten wiederholt. Lindley war zum Auskurieren einer Verletzung während des Baus des Alaska Highways kurzzeitig in Watson Lake stationiert. Sein kommandierender Offizier trug ihm auf, die Zeit zu nutzen und die lädierten Richtungsschilder und Wegweiser zu reparieren. Lindley reparierte sie und nagelte zudem ein weiteres Schild an den Pfosten, auf dem sein Heimatort Danville, Illinois mit Richtungspfeil und Kilometerangabe verzeichnet war. Andere machten ihm das nach und so entstand über die Jahre ein veritabler Schilderwald. Heute sind das bereits über 80.000 Ortsschilder aus allen Erdteilen und der „Sign Post Forest" hat nicht nur eine beträchtliche Ausdehnung, sondern auch einen recht großen Bekanntheitsgrad erreicht.

---

10 **Wildlife:** Ein ganz besonderes Highlight im Yukon ist die Vielfalt an Tieren, die einem quasi in jeder Ecke des Territoriums und an jedem Highway begegnen. Von Bären

über Elche, Wölfe und Luchse bis hin zu Adlern, Bisons, Pumas, Kolibris und Stachelschweinen ist da alles dabei, was man sich an Fauna in nordischen Landschaften nur vorstellen kann. Es ist ein Land, das für Sie und ihre Kameras und Ferngläser einzigartige Bilder bereithält. Ein Land, das Sie mit vielen bewegenden und unvergesslichen Eindrücken und Begegnungen beschenken wird.

KURIOSES & BESONDERHEITEN

AUS DEM YUKON

Robert Service, einer der bekanntesten Dichter und Literaten Kanadas, der zur Goldrauschzeit in Dawson City lebte, war eigentlich Banker. In seinem wohl bekanntesten Gedicht, „The Cremation of Sam McGee", also „Die Einäscherung von Sam McGee" schreibt er: „There are strange things done in the midnight sun" und „The Northern Lights have seen queer sights". Auf gut deutsch: Es gibt doch schon so einiges Merkwürdiges unter der Mitternachtssonne und den Nordlichtern. Auf Ihrem Yukon-Urlaub können Sie das selbst feststellen beziehungsweise erleben.

★ **Sourtoe Cocktail:** An dieser Stelle möchte ich Ihnen gerne den wohl bekanntesten Cocktail im Yukon vorstellen, den Sourtoe Cocktail. Das bekannte Zehen-Getränk wird ganz speziell im Sommer jeden Abend im Sourdough Saloon des Downtown Hotels in Dawson City kredenzt. Gegen eine Schutzgebühr von 5 CAD an den sogenannten „Zehenmeister" gibt der einen echten, amputierten und mumifizierten menschlichen Zeh in das Glas, dessen Inhalt ein hartes alkoholisches Getränk von der Bar sein muss und das separat abgerechnet wird. Beim Austrinken des Glases muss der Zeh an die Lippen des Trinkenden stoßen. Danach ist man Mitglied im Sourtoe Cocktail Club. Natürlich mit entsprechendem Zertifikat. Übrigens haben schon über 100.000 Touristen diesen doch etwas außergewöhnlichen Cocktail verkostet.

Kommunikation: Ein Urlaub im Yukon ist auch deswegen so erholsam, weil ihr Handy, je nach europäischem Anbieter, maximal in den wenigen Gemeinden und Städten funktioniert. Außerhalb davon geht dann gar nichts mehr – und glauben Sie mir, da beginnt der wahre Urlaub. Einmal nicht mehr Sklave des Handys zu sein, ist wie eine mentale Frischzellenkur. Die drastischen Entzugserscheinungen bei diesem den Geist befreienden Detox werden abgemildert, wenn man das Ding einfach als Fotoapparat benutzt. Aber keine Sorge, spätestens in der nächsten Gemeinde können Sie wieder kommunizieren. Wifi gibt es heutzutage in praktisch allen Hotels, Lodges und auf privaten Campgrounds. Und jedes der sechs über den Yukon verstreuten Visitor Information Centres bietet ebenfalls freies Wifi für alle Besucher an.

Government Campgrounds: Der Yukon ist ein wahres Paradies für Motorhome- und Truck Camper-Enthusiasten und, neben den Northwest Territories, die einzige Region in Nordamerika, in der sie wild campen dürfen. Über das gesamte Territorium verstreut gibt es aber auch jede Menge

Government Campgrounds. Sie liegen an den landschaftlich schönsten Stellen, sind zumindest momentan noch nicht vorbuchbar (das soll sich aber in Kürze ändern!), kosten 20 CAD pro Nacht und Stellplatz, bieten keine Möglichkeit zum Ablassen, haben kein Wifi, dafür aber an jedem Stellplatz eine Feuerstelle mit freiem Feuerholz und einen stabilen Campingtisch mit Bänken. Auch Toiletten – Plumpsklos – sind vorhanden. Bei Ankunft registriert man sich bis dato selbst (soll aber bald auch online möglich sein), füllt ein kleines Anmeldekärtchen aus, steckt dieses dann mit den 20 CAD Bargeld in einen dort vorrätigen Umschlag und deponiert das Ganze in einer Registrierbox. Wo sich diese Campgrounds befinden, erfahren Sie unter *yukon.ca/en/outdoor-recreation-and-wildlife/camping*

Oldtimer am Straßenrand: Was früher sicherlich als Umweltverschmutzung galt, finden heute Liebhaber von Oldtimern ganz toll. Auf manchen Traumstraßen im Yukon treffen Sie nämlich auf einfach dort stehengelassene Pkw, Lkw und Militärfahrzeuge aus der Mitte des letzten Jahrhunderts. Die meisten davon entlang des Alaska Highways, der Canol Road und des Klondike Highways. Fast alle sind Überbleibsel aus der Bauzeit dieser wichtigen Verkehrsadern und natürlich tolle Objekte zum Fotografieren.

Steinwälle im Klondike: Wenn Sie über den Klondike Highway nach Dawson City kommen, fallen ihnen kurz vor Dawson jede Menge Steinwälle entlang der Straße auf. Das sind die Überbleibsel der Schaufelradbagger, die zur Goldrauschzeit den Boden umpflügten, das Gold und die Erde auswuschen und als Abfall die Steine nach hinten entsorgten. Die

frühere Umweltverschmutzung ist heute quasi Nationaldenkmal. Die Steinwälle sind übrigens auch aus dem Weltall erkennbar und sehen von dort wie Eiswürmer aus.

Spezielle Verkehrsschilder: Egal, wohin Sie im Yukon auch fahren, Sie werden auf Verkehrs- und Warnschilder treffen, die Ihnen wahrscheinlich unbekannt oder zumindest ungewöhnlich vorkommen. Auch diese Schilder werden gerne fotografiert und lassen den Betrachter schmunzeln. Fahren Sie also immer mit offenen Augen für Ungewöhnliches durch den Yukon. Sie werden definitiv auf Ihre Kosten kommen.

Zeitunterschied: Bis letztes Jahr war das Yukon Territorium auf derselben Zeitzone wie British Columbia, also Pacific Standard Time. Ab 2022 ändert sich dies. Der Yukon ist ab jetzt auf Mountain Standard Time und stellt die Uhren nicht mehr um. Das bedeutet, dass der Yukon im Winter acht Stunden hinter der Mitteleuropäischen Zeit liegt, im Sommer dann neun Stunden. Für Yukon-Besucher, die nach Alaska fahren, bedeutet dies, dass der Yukon im Winter zwei Stunden vor der Alaska-Zeit liegt, im Sommer dann eine.

Der Hohe Norden und der Klondike

Wandern in den Tombstone Mountains

Der Hohe Norden und der Klondike

14. Der Hohe Norden des Yukon
15. Five Finger Rapids: Felsen, die im Wasser stehen
16. Das Discovery Claim, die Dredge No. 4 und das Claim 33
17. Dawson City: Historic Walking Tour
18. Dawson City: Die Literatenecke
19. Dawson City: Diamond Tooth Gertie's Casino
20. Dawson City: Durch die Linse gesehen
21. Wandern im Klondike

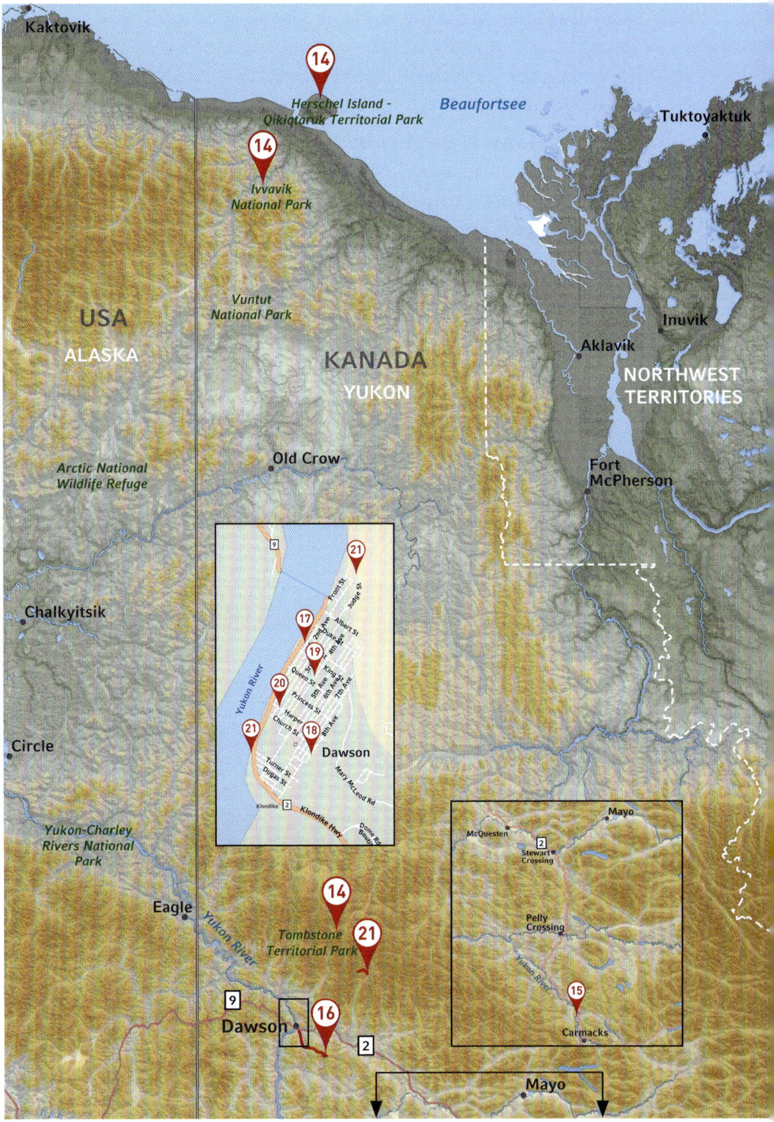
Kaktovik
14
Herschel Island - Qikiqtaruk Territorial Park
Beaufortsee
Tuktoyaktuk
14
Ivvavik National Park
Vuntut National Park
USA
ALASKA
KANADA
YUKON
Inuvik
Aklavik
NORTHWEST TERRITORIES
Fort McPherson
Arctic National Wildlife Refuge
Old Crow
Chalkyitsik
Circle
Yukon-Charley Rivers National Park
Eagle
Yukon River
14
Tombstone Territorial Park
21
9
16
Dawson
2
Mayo
9
21
Front St.
Judge St
17
Albert St
19
Yukon River
20
Queen St
King St
Princess St
21
18
Harper St
Church St
Dawson
Turner St
Dugas St
Klondike
2
Klondike Hwy
Mary McLeod Rd
Mayo
McQuesten
2
Stewart Crossing
Pelly Crossing
Yukon River
15
Carmacks

14. Der Hohe Norden des Yukon

Der hohe Norden des Yukon ist ein weitgehend unberührtes Land. Mit dem Dempster Highway führt eine einzige Straße durch dieses Gebiet, das bis in die hohe Arktis reicht. Die einzige Gemeinde in dieser menschenleeren, aber tierreichen Region ist Old Crow, eine First Nations Siedlung unterhalb des Zusammenflusses vom Old Crow River in den Porcupine. Die Gemeinde ist ausschließlich mit dem Flugzeug erreichbar. Air North, die Fluglinie des Yukon, bedient die Gemeinde regelmäßig mit Turboprop-Verbindungen.

In dieser nordischen Region liegen zwei Nationalparks (Ivvavik National Park, Vuntut National Park) und drei Territorial Parks (Tombstone Territorial Park, Herschel Island – Qikiqtaruk Territorial Park und der Ni'iinlii Njik – Fishing Branch Territorial Park). Bis auf den Tombstone Territorial Park sind alle anderen nur sehr kostspielig per Flugzeug, Helikopter oder im Falle von Ivvavik, auch über den Firth River, erreichbar.

Unterwegs im Ivvavik National Park

Der Bedeutendste und zugleich Zugänglichste ist der Tombstone Territorial Park. Der 2200 Quadratkilometer große Park liegt rund 115 Kilometer nordöstlich von Dawson City in den Ogilvie Mountains. Der bekannte Dempster Highway von Dawson City nach Inuvik quert den Park und teilt in dabei in einen westlichen und einen östlichen Teil. Seinen Namen hat er vom zerklüfteten, 2196 Meter hohen Tombstone Mountain.

Wanderung im Tombstone Territorial Park

Mitten durch den Tombstone Park führt eine Wasserscheide. Alle Gewässer westlich dieser Line fließen in das Yukon River System und schließlich in die Beringsee, während die Gewässer östlich der Linie in den Mackenzie River und somit letztendlich ins Eismeer fließen. Die Landschaft ist von Permafrostboden und arktischer Tundra gekennzeichnet. Der Park, der übrigens sowohl von der Territorialregierung als auch von der Tr'ondëk Hwëch'in First Nation verwaltet wird, ist bekannt und beliebt für seine tollen Wandermöglichkeiten, grandiosen und bizarren Landschaften und seine reiche Fauna und Flora.

INFO

Lage: Sowohl der Ivvavik National Park als auch der Herschel Island Territorial Park sind per Flugzeug ausschließlich über Inuvik in den Northwest Territories erreichbar. Für beide Parks wird eine Genehmigung verlangt.

Websites:

- Herschel Island – Qikiqtaruk Territorial Park: *cnnro.ca/herschel*
- Ivvavik National Park: *pc.gc.ca/ivvavik*
- Tombstone Territorial Park: *yukon.ca/tombstone*
- Flugverbindungen mit Air North: *flyairnorth.com*

15. Five Finger Rapids: Felsen, die im Wasser stehen

Felsen, die im Wasser stehen – so nennen die Tutchone First Nations die Stromschnellen der Five Finger Rapids, die nicht weit von der Gemeinde Carmacks direkt am Klondike Highway gelegen sind. Früher teilten vier große Basaltfelsblöcke den Yukon River in fünf Stromschnellen, die so manchem Glücksritter auf seinem schnell zusammengeschusterten Floß sein gesamtes Hab und Gut kosteten, wenn nicht sogar das Leben.

Die Five Finger Rapids vom Klondike Highway aus gesehen

Kurze Zeit später befuhren dann Schaufelraddampfer den Yukon River. Um die Dampfer sicher und gefahrlos durch die Stromschnellen zu manövrieren, wurde einer dieser Basaltfelsen kurzerhand aus dem Wasser gesprengt und zusätzlich an der östlichen und passierbaren Seite Stahlseile und Winden angebracht. In seinem Buch „Der Ruf der Wildnis" erwähnt Jack London diesen damals so berüchtigten Engpass auf dem Weg in den Klondike, den auch er passieren musste.

Heutzutage sind die Five Finger Rapids nicht nur ein idealer Rastplatz auf der Fahrt von beziehungsweise nach Dawson City, sondern auch ein idealer Ort, sich durch einen kleinen Spaziergang direkt hinunter zu den Stromschnellen die vom langen Fahren müden Beine zu vertreten.

Drohnenaufnahme der Five Finger Rapids

INFO

Lage: Die Five Finger Rapids liegen direkt am Klondike Highway. Der große, mit Aussichtsplattform, Picknicktischen, Abfalleimer und Plumpsklos ausgestattete Parkplatz ist doppelseitig anfahrbar. GPS: 62.27064, -136.35354.
Die Anfahrt erfolgt über den North Klondike Highway. Je nach Anfahrtsrichtung befinden sich die Five Finger Rapids 201 Kilometer von Whitehorse, 23 Kilometer von Carmacks und 332 Kilometer von Dawson City entfernt.

Aktivitäten:

- Ein bequemer, etwa ein Kilometer langer Waldweg führt direkt zu einer Aussichtsplattform an den Stromschnellen. Vom Parkplatz führt eine Holztreppe mit 219 Stufen bis hinunter zum Waldweg. Je nach persönlicher Fitness sollten Sie 20 bis 30 Minuten pro Strecke einplanen.
- Rings um die Aussichtsplattform sind interessante Informationstafeln über die Natur und Geschichte der Stromschnellen angebracht. Zudem wird die Wood Cutters Range beschrieben, eine Hügelkette, die zu Ehren der Holzfäller, die damals hier Holz für die Antriebsöfen der Schaufelraddampfer geschlagen haben, benannt wurde.

16. Das Discovery Claim, die Dredge No. 4 und das Claim 33

Alles begann mit einem Hinweis, den im August des Jahres 1896 Robert Henderson, ein Goldsucher aus Nova Scotia, einer kleinen Gruppe von Gleichgesinnten gab. Er lenkte nämlich deren Aufmerksamkeit auf einen kleinen Bach und Klondike-Zufluss, östlich vom heutigen Dawson City gelegen. Die kleine Gruppe Goldsucher ging diesem Tipp wohl nach, denn kurze Zeit später wurden ihre Namen zur Legende. Am 16. August 1896 machten der aus Seattle stammende Prospektor George Carmack, seine von der Carcross-Tagish First Nations stammende Frau Kate, deren Bruder Skookum Jim Mason und dessen Neffe Dawson Charlie den sagenhaften Urfund am Rabbit Creek, der dann wenig später in Bonanza Creek umgetauft wurde.

Wem genau aus dieser Gruppe der Urfund gelang, ist nicht dokumentiert, aber so manche Geschichte wird darüber kolportiert. Für mich am wahrscheinlichsten ist die, dass die Männer Kate Carmack zum Bach schickten, um Kaffeewasser zu holen und sie dabei Goldnuggets im Wasser fand. Schon kurze Zeit später hatte die Gruppe jedenfalls ihre Claims abgesteckt und in Dawson City registriert.

Der Ort des Urfunds, das Discovery Claim

Als einzig „weißes Mitglied" der Gruppe beanspruchte Georg Carmack offiziell die Anerkennung für diese Entdeckung. Es dauerte fast ein ganzes Jahr, bis die Nachricht des sagenhaften Goldfunds die Welt eroberte und den größten Goldrausch aller Zeiten auslöste. Im Jahr 1898 strömten dann tausende von Goldsucher über den berühmt-berüchtigten Chilkoot Pass in den Yukon und an die Goldfelder im Klondike. Zu diesem Zeitpunkt waren die besten Claims längst abgesteckt und die meisten der Neuankömmlinge gingen leer aus.

Dennoch wurden einige sagenhaft reich, darunter natürlich George Carmack, Skookum Jim Mason und Dawson Charlie. Kate ging letztendlich leer aus, ihr Mann verstieß sie später und sie verstarb noch relativ jung mit 53 Jahren an einer Grippe. Der sagenhafte Goldfund verwandelte das beschauliche Dawson City in kürzester Zeit zum Paris des Nordens, wo angeblich der Champagner in Strömen floss, die Restaurants Austern servierten, die Damen Pariser Mode trugen, und wo es schon elektrisches Licht gab, als Vancouver noch ein Dorf mit Gaslaternen war.

Die Dredge No. 4

Soviel zu Geschichte. Jetzt zur Gegenwart. Nutzen Sie ihren Besuch in Dawson City und gehen Sie dorthin, wo alles begann. An den unscheinbaren Ort am Bach, wo der Urfund gemacht, wo Geschichte geschrieben wurde. Schauen Sie sich dann am Beispiel der Dredge No. 4, des größten je in Nordamerika eingesetzten schwimmenden Schaufelbaggers an, mit welch' gigantischen

Erfindungen und Mitteln Ingenieure und Investoren, darunter die Rothschilds und Guggenheims, sehr erfolgreich an das wertvolle Metall im Boden gelangten.

Das achtstöckige kiesfressende Monster hat zwei Drittel eines Fußballfelds bedeckt und zu Hoch-Zeiten am Tag 800 Unzen Gold aus dem Boden geholt, das sind knapp 22,7 Kilogramm. Noch heute zeugen viele Steinwälle vom Einsatz dieser Bagger. Was früher Umweltverschmutzung in großem Ausmaß war, ist heute Kulturhistorie. Das ist der Lauf der Geschichte.

Goldwaschen am Claim 33

Während Sie auf den Goldfeldern rund um den Bonanza Creek sind, sollten Sie ruhig selbst einmal versuchen, eine Pfanne Erdreich zu waschen. Das geht mit Anweisung und garantiertem Goldfund am Claim 33, oder auch auf eigene Faust am Claim 06, dem Claim der Klondike Visitors Association.

INFO

Lage: Alle diese Sehenswürdigkeiten liegen auf der historischen Bonanza Road. Von Dawson City auf dem North Klondike Highway Richtung Whitehorse fahren.

- Nach 3,5 Kilometern kommt rechts der Abzweig zur Bonanza Creek Road mit Hinweis auf das Discovery Claim.
- Claim 33: Nach 9,6 Kilometern auf der Bonanza Creek Road auf der rechten Seite.
- Dredge No. 4: Nach 11,9 Kilometern auf der linken Seite. Viele Parkplätze sind vorhanden.
- Discovery Claim: Nach 13,8 Kilometern teilt sich die Straße. An der Gabelung die mittlere Spur mit Hinweisschild auf Discovery Claim und Cheechako Hill nehmen. Nach weiteren 400 Metern kommt auf der linken Seite ein großer Parkplatz. Parken Sie dort und folgen Sie dem Fußpfad zur knapp 100 Meter entfernten Urfundstelle.
- Claim No. 6: Nach einem weiteren Kilometer kommen Sie zum freien Claim #6. Es liegt oberhalb des Discovery Claims. Genügend Parkplätze sind vorhanden.

Aktivitäten:

- Goldwaschen unter professioneller Anleitung am Claim 33 inklusive Goldwaschpfanne und garantiertem Goldfund. Auf dem Claim können auch viele historische Artefakte besichtigt werden. Tel. +1 867 993 6626, *claim33.vpweb.ca*
- Die Dredge No. 4 steht auf dem Claim #17 unterhalb der Urfundstelle. Parks Canada bietet von Mai bis September geführte Touren durch diesen monströsen Schaufelbagger an. Sie müssen im Visitor Information Centre in Dawson City gebucht werden und starten direkt vor der Dredge. Es gibt die Tour auch virtuell. *pc.gc.ca*
- Goldwaschen auf eigene Faust ist am freien Claim No. 6 möglich. Allerdings gibt es dort weder Schaufel noch Goldwaschpfanne. Die sind aber gegen eine geringe Leihgebühr am Claim 33 erhältlich.
- Auch eine selbst geführte Tour aller Sehenswürdigkeiten auf der Bonanza Creek Road ist möglich. Informationsbroschüre in deutscher Sprache kann im Visitor Information Centre in der Front Street erworben werden.

17. Dawson City: Historic Walking Tour

Die Gegend rund um das heutige Dawson City war schon seit jeher ein markanter Ort, den die Tr'ondëk Hwëch'in First Nations und ihre Vorfahren zum Jagen und Sammeln nutzten. Markant, weil er direkt am Zusammenfluss des großen Yukon Stroms mit dem Klondike River lag und auch, weil am Berg

Ausblick auf Dawson City

daneben, den die Goldgräber später Midnight Dome nannten, ein großes Stück herausgebrochen war. Die Glücksritter von damals, die auf ihren Floßen den Yukon River hinunter paddelten, konnten die Stelle gar nicht verfehlen. Ende der 1880er gründete der amerikanische Goldsucher Joseph Ladue eine Siedlung, die er dann 1897 nach dem kanadischen Geologen George M. Dawson benannte. Dawson City war geboren.

Bedingt durch den Urfund und dem daraus resultierenden Goldrausch wuchs die kleine Siedlung innerhalb von ein paar wenigen Jahren zur großen Stadt. Dawson City war damals größer als Vancouver und zählte fast ebenso viele Einwohner, wie das gesamte Yukon Territorium heute. Natürlich wurde Dawson City zur Hauptstadt des jungen Territoriums und zum Sitz des Bevollmächtigten der Königin. Die Boomtown mauserte sich in Kürze zum Paris des Nordens, wo das Leben pulsierte und das Geld recht locker saß.

Unterwegs auf der Historic Walking Tour

Ein paar Jahre später wurde ein neuer Goldfund in Nome/Alaska bekannt. Viele der Glücksritter verließen daraufhin die Stadt und zogen weiter. Als dann 1942 mit dem Bau des Alaska Highways Whitehorse als Knotenpunkt immer mehr an Bedeutung gewann, war das wirtschaftliche Schicksal von Dawson City besiegelt. Viele verließen die einstige Boomtown und die Bevölkerung schrumpfte auf heute gerade einmal knappe 1400 Einwohner. 1953 erfuhr Dawson City dann den Gnadenstoß. Whitehorse wurde anstelle der früheren Boomtown im Klondike zur Hauptstadt des Yukon Territoriums gekürt.

Stadtführerin in historischem Gewand

Nach wie vor kann der Besucher heute die Erhabenheit und Großartigkeit der damaligen Goldgräberstadt spüren, wenn er auf den im Wildwest-Stil gebauten Holzgehwegen die nach wie vor unbefestigten Straßen des Städtchens entlangläuft und die Überbleibsel an Gebäuden und Ausrüstungsgegenständen von damals betrachtet. Viele der Gebäude wurden in den vergangenen Jahren von Parks Canada restauriert und können auf einer geführten Stadtbegehung auch von innen besichtigt werden. Die Führer und Führerinnen von Parks Canada tragen dabei historische Kleider und erzählen jede Menge Geschichten über die Menschen, die während des Goldrauschs hier lebten und darüber, was sich alles in den Gebäuden der Stadt damals so abgespielt hat.

Originalgebäude aus der Goldrauschzeit

INFO

Lage: Die historischen Stadtbegehungen beginnen immer am Visitor Information Centre in Dawson City. Das Visitor Information Centre befindet sich in der Front Street 1102 (an der Ecke zur King Street). Genügend Parkplätze sind vorhanden. Tel. +1 867 993 5566; *travelyukon.com*

Aktivitäten:

- Parks Canada bietet täglich geführte und sehr informative Stadtbegehungstouren an, die etwa 90 Minuten dauern und direkt am Visitor Information Centre beginnen. Die Anmeldung erfolgt im Centre selbst. Weitere Informationen über die Tour und deren genauen täglichen Beginn erfährt man im Visitor Information Centre oder unter *pc.gc.ca*.
- Im Visitor Information Centre kann man auch eine selbst geführte Tour in deutscher Sprache anmieten. Bitte bringen sie dazu nach Möglichkeit Ihren eigenen Kopfhörer mit.

18. Dawson City: Die Literatenecke

Zugegeben, die Initialzündung für den Bekanntheitsgrad des Yukon Territoriums war sicherlich der Urfund des Goldes im August des Jahres 1896. Als die Nachricht über diesen sensationellen Fund knapp ein Jahr später Seattle erreichte und von dort aus in die Welt hinausposaunt wurde, war es um die Bedeutungslosigkeit des Yukon geschehen. Das bis dato kaum bekannte Territorium war auf einen Schlag auf der Weltkarte angekommen. Nachhaltig untermauert wurde dieser neue Bekanntheitsgrad durch ein paar Literaten, die es alle zu Weltruhm gebracht haben.

Die Originalhütte von Jack London

Zum einen war das Pierre Berton, der 1920 in Whitehorse geboren wurde und dessen Familie 1921 nach Dawson City zog, wo Berton auch aufwuchs und später, wie sein auch Vater, in einer Goldmine arbeitete. Als Student auf der Universität von British

Die Blockhütte von Robert Service

Columbia wurde er Redakteur einer Studentenzeitung. Im Alter von 21 Jahren wurde er der jüngste Redakteur einer kanadischen Tageszeitung, war während des Zweiten Weltkriegs Offizier der kanadischen Armee und war ab 1947 wieder als Redakteur, Talkshow Host und Reporter sehr erfolgreich journalistisch tätig. Ab 1980 veröffentlichte er auch populärwissenschaftliche Geschichtsbücher. Er starb als Berühmtheit und zählt noch heute zu den bekanntesten kanadischen Literaten.

Zum anderen war das der in England geborene Robert W. Service, der nach einer Banklehre mit 21 Jahren nach Kanada auswanderte und letztendlich während der Goldrauschzeit in Dawson City eine Stelle in der dortigen Filiale der Canadian Bank of Commerce annahm. Er schrieb Balladen und Gedichte, die 1907 unter dem Titel „The Songs of a Sourdough" (Lieder eines Sauerteigs) veröffentlicht wurden und sich vor allem mit dem Leben der Glücksritter der Goldrauschzeit befassten. Eines seiner Gedichte hat es sogar auf eine kanadische Briefmarke geschafft, nämlich „The Cremation of Sam McGee" (Die Einäscherung von Sam McGee).

Das Jack London Museum

Zu guter Letzt ist da dann noch der uns allen bekannte Jack London, der als einer der ersten Goldsucher bereits im Juli 1897 von seiner Heimat Kalifornien aus Richtung Klondike aufbrach, mehrmals den berühmt-berüchtigten Chilkoot Pass emporstieg und auf dem Yukon River nach Dawson City schipperte.

Er steckte sich dort das Claim 54 ab und verharrte den anschließenden harten Winter 1897 mit anderen Goldsuchern in einer Hütte am Henderson Creek. Das harte, entbehrungsreiche Leben im Klondike forderte von ihm seinen Tribut, er erkrankte schwer an Skorbut und musste letztendlich die Goldsucherei an den Nagel hängen.

All seine Erfahrungen und die überlebensnotwendige Kameradschaft unter den Goldgräbern verarbeitete er in Werken wie „Der Ruf der Wildnis" und „Wolfsblut", die jeweils zu Welterfolgen wurden und die Hollywood bis heute schon mehrmals sehr erfolgreich verfilmt hat, nicht zuletzt 2020 mit Harrison Ford in der Hauptrolle.

Schon allein durch diese drei Schriftsteller fand Dawson City und der Klondike Goldrausch Eingang in die Weltliteratur. Zwei der Literaten, nämlich Pierre Berton und Robert Service, wohnten keine 50 Meter voneinander entfernt auf der 8th Avenue in Dawson City. Das Haus von Berton wird heute regelmäßig für jeweils drei Monate kostenlos an junge Schriftsteller vermietet. Vor der gegenüberliegenden originalen Blockhütte von Robert Service rezitieren im Sommer täglich junge Künstler in Originaltracht Gedichte des Schriftstellers. Keine 100 Meter davon entfernt ist der Jack London Square mit Teilen der Originalhütte Londons und einem kleinen, aber sehenswerten Jack-London-Museum.

INFO

Lage: Die Literatenecke befindet sich auf der 8th Avenue in Dawson City und ist damit von allen Hotels der Stadt sowohl mit dem Fahrzeug als auch zu Fuß bequem erreichbar. Das Jack London Blockhaus mit dem kleinem Museum befindet sich an der Ecke 8th Avenue und der Firth Street. Um von dort zum Blockhaus von Robert Service und zum ehemaligen Haus von Pierre Berton zu gelangen, einfach 100 Meter die 8th Avenue Richtung Stadtmitte gehen.

Robert Service Cabin: Täglich im Sommer rezitiert ein Schauspieler in historischem Gewand zwischen 13 und 14 Uhr Gedichte von Robert Service vor dessen alter Blockhütte.

Website: *dawsoncity.ca*

19. Dawson City: Diamond Tooth Gerties Casino

Während der Goldrauschzeit pulsierte das Leben in der Boomtown Dawson City. Wenn nämlich die ausgezehrten und vereinsamten Goldgräber von ihren Minen und Gruben rund um die Zuflüsse des Klondike River ab und zu einmal in die Stadt kamen, dann wollten sie etwas erleben und ließen im wahrsten Sinne des Wortes die Puppen tanzen. Zu jeder Tages- und Nachtzeit konnte man in den Bars und Saloons seinen Durst stillen, stundenweise weibliche Gesellschaft bei einem Schäferstündchen in „Paradise Alley", so der Kosename des Rotlichtviertels, anmieten, oder die Nacht in einer der Tanzhallen durchtanzen.

Die damaligen Lieblinge von Dawson City waren die „Dancehall Queens", die Sängerinnen, Schauspielerinnen und Tanzmädchen wie Bombay Peggy, Klondike Kate oder auch Diamond Tooth Gertie, die meist Pariser Mode trugen und oft mit Champagnerbädern gefeiert wurden.

Cancan-Show im Diamond Tooth Gerties

All diese Klondike Ladies haben es von fragwürdigen Anfängen zu Ruhm, Würde und vor allem, zu Reichtum gebracht. Noch heute tragen einige Restaurants, Bars und Hotels von Dawson City stolz die Namen dieser Königinnen der Goldrauschzeit. Allen voran das älteste und sicherlich nördlichste Spielcasino Kanadas, das den Namen Diamond Tooth Gerties trägt und in Memoriam der Dame getauft wurde, die zwischen ihren vorderen Schneidezähnen einen Diamanten trug und eigentlich Gertie Lovejoy hieß. Das Casino selbst ist auch dadurch in Kanada einzigartig, dass man dort in einem Raum spielen, Alkohol trinken und Live-Entertainment genießen kann.

INFO

Lage: Im Stadtzentrum von Dawson City. Von der Front Street die Queen Street bis zur 1001 Fourth Avenue fahren. Das Casino befindet sich direkt an der Kreuzung der beiden Straßen. Ein großer kostenloser Parkplatz liegt direkt gegenüber dem Casino. Das Casino ist von allen Hotels in Dawson City bequem und in Minuten zu Fuß erreichbar. Das Mindesteintrittsalter ist 19 Jahre.

Aktivitäten:

- Drei unterschiedliche Cancan-Shows jeden Abend um 20.30 Uhr, 22 Uhr und um Mitternacht.
- Glücksspiel: Es wird nur Bargeld akzeptiert. Chips im Wert von 3 CAD, 5 CAD und 10 CAD. Einsätze sind je nach Tisch variabel und können bis zu 100 CAD gehen. Gespielt wird Black Jack, Roulette, Red Dog, Poker, Glücksrad, zusätzlich gibt es eine Vielzahl von einarmigen Banditen.
- Im Casino kann Essen und Trinken bestellt werden.

Website: *diamondtoothgerties.ca*

20. DAWSON CITY: DURCH DIE LINSE GESEHEN

Egal wie oft ich schon in Dawson City war, jedes Mal ist auf jeden Fall meine Kamera mit dabei. Für Liebhaber der Fotografie ist Dawson City ein echtes Eldorado, denn das verträumte Städtchen bietet jede Menge fantastischer Foto-Objekte. Eine begehbare Filmkulisse sozusagen.

Gourmet-Café Bonton & Company neben historischem Gebäude

Da wären zum einen die vielen schief stehenden Hütten und Originalholzhäuser der Goldrauschzeit, die damals direkt auf den Boden gebaut wurden und sich, bedingt durch ihr Eigengewicht und den Permafrostboden, immer mehr verschieben.

Und dann gibt es natürlich auch die von Parks Canada liebevoll in den Originalzustand zurückversetzten und restaurierten Bauten wie das Palace Grand Theater, das alte Postgebäude, Lowe's Bestattungsinstitut, die Dawson Daily News, Madame Tremblays Modeladen, der Masonic Temple, Diamond Tooth Gerties Casino

Der Red Feather Saloon

(siehe Tipp 19), Klondike Kate's Cabins, das rosa angestrichene Westminster Hotel, der Schaufelraddampfer SS Keno, das alte Sägewerk, die an eine Hauswand geschriebenen Anfangszeilen eines Robert Service Gedichtes, die hölzernen Boardwalks und, und, und …

Blick in den General Store

Blick vom Midnight Dome auf Dawson City

Wie gesagt, die Motive werden Ihnen definitiv nicht ausgehen, egal ob Sie mit der neuesten Filmkamera, einer teuren Kameraausrüstung oder nur mit dem alten Handy fotografieren und filmen. Schlendern Sie einfach durch das Städtchen, die Objekte für Ihre Kamera warten überall auf Sie.

Um Dawson City in seiner Gesamtheit abzulichten, sind zwei Stellen prädestiniert. Das ist zum einen der Midnight Dome, ein Berg direkt über Dawson City und da ist zum anderen die Sunnydale Road auf der gegenüberliegenden Flussseite.

Wegen des Lichteinfalls empfiehlt es sich, bis um die Mittagszeit vom Midnight Dome zu fotografieren, ab Nachmittag dann von der gegenüberliegenden Seite. Beide Blickwinkel beinhalten auch den Zusammenfluss von Klondike- und Yukon River, wobei von der gegenüberliegenden Seite auf der Sunnydale Road auch noch ein Teil der Goldfelder zu sehen ist. Sie werden genügend Bilder von Dawson City mit nach Hause nehmen, egal ob gefilmt, fotografiert oder nur im Memory-Speicher Ihres Gedächtnisses.

Blick von der Sunnydale Road auf Dawson City

INFO

Lage: Fast alle Motive innerhalb von Dawson City befinden sich zwischen Front Street und der Fifth Avenue.

GPS: 64.055846, -139.458643

- Anfahrt Midnight Dome: Fahren Sie den North Klondike Highway Richtung Whitehorse. Nach zwei Kilometern kommt links der Abzweig zur Dome Road. Folgen Sie der Straße 4,5 Kilometer bis zur Midnight Dome Aussichtsplattform. Genügend Parkplätze sind vorhanden.
- Anfahrt Sunnydale Road: Fahren Sie die Front Street bis zum Ende an die Fähre. Überqueren Sie den Yukon River mit der Fähre. Sie fährt rund um die Uhr und ist kostenlos. Fahren Sie dann 3,7 Kilometer auf dem Top of the World Highway bis zur Ausschilderung Golfplatz und Sunnydale Road auf der linken Seite. Fahren Sie die Sunnydale Road 650 Meter. Auf der linken Seite kommt eine Ausbuchtung mit tollem Blick auf Dawson City.

21. Wandern im Klondike

Es gibt viele Wandermöglichkeiten im Klondike, ob hoch auf den Midnight Dome, ob entlang der Bäche und Minenstraßen auf den Goldfeldern oder auch im nahe gelegenen Tombstone Territorial Park. Im Visitor Information Centre in Dawson City gibt es da vielfältige Informationen darüber, auch in deutscher Sprache. Besuchen Sie das Centre und lassen Sie sich beraten. Das Personal dort ist sehr erfahren und kennt alle Wanderrouten.

Wanderung in den Tombstone Mountains

9th Avenue Trail: Dieser Wanderweg in Dawson City hat eine kleine Vorgeschichte. Im Jahr 2005, nach einer besonders intensiven Brandsaison, wurde am Hang oberhalb des Stadtgebiets von Dawson City eine Feuerwache gebaut, um den Brandschutz für die Gemeinde zu erhöhen. Beim Errichten der Wache entdeckte man Abschnitte eines historischen Pfades aus der Zeit des Klondike-Goldrauschs. Zu jener Zeit war Dawson City übervoll und so entstand auch an diesem Hang eine boomende kleine Zeltstadt. Das Gebiet wird auf alten Karten nur als '9th.' bezeichnet. Eine Gruppe von Einheimischen untersuchte das Gelände und beschloss daraufhin, der Gemeinde einen leicht zugänglichen Erholungspfad zu bauen. Der 2,5 Kilometer lange Trail führt vom Nordende der Front Street in halber Höhe hinter Dawson City herum und bietet wunderschöne Blicke auf die historische Stadt. Der Wanderweg endet an der Craig Street am Südende der Stadt nahe dem Klondike Highway.

Dyke Trail: Ein weiterer, sehr gemütlich zu gehender Weg ist der 2,5 Kilometer lange Dyke Trail, der direkt da am Klondike Highway startet, wo der 9th Avenue Trail endet. Der Dyke Trail führt den Wanderer vom Zusammenfluss von Klondike und Yukon River entlang des mächtigen und schnellfließenden Stroms bis zum Nordende des 9th Avenue Trails. Auf diesem Weg sieht man Dawson City von der entgegengesetzten Seite und bewegt sich die gesamte Zeit auf einem Damm entlang des Yukon Rivers.

Kombiniert man beide Wanderwege, dann ist man einmal um Dawson City herumgelaufen und hat das Städtchen aus allen Blickwinkeln gesehen. Mit fünf Kilometern Gesamtstrecke ist das ein schöner Verdauungsspaziergang, der Sie gut schlafen lässt, egal ob im gemütlichen Hotelbett oder im bequemen Camper.

Grizzly Lake Trail: Praktisch 100 Fahrkilometer von Dawson City entfernt beginnt der Grizzly Lake Trail an Kilometer 58,5 des Dempster Highways. Er kann als Tagestour bis zum Aussichtspunkt auf den Grizzly Lake oder auch mit Zeltübernachtung bis hin zum See erwandert werden. Wer auf diesem Trail wandert, dem erschließen sich tolle Aussichten auf das Tal des North Klondike Rivers. Dieser Nebenfluss des Klondike Rivers schlängelt sich den Dempster Highway entlang auf seinem Weg, der ihn letztendlich in den Yukon River führt. Dieser wunderschöne, aber auch anspruchsvolle zwölf Kilometer lange Wanderpfad entschädigt mit traumhaft schönen Blicken auf die Tombstone Range und den Mount Monolith. Bitte beachten Sie, dass auf diesem Pfad festes Schuhwerk Pflicht ist und dass sie Bärenspray mit sich führen.

Grizzly Lake in den Tombstone Mountains

Grizzly Ridge Trail: Der Grizzly Ridge Trail ist quasi der Anfangsteil des Grizzly Lake Trails. Er ist einer der beliebtesten Touren auch von Einheimischen, denn die Blicke auf die Tombstone Range und den Mount Monolith sind wirklich spektakulär. Der Weg ist für Yukon-Verhältnisse sehr gut ausgebaut. Kurz nach dem Betreten des Pfads gibt es eine freiwillige Registrierbox für Wanderer. Eine Registrierung ist auf jeden Fall zu empfehlen. Der Weg schlängelt sich durch den Wald und steigt leicht an. Da er am Anfang neben dem Cairnes Creek verläuft, kann der Boden je nach Jahreszeit ein wenig schlammig sein. Nach kurzer Zeit beginnt der Weg etwas steiler zu werden und die Bäume werden deutlich kleiner und dünner und weichen letztendlich subalpinen Büschen.

Gehen Sie weiter, bis Sie zu einer kleinen Öffnung mit aufgeschichteten Felsen kommen, kurz bevor man den Grat erklimmt. Von dieser Stelle aus hat man einen direkten und wunderschönen Blick auf den Mount Monolith. Hier müssen Sie sich auch entscheiden: weitergehen oder umdrehen. Entscheiden Sie sich für das Weitergehen, wird der Weg zunächst ziemlich steil, bevor er langsam wieder ebener wird und Sie den Gipfel des Grats erreichen. Auch auf dem Grizzly Ridge Trail benötigen Sie gutes Schuhwerk und natürlich sollten Sie, wie bei jeder Wanderung in der Wildnis des Yukon, Bärenspray mit sich führen.

INFO

9th Avenue Trail:

- Startpunkt am Nordende der Front St, GPS: 64.069381, -139.424887
- Länge: 2,5 Kilometer oberhalb der Stadt
- Einfacher Wanderweg mit einigen leichten Steigungen, mehrere Treppenabschnitte.
- Gehdauer: Eine Stunde
- Trailende am Südende der Stadt in der Craig Street

Dyke Trail:

- Startpunkt auf dem Deich Ecke Klondike Highway und 8th Avenue, GPS: 64.052226, -139.437609
- Länge: 2,5 Kilometer entlang des Yukon Rivers
- Leicht zu gehender Spazierweg
- Gehdauer: 40 Minuten
- Sehr gut mit dem 9th Avenue Trail zu kombinieren

Grizzly Lake Trail:

- Lage: Im Tombstone Territorial Park
- Anfahrt: von Dawson City aus über den Klondike Highway bis zur Abfahrt Dempster Highway; dort links auf den Dempster Highway abbiegen, nach 58,5 Kilometern am Grizzly Creek parken. GPS: 64.412978, -138.302296
- Länge: ungefähr zwölf Kilometer
- Höhenunterschied: 797 Meter
- Gehdauer: vier bis fünf Stunden
- Schwierigkeitsgrad: recht anspruchsvoll

Grizzly Ridge Trail:

- Lage und Anfahrt: wie beim Grizzly Lake Trail
- Länge: ungefähr fünf Kilometer bis zum Aussichtspunkt.
- Höhenunterschied: 423 Meter
- Gehdauer: drei bis vier Stunden
- Schwierigkeitsgrad: leicht bis anspruchsvoll

Rund um Whitehorse

Blick auf Whitehorse

Rund um Whitehorse

22. S.S. Klondike National Historic Site: Der berühmte Schaufelraddampfer
23. Schwatka Lake: Naherholungsgebiet und Landeplatz für Wasserflugzeuge
24. Die Lachsleiter
25. Der Miles Canyon: historisches Fischcamp
26. Wandern rund um Whitehorse
27. Museen in Whitehorse: Wenn es mal regnet …

Takhini Hotspring
27
Ibex Valley
2
Forestview
Yukon River
Porter Creek
1
27
Erik Nielson Whitehorse International Airport
27
26
22
24
Whitehorse
23
Schwatka Lake
25
26
Canyon Crescent
2
Macrae
Fish Lake

22. S.S. Klondike National Historic Site: Der berühmte Schaufelraddampfer

Es muss schon eine faszinierende Zeit gewesen sein, als man mit dem Schaufelraddampfer in knapp zwei Tagen von Whitehorse nach Dawson City schippern konnte und für den Rückweg gegen den Strom ganze vier bis fünf Tage benötigte. Ganz besonders, wenn man reich genug war, sich eine Passage in der erste Klasse leisten zu können.

Die S.S. Klondike, ein kanadisches Nationaldenkmal

Das Menü, das man noch heute auf der S.S. Klondike überfliegen kann, liest sich auf jeden Fall fantastisch. Und auch der Speisesaal mit all dem damals benutzten Silberbesteck lässt erahnen, dass früher das Reisen auch schon seine Annehmlichkeiten, ja sogar seinen Luxus hatte. Dasselbe gilt auch für die Schlafkabinen, die sofort die jeweiligen Klassenunterschiede erkennen lassen.

Alle paar Stunden musste das Schiff auf seiner Reise anlegen, um neues Brennholz aufzunehmen, denn das war bei den mit Dampf

Der Speisesaal der S.S. Klondike

Die S.S. Klondike

betriebenen Motoren notwendig, um die Antriebswelle und somit das Schaufelrad zu bewegen. Um genau zu sein, benötigte man 3,6 Kubikmeter Holz pro Stunde. Spezielle Holzfäller-Crews entlang der gesamten Flussstrecke arbeiteten dafür rund um die Uhr.

Für Whitehorse-Besucher ist dieser großartige alte Schaufelraddampfer eine echte Sehenswürdigkeit und ein tolles Fotomotiv. Er liegt äußerst markant am Ufer des Yukon Rivers in der Nähe der Robert-Campbell-Brücke. Das Schiff, zumindest die Originalversion davon, wurde 1929 von der britischen Yukon Navigation Company gebaut. Es war das größte auf dem Yukon River, hatte 50 Prozent mehr Ladekapazität als alle anderen Schiffe auf dem Fluss, wies vollbeladen nur einen Tiefgang von einem Meter auf und konnte bis zu 300 Tonnen Fracht aufnehmen. In den ersten Jahren, hauptsächlich Fracht und Erz, weniger Passagiere. Durch die Unachtsamkeit des stellvertretenden Kapitäns – der Kapitän war gerade frühstücken – lief das Schiff 1936 am Zusammenfluss von Teslin und Yukon River auf Grund und sank.

Ein Großteil der Ladung ging damals verloren, zum Glück überlebten alle Mitfahrenden. Es gelang der British Yukon Navigation Company, die wichtigsten Maschinen und Teile der Grundstruktur des Schiffes zu retten und zu bergen. So konnte die neu aufgebaute S.S. Klondike II bereits ein Jahr später vom Stapel laufen und von da an bis 1955 unfallfrei den 760 Kilometer langen Flussweg zwischen Whitehorse und Dawson City bewältigen, sowohl mit Fracht als auch mit bis zu 75 Passagieren und 23 Besatzungsmitgliedern.

Nach der Ausflottung übergab man das Schiff an die kanadische Regierung, die sie dann an der jetzigen Stelle als Nationaldenkmal etablierte. Interessant ist auch, wie man die S.S. Klondike auf seinen jetzigen Lageplatz am Flussufer hochhievte. Glaubt man den Berichten von damals wurden jede Menge Holzplanken mit Seifenlauge eingeschmiert, damit Kräne das Schiff an Land ziehen konnten. All das und noch viel Interessantes mehr erfährt man bei einer von Parks Canada geführten Tour auf der S.S. Klondike, die sehr empfehlenswert ist.

INFO

Lage: Am Südende des Stadtkerns von Whitehorse. GPS: 60.713612, -135.048955. Vom Alaska Highway die South Access Road (Robert Service Way) nehmen und bis zum Kreisverkehr fahren. Die erste Ausfahrt aus dem Kreisel führt direkt auf den großen Parkplatz, der auch spezielle Parkplätze für große Motorhomes hat.

Auf das Boot selbst kommt man nur mit einer geführten Tour, die am Kiosk oder per Email unter pc.ssklondikeinfo.pc@pc.gc.ca gebucht werden kann. Tel. gebührenfrei +1 800 661 0486

Aktivitäten:

- Vor Ort gibt es ein Besucherzentrum mit weiteren Informationen zur S.S. Klondike sowie einen Souvenirladen.
- Der Dokumentarfilm „In the Days of the Riverboats" des National Film Boards of Canada wird täglich in einem Zelt neben der S.S. Klondike kostenfrei gezeigt.
- Öffentliche Waschräume von 9.30 bis 17 Uhr geöffnet.

Website: *pc.gc.ca/ssklondike*

23. Schwatka Lake: Naherholungsgebiet und Landeplatz für Wasserflugzeuge

Keine fünf Kilometer außerhalb des Stadtzentrums und der Main Street und selbst zu Fuß problemlos zu erreichen liegt mit dem Schwatka Lake eines der großen Naherholungsgebiete der Einwohner von Whitehorse. Im Sommer sind Segelboote, Motorboote und Kanus auf dem See, ab und zu sieht man auch ein paar Angler am Strand stehen und dann sind da auch noch die Wasserflugzeuge, die von hier aus ihre Flüge in die Wildnis starten. Im Winter werden auf dem zugefrorenen See Motorschlittenrennen durchgeführt und ab und zu sieht man ein Skiflugzeug Starts und Landungen üben.

Der Schwatka Lake

Viele Touristen kommen hier her, weil es nicht nur interessant ist, die im Englischen „Floatplanes" genannten Maschinen starten und landen zu sehen, sondern weil Wasserflugzeuge eben tolle kanadische Fotomotive darstellen. Ein Urlaubsfoto mit der oder dem Liebsten am Wasserflugzeug ist eine Erinnerung für den Rest des Lebens.

Eine viel nachhaltigere Erinnerung und zudem ein fantastisches Abenteuer ist natürlich ein Rundflug in einer dieser Maschinen, die dort, direkt vor Ort, angeboten werden. Von Touren über den Chilkoot Pass bis hin zum Kluane National Park und zum Mount Logan, dem höchsten Berg Kanadas, ist alles machbar und alles buchbar. Auch werden von hier aus Versorgungsflüge zu den Wilderness Lodges durchgeführt und Urlauber lassen sich samt ihren Kanus von hier aus zu Seen und Flüssen transportieren, von wo aus sie ihre Paddeltouren auf einem der vielen Gewässer des Territoriums beginnen. Ein Besuch am See ist also auf jeden Fall unterhaltsam, spannend und bietet viele Fotomotive.

Der Schwatka Lake wurde nach Frederick Schwatka benannt, einem Leutnant der US-Armee, der als erster die gesamte Länge des Yukon River erkundet hatte. Es ist kein natürlicher See, sondern ein Stausee, der durch den 1958 fertiggestellten Staudamm des Yukon River entstanden ist und der Stromerzeugung der gesamten Region rund um die Hauptstadt dient. Die White Horse Rapids, die für den Namen der Stadt verantwortlich zeichnen, liegen nach der Stauung in den 1950er Jahren heute unter dem See.

INFO

Lage: Am Südende des Stadtkerns von Whitehorse. GPS: 60.713612, -135.048955. Man erreicht den Schwatka Lake vom Alaska Highway über die Miles Canyon Road. Alternativ: Von der Stadtmitte über die Second oder die Fourth Avenue zur South Access Road und dann Richtung Alaska Highway fahren. Direkt hinter der Yukon Energy Corporation geht es nach links zur Miles Canyon Road.

Wasserflugunternehmen in Whitehorse:

- Alkan Air: Tel. +1 867 333 9793, *alkanair.com*
- Alpine Aviation: Tel. +1 867 668 7725, *alpineaviationyukon.com*
- Amber Airways: Tel. +1867 334 3535, *amberairways.com*
- Tintina Air: Tel. +1 867 332 8468, *tintinaair.com*

24. Die Lachsleiter

Die Verantwortlichen beim Bau des Staudamms und des Elektrizitätswerks am Schwatka Lake im Jahre 1958 waren sich bewusst, dass mit der Fertigstellung dieses Großprojekts der gesamten Chinook-Lachspopulation der Weg in ihre traditionellen Laichgebiete effektiv versperrt werden würde. Für eine gesunde Chinook-Population (Königslachs), die traditionell als Nahrung für die First Nations entlang des Yukon Rivers große Bedeutung hat, musste also ein Weg gefunden werden, um diese Staumauer umgehen zu können.

Die längste Lachsleiter der Welt

Also entschloss man sich zum Bau einer Lachstreppe seitlich der Staumauer, mit deren Hilfe die Lachse über verschiedene Höhenstufen springend, das Hindernis überwinden und so in den gestauten Schwatka Lake gelangen konnten. Sie ist bis heute die längste Lachsleiter der Welt. War die Treppe einmal überwunden, war der Weg in ihre angestammten Laichgebiete wieder frei. Auf halber Höhe dieser menschengemachten Fischtreppe baute man ein Sichtbecken mit Sperre ein. Hier werden während der Lachswanderung alle durchschwimmenden Lachse gezählt, vermessen und kategorisiert, bevor man sie weiterschwimmen lässt. Besucher können hier die Lachse beobachten und von geschulten Mitarbeitern viel Wissenswertes über Salmoniden, deren verschiedene Arten und über die phänomenale Lachswanderung selbst erfahren.

Weil bereits an der Küste Alaskas durch kommerzielle Fangflotten immer weniger Lachse in den Yukon River gelangen, entschloss man sich 1984 zu einem speziellen Aufzuchtprogramm, bei dem etwa 30 Prozent der über die Lachsleiter durchziehenden Fische entnommen werden. In der damals gegründeten Whitehorse Fish Rapids Hatchery werden dann den voll geschlechtsreifen und ausgewachsenen weiblichen Lachsen die Eier entnommen und in speziellen Behältern mit den Spermien der männlichen Exemplare befruchtet.

Der Yukon River ist mit über 3000 Kilometern einer der längsten Flüsse der Welt und gleichzeitig auch einer der wichtigsten für die Lachse. Jedes Jahr kehren unzählige Chinook-Lachse zum Laichen in die Nebenflüsse des Yukon Rivers zurück. Sobald die befruchteten Eier schlüpfen und die Fische wachsen, beginnt für sie eine unglaubliche und gefahrvolle Reise ins Beringmeer und in den Pazifik. Dort wachsen sie auf bis zu anderthalb Meter Größe heran. Am Ende des Lachslebens erfolgt dann der gefährliche Rückweg zu just dem kleinen Gewässer, indem dieser Lachs vor Jahren geboren wurde. Also vom Süßwasser ins Salzwasser und wieder zurück ins Süßwasser. An seinem Geburtsort angekommen, leicht er ab und verendet kurz darauf völlig entkräftet.

INFO

Lage: Am Nordende des Schwatka Lakes, direkt neben der Staumauer, GPS: 60.696623, -135.040542. Vom Stadtzentrum Whitehorse über den Lewes Boulevard in den Stadtteil Riverdale fahren. Am Rondell die erste Ausfahrt auf den Nisutlin Drive nehmen und diesen bis zum Ende fahren, ausreichend Parkplätze sind vorhanden. Die Lachsleiter ist im Sommer täglich geöffnet, als Eintritt ist eine kleine Spende erwünscht. Tel. +1 867 633 5965

25. Der Miles Canyon: historisches Fischcamp

Archäologische Forschungen rund um den Miles Canyon haben ergeben, dass diese Gegend schon vor mehreren tausend Jahren von den Urahnen der heutigen First Nations genutzt wurde. Um die gefährlichen Stromschnellen des Canyons zu umgehen, hatten die Ureinwohner damals regelrechte Transportwege für ihre Kanus angelegt. Später dann, als die Stampeder während des Klondike Goldrauschs 1898 in großer Zahl mit all ihren Kanus, Flößen, Ausrüstungsgegenständen und ihrer gesamten Verpflegung an dieses Nadelöhr am Yukon River gelangten, entstand dort, direkt vor dem Canyon, eine Siedlung, die liebevoll Canyon City genannt wurde.

Der Miles Canyon von oben

Weil so mancher der Glücksritter beim Passieren der gefährlichen Stromschnellen sein Hab und Gut verloren hatte – ein paar mussten dabei auch ihr Leben lassen – kam der junge Norman Macaulay, ein findiger Alaskaner aus Dyea auf die Idee, eine kleine, von Pferden gezogene Holzeisenbahn auf den Transportwegen der Ureinwohner zu bauen und ein Transportgeschäft aufzuziehen. Am Anfang des Trails baute er bereits im Herbst 1897 ein Rasthaus sowie eine acht Kilometer lange Bahnstecke um die Stromschnellen herum.

Die Überbleibsel vom ehemaligen Canyon City

Die hölzernen Straßenbahnwagen, die je nach Streckenteil von einem oder von zwei Pferden gezogen wurden, hatten gusseiserne Räder. Rund um Macaulays Rasthaus entstand dann Canyon City mit einem Hotel, einem Restaurant, einem Laden, Werkstätten, Ställen und natürlich auch einem Saloon. Selbst ein Posten der North-West Mounted Police befand sich an diesem Anlaufpunkt vor dem gefährlichen Canyon. Macaulay nahm damals 3 Cent pro transportiertem Pfund Ausrüstung und 25 Dollar für ein Boot und wurde damit innerhalb kürzester Zeit ein sehr reicher Mann. Bevor Macaulay 1899 den geplanten Bau einer Schmalspurbahn in die Tat umsetzen konnte, kaufte die White Pass & Yukon Route Railway ihm sein ganzes Geschäft für damals sagenhafte 185.000 Dollar ab.

Dem heutigen Besucher des Miles Canyon bieten sich viele wunderschön begehbare Wanderwege bis hinüber nach Canyon City. Parken Sie einfach Ihr Fahrzeug am Parkplatz des Miles Canyons und gönnen sie sich ein bis zwei Stunden „Beine vertreten“ auf historischen Trails. Von Canyon City ist übrigens nicht mehr viel übrig geblieben. Ein paar Grundstrukturen sind noch erkennbar und einer der Transportwagen mit seinen Eisenrädern steht noch auf einer Holzschiene. Zudem gibt es einige interessante Informationstafeln vor Ort, die vermitteln, was Canyon City einmal war, bevor die Natur sich die kleine Siedlung wieder einverleibt hat.

Historischer Abfall in Canyon City

Gepäckwagen auf Holzschiene zur Umgehung der Stromschnellen

INFO

Lage: Am Südende des Schwatka Lake, GPS: 60.661442, -135.029257.

Anfahrt: Vom Alaska Highway die Miles Canyon Road bis zur ersten Gabelung fahren. Dort rechts abbiegen und bis zum Parkplatz fahren. Alternativ: Von der Stadtmitte über die Second oder die Fourth Avenue zur South Access Road und dann Richtung Alaska Highway fahren. Direkt hinter der Yukon Energy Corporation geht es nach links zur Miles Canyon Road. Fahren sie den See entlang über zwei kleine Berge bis sich die Straße gabelt. Dort links abbiegen und bis zum Parkplatz durchfahren. Es sind etwa zehn Parkplätze vorhanden.

Aktivitäten:

- Wunderschöne Wanderwege entlang des Canyons zu diversen kleinen Seen und nach Canyon City. Informationsbroschüren in deutscher Sprache im Visitor Information Centre in Whitehorse, 100 Hanson Street, kostenlos erhältlich.
- Tolle Fotomotive von der Miles Canyon Hängebrücke: Fährt man vom Miles Canyon auf der Miles Canyon Road Richtung Schwatka Lake, hat man nach dem ersten Anstieg von einem großen Parkplatz einen tollen Ausblick auf den Canyon. GPS: 60.663534, -135.032392

26. Wandern rund um Whitehorse

In und um Whitehorse gibt es eine große Anzahl von Wanderwegen. Zum Beispiel den 4,5 Kilometer langen Millenium Trail, der an der S.S. Klondike startet, entlang dem Yukon River zum Robert Service Campground leitet, dort über eine Fußgängerbrücke den Fluss zur Fischleiter überquert und dann über den Stadtteil Riverdale zurück an den historischen Schaufelraddampfer führt. Der Millenium Trail ist sehr leicht zu gehen und wird gerne auch als kleiner Verdauungsspaziergang nach einem Mittag- oder Abendessen gewandert.

Ein weiterer wunderbarer Wanderweg, direkt außerhalb der Stadtgrenze, ist der Fish Lake Trail. Von der Stadtmitte ist der Startpunkt am Fish Lake in etwa 20 Minuten mit dem Auto erreichbar. Für diesen leicht zu wandernden alpinen Gratweg sollten Sie einigermaßen gutes Wetter wählen. Schon nach kurzer Zeit ist man auf diesem Trail oberhalb der Baumgrenze und hat einen tollen Ausblick auf den Fish Lake und auch auf den Bonneville Lake auf der gegenüberliegenden Seite. Man wandert meist durch halbhohes Gebüsch, die Wege sind eher ungepflegt, man findet sich aber trotzdem sehr gut zurecht. Der Fisch Lake Trail ist sowohl im Sommer als auch im Winter ein sehr beliebtes Ausflugs- und Wander-

Der Fish Lake

INFO

Millenium Trail: Startpunkt an der S.S. Klondike, GPS: 60.713116, -135.049121, 4,5 Kilometer Länge innerhalb der Stadt.

Fish Lake Trail: Am Fish Lake vor den Toren von Whitehorse, GPS: 60.648664, -135.243411. Anfahrt: Fahren Sie auf dem Alaska Highway Richtung Westen/Haines Junction. Nach etwa sieben Kilometern links auf die Fish Lake Road abbiegen. Anschließend 20 Kilometer bis zum Parkplatz direkt am Fish Lake fahren. GPS: 60.649110, -135.239911

- Länge: 7 Kilometer (hin und zurück)
- Höhenunterschied: 323 Meter
- Gehdauer: Zwei bis drei Stunden
- Schwierigkeitsgrad: leicht

ziel der Einwohner von Whitehorse. Für den Trail gilt folgender, wichtiger Hinweis: Man durchwandert auf diesem Trail das Siedlungsgebiete der Kwanlin Dun First Nation. Respektieren Sie bitte deren Land und deren Regeln! Meiden Sie das Gebiet während der am 1. August beginnenden Jagdsaison jeweils zwischen 17 und 10 Uhr am nächsten Morgen.

27. Museen in Whitehorse: Wenn es mal regnet ...

Sollte es bei ihrem Besuch in Whitehorse doch einmal regnen und die Sonne nicht scheinen – im Yukon spricht man dann von flüssigem Gold – dann ist ein Besuch in einem der Museen in Whitehorse eine Alternative. Drei davon sind hervorzuheben.

MacBride Museum: Es war das erste Museum im Yukon, steht im Stadtzentrum von Whitehorse und es erzählt die Geschichte des Territoriums von den First Nations über die Natur bis hin zum Goldrausch und noch vieles mehr. Es umfasst über 40.000 Ausstellungsstücke und wurde schon von einigen Mitgliedern der britischen Royal Family, inklusive der Königin Elisabeth II., besucht.

Das MacBride Museum

Das Yukon Transportation Museum

Yukon Transportation Museum: Ein weiteres Museum, praktisch neben dem Flughafen und der größten Wetterfahne der Welt, in Form einer originalen DC-3 der ehemaligen Canadian Pacific Airlines, ist das Yukon Transportation Museum. Es erzählt die einzigartige und von echten Pionieren strotzende Verkehrsgeschichte des Yukon. Vom Chilkoot Trail über die White Pass & Yukon Railway bis hin zu den verwegenen Buschpiloten, die die völlige Wildnis bezwangen sowie Post und Material selbst in die entlegensten Winkel transportierten. Und dann ist da ja noch die Geschichte vom Bau des Alaska Highway, die in diesem Museum lebendig erzählt wird.

Im Yukon Transportation Museum

Das Yukon Beringia Centre

Yukon Beringia Centre: Und schließlich ist da auch das Yukon Beringia Centre, das die Geschichte der Bevölkerung Nordamerikas erzählt. Es ist eine Zeit, in der noch eine Landbrücke zwischen Asien und Nordamerika existierte. Die Menschen folgten damals den Mammuts und Säbelzahntigern. Von ihnen stammen die heutigen First Nations ab, von den Inuit über die Athabasken bis hin zu den Aleuten. Zu sehen sind hochinteressante Exponate von Ausgrabungen und Animationen über die letzte Eiszeit.

Yukon Wildlife Preserve: Sollte sich nach dem einen oder anderen Museumsbesuch das Wetter wieder etwas gebessert haben, dann ist ein kleiner Ausflug zur Yukon Wildlife Preserve empfehlenswert. Dort besteht die einmalige Möglichkeit, einen Großteil der hier im hohen Norden lebenden Tiere in ihrer natürlichen Umgebung zu sehen, zu beobachten und zu fotografieren. Vom Bergschaf zum Elch, vom Luchs zum Moschusochsen, vom Karibu zum Polarfuchs und noch jede Menge mehr. Ganz besonders interessant sind die geführten Bustouren mit zahlreichen Kommentaren und Erklärungen. Die Alternative zur Bustour ist eine Rundtour zu Fuß und ohne Führung.

Und zu guter Letzt noch ein kleiner Tipp. Auf dem Weg von Whitehorse zur Yukon Wildlife Preserve kommen Sie an der Fishlake Road vorbei. Fahren Sie für ein paar hundert Meter diese Straße hinein. Vom Anfang der Fishlake Road bis zum ersten Anstieg der Straße nach etwa einem Kilometer können Sie hauptsächlich zu Ihrer Linken fast immer Adler beobachten. Sowohl Weißkopfseeadler als auch Golden Eagles. Viel Glück beim Fotografieren.

INFO

MacBride Museum:

- Lage: 1124 Front Street, direkt am Yukon River, GPS: 60.721270, -135.050819, Tel. +1 867 667 2709
- Website: *macbridemuseum.com*

Yukon Transportation Museum:

- Lage: Direkt neben dem Whitehorse Eric Nielsen International Airport, GPS: 60.712026, -135.079773, Anfahrt über den Alaska Highway bis zur Norseman Road. Tel. +1 867 668 4792
- Website: *goytm.ca*

Yukon Beringia Centre:

- Lage: 30 Electra Crescent, direkt am Alaska Highway neben dem Flughafen. Anfahrt über den Alaska Highway bis zur Electra Cresent oder vom Transportation Museum über die Norseman Road.
- Website: *beringia.com*

Yukon Wildlife Preserve:

- Lage: Nahe den Takhini Hotsprings auf der Takhini Hotsprings Road, GPS: 60.871400, -135.338771. Anfahrt über den Alaska Highway Richtung Westen/Haines Jct. Am Abzweig zum North Klondike Highway rechts abbiegen. Nach 5,8 Kilometern kommt links die Takhini Hotsprings Road; der Straße acht Kilometer folgen. Tel. +1 867 456 7200
- Website: *yukonwildlife.ca*

Tatshenshini River im Kluane National Park

Der Süden von West nach Ost

28. Haines Junction: Visitor Information Centre & Da Ku Cultural Centre
29. Kluane National Park: Flightseeing
30. Wanderungen in der Kluane Region
31. Kathleen Lake und oTENTik
32. Carcross: Die Kreuzung der Karibus
33. Carcross Desert: Unerwartete Sanddünen im Yukon
34. Caribou Crossing Trading Post
35. Wanderungen in der Southern Lakes Region
36. White Pass & Yukon Route Railroad
37. Watson Lake: ein Tor zum Yukon
38. Der Schilderwald
39. Das Northern Lights Centre
40. Der Historische Flughafen von Watson Lake

Dawson
Mayo
KANADA
YUKON
NORTHWEST TERRITORIES
Bennett Lake
Carcross
Nares Lake
Two and One-Half Mile Village
Two Mile Village
Watson Lake Airport
Watson Lake
Liard River
Faro
Ross River
Burwash Landing
Haines Junction
Kluane National Park
Whitehorse
Klukshu
Johnsons Crossing
Tagish
Teslin
Swift River
Upper Liard
Fraser
Yakutat
Skagway
Atlin
Five Mile Point Indian Reserve 3
Jade City
Good Hope Lake
BRITISH COLUMBIA
USA
ALASKA
Golf von Alaska
Juneau
Dease Lake
Dease Lake Indian Reserve 9
Telegraph Creek Indian Reserve 6
Kluachon Lake Indian Reserve 1
Sitka
Pazifischer Ozean
Wrangell
Stewart

28. Haines Junction: Visitor Information Centre & Da Ku Cultural Centre

Bei Ihrem Besuch in der Kluane Region ist die First Nations Gemeinde Haines Junction eine empfehlenswerte Anlaufstation. Hier gibt es neben ein paar Tankstellen auch einen kleinen Laden, einen staatlichen Liqour Store, ein paar Hotels, die Village Bakery, ein paar Restaurants und auch viele Informationen über die gesamte Region. Deshalb: steuern Sie zuerst einmal das Visitor Information Centre und das daran angeschlossene Da Ku Cultural Centre an und kalkulieren Sie zwei Stunden für diesen Stopp ein.

Im Visitor Information Centre sind viele Broschüren über Wanderwege, Fauna und Flora sowie über den Kluane National Park selbst erhältlich. Die meisten übrigens auch in deutscher Spra-

Auf dem Weg nach Haines Junction

che. Im Centre gibt es ein beeindruckendes 3-D Modell des Parks sowie Exponate und Filme über die dort lebenden Tiere. Hier gibt es auch Informationen von Parks Canada, wo bärensichere Behälter für Parkwanderungen geliehen und Angellizenzen für den Nationalpark erworben werden können. Parks Canada zeigt im Informationszentrum auch einen absolut empfehlenswerten Film über den Park.

Das direkt daran angeschlossene Da Ku Cultural Centre präsentiert die Kultur und Traditionen der Champagne und Aishihik First Nations. Das Zentrum ist eine Lehr-, Kurator- und Interpretationseinrichtung, die Programme für Angehörige der First Nations sowie für die Öffentlichkeit anbietet. Es spiegelt die Sprache, Geschichte, gelebte Kultur und die starke Verbindung zum Land der Champagne und Aishihik First Nations wider. Sehenswert sind die kulturellen Artefakte, Ausstellungstafeln und digitalen Exponate, sowie großartige HD-Videos. Der Boden des Zentrums ist eine große Landkarte des Yukon Territoriums mit den darauf eingezeichneten traditionellen First Nations Gebieten und den angestammten Handelsrouten der Ureinwohner. In einem kleinen Souvenirladen können zudem Andenken mit First Nations Symbolen erworben werden.

INFO

Lage: Da Ku Culture Centre, 280 Alaska Highway, Mile 1016 Haines Junction, GPS: 60.762252, -137.514852, Tel. +1 867 634 3300, cafn.ca; Visitor Information Centre, +1 867 634 2345, *travelyukon.com*

Aktivitäten:

- Jede halbe Stunde zeigt Parks Canada einen Film über den Kluane National Park.
- Informationen über Wanderwege in der Kluane Region
- Ausleihe von bärensicheren Behältern
- Empfohlene Anmeldung für Wanderungen in den Nationalpark
- Erwerb von Angellizenzen für den Kluane National Park

29. Kluane National Park: Flightseeing

Eines kann ich Ihnen schon jetzt versprechen: Die Bilder, die Sie bei einem Sightseeing-Flug im Kluane National Park sehen, werden Sie nicht mehr vergessen. Nach so einem Flug, so geht es jedenfalls mir, ist man geläutert und irgendwie wieder geerdet. Ich weiß nicht, wie oft ich schon in den Park geflogen bin, aber 30 Mal werden es schon gewesen sein. Jedes Mal entdecke ich Neues, sehe, wie sich ein Gletscher im Laufe eines Jahres drastisch zurückgezogen hat, entdecke

Kaskawulsh-Gletscher im Kluane National Park

dann aber auch andere, die plötzlich anfangen rasant anzuwachsen. Noch steht die Wissenschaft vor einem Rätsel und jeden Sommer versuchen Glaziologen im Kluane National Park dem Geheimnis eine Spur näher zu kommen. Aber vieles wissen und verstehen sie noch nicht. Da keine Straßen in den Park führen und nicht jeder Zeit und Muße hat, ein oder zwei Wochen durch diese unglaubliche Natur zu wandern und dabei auch dann nur ein kleines Stück zu sehen, empfehle ich jedem, sich diesen Nationalpark aus dem Kleinflugzeug heraus anzuschauen.

Am einfachsten und durch den kurzen Anflug auch am günstigsten ist das von Haines Junction aus. Es werden mehrere Flugrouten und in verschiedener Länge angeboten. Die, die um den Mount Logan, den höchsten Berg Kanadas führt, ist die Längste und dauert mindestens zwei Stunden.

Eine andere Möglichkeit ist ein Flug mit Icefield Discovery, der nahe Silver City am Kluane Lake startet. Icefield Discovery fliegt mit einem Skiflugzeug und macht auf Wunsch auch Gletscherlandungen mit einem direkten Blick auf den Mount Logan. Selbst von Whitehorse aus können Sie sowohl mit einem beräderten Kleinflugzeug als auch im Wasserflugzeug in den Kluane National Park fliegen. Das ist dann normalerweise eine vierstündige Tour, die eine Landung mit kleinem Imbiss auf einem verlassenen und einsamen See außerhalb des Parks beinhaltet.

Gletscherlandung im Kluane National Park

Aber egal mit wem und wie lange Sie fliegen, ich kann Ihnen nur empfehlen, es wirklich zu tun. Und hier gleich noch ein Rat als Pilot: Früher Morgen und späterer Abend ist normalerweise thermikbedingt gleichbedeutend mit weniger Turbulenzen. Aber selbst wenn es mal ein wenig wackelt, es ist nichts anderes, als wenn Sie mit Ihrem Wagen über einen holprigen Feldweg fahren!

Der höchste Berg Kanadas, der Mount Logan mit seinen 5959 Metern

INFO

Anbieter:

- Kluane Glacier Air Tours, Haines Junction Airport, Tel. +1 867 634 2916, *kluaneglacierairtours.com*
- Icefield Discovery Tours mit Skiflugzeug, Mile 1054 Alaska Highway nahe Silver City, Tel. +1 867 841 4204, GPS: 61.021829, -138.387929, *icefielddiscovery.com*
- Alpine Aviation, Whitehorse, Miles Canyon Road am Schwatka Lake Tel. +1 867 668 7725, *alpineaviationyukon.com*

Empfehlungen:

- Fliegen Sie am Morgen oder am Abend, es gibt dann normalerweise weniger Turbulenzen.
- Vergessen Sie Ihren Fotoapparat oder Ihre Filmkamera nicht.
- Normale Kleidung ist ausreichend, im Flieger ist es nicht kalt.
- Nehmen Sie sich eine Flasche Wasser mit und gehen Sie vor dem Abflug noch einmal auf die Toilette.

30. Wanderungen in der Kluane Region

Es gibt eine Vielzahl von Wanderwegen in dieser Region, vom einfachen Spaziergang bis hin zu mehrtägigen Wandertouren. Für was Sie sich auch immer entscheiden, bitte bedenken Sie immer eines: Sie bewegen sich in dieser Region meist in menschenleerem Gebiet und im Wohnzimmer der dichtesten Bärenpopulation des gesamten Kontinents. Ich möchte Ihnen hier beileibe keine Angst einflößen. Ich bin selbst schon oft und auch alleine in diesem Gebiet gewandert und habe dort auch im Zelt übernachtet. Völlig ohne Probleme übrigens! Aber es gibt gewisse Regeln, die man dabei beachten sollte.

Wenn Sie eine längere Wanderung im Kluane National Park ohne einen Wildnisführer/Guide unternehmen wollen, dann erkundigen Sie sich bitte bei Parks Canada oder in einem der Visitor Information Centres nach Wanderkarten. Melden Sie sich bitte auch bei Parks Canada an und teilen Sie denen mit, wie lange Sie gedenken, im Park zu bleiben. Dies dient Ihrem eigenen Schutz, denn wenn Sie zur angegebenen Zeit nicht zurückkommen, wird man auf dem Weg, den Sie angegeben haben, nach Ihnen suchen.

Nehmen Sie eine Dose Bärenspray mit und tragen Sie diese am Gürtel, im Rucksack hilft diese Ihnen nicht. Bärenspray können Sie im Yukon an vielen Stellen erwerben, ich erledige das immer vor der Abfahrt aus Whitehorse bei Canadian Tire. Leihen Sie sich bei Parks Canada auch geruchssichere Behälter für Ihr Proviant aus. Deponieren Sie Ihr Proviant über Nacht mindestens 100 Meter entfernt von Ihrem Lager. Verzichten Sie auf

Auf dem Sheep Mountain Trail

Parfüm und Rasierwasser und geben Sie Ihre Zahnpasta mit in den Proviantbehälter. Bären haben eine hervorragende Nase, sie sehen genau so gut wie wir Menschen, sie hören aber deutlich besser. Und noch eines möchte ich Ihnen ans Herz legen: In jedem der Visitor Information Centers im Yukon gibt es Informationsbroschüren in deutscher Sprache, die Auskunft darüber geben, wie man sich bei Bärenbegegnungen verhalten sollte. Jetzt aber zu meinen Wandervorschlägen ...

Wanderung zum Kings Throne am Kathleen Lake

Auriol Trail: Dieser Trail kann als Halb- oder Ganztageswanderung gegangen werden. Der 15,6 Kilometer lange Trail, der früher eine alte Planwagenstraße war, beginnt etwa sieben Kilometer südwestlich von Haines Junction und gilt als Einstiegsweg in die wunderschöne und unberührte Natur des Kluane National Park. Er führt durch borealen Mischwald vorbei an herrlichen Aussichtspunkten bis in die subalpine Zone der Auriol Range.

Sheep Mountain Trail: mein ganz persönlicher Favorit. Der Sheep Creek Trail ist ein zehn Kilometer langer Weg (hin- und zurück), der vom Thachäl Dhäl-Parkplatz am dortigen Parks Canada Visitor Centre wegführt. Wer den sechs Kilometer langen Weg zum Gipfel des Thachäl Dhäl Ridge antritt, der wird, wenn er den weder gepflegten noch markierten Weg gemeistert hat, mit einer fantastischen Aussicht auf den Kluane Lake, das Slims-Valley und die umliegenden Berge des Kluane National Park belohnt. Dieser Weg führt mit steilen Anstiegen über wilde Bachtäler. Meist sieht man auch Dall-Schafe, die für den Namen von Trails und Berg verantwortlich sind.

King's Throne Peak: Diese anspruchsvolle Wanderung auf den King's Throne beginnt an einer alten Minenstraße am herrlich gelegenen Kathleen Lake. Der Weg führt 1250 Höhenmeter über schmale Pfade durch felsiges Gelände hinauf auf den Berg. Wer die Strapazen des Aufstiegs auf sich genommen hat, der wird in besonderer Weise belohnt. Denn von oben bieten sich dem Wanderer faszinierende und traumhaft schöne Aussichten über das Gebiet rund um den Kathleen Lake und in den Kluane National Park.

Observation Mountain Plateau Trail: Dieser anspruchsvolle und kräftezehrende Weg startet bei Kilometer 23 des Ä'äy Chù Trails am dortigen Campingplatz. Da bei dieser Zwei bis Drei-Tageswanderung auch je nach Jahreszeit reißende Flüsse überquert werden, empfehle ich dringend, den Weg mit anderen Wanderern – am besten in einer geführten Gruppe – zu gehen, die solche Querungen sichern. Auf dem Weg zum Observation Mountain erlebt man die unglaublich schöne Natur des Kluane National Park und hat einen wunderbaren Blick auf den Kaskawulsh-Gletscher.

Der Kings Throne am Kathleen Lake

INFO

Auriol Trail:

- Startpunkt 7,2 Kilometer von Haines Junction auf der Haines Road
- GPS: 60.717444, -137.426566
- Länge: 15,6 Kilometer als Schleife.
- Höhenunterschied: 367 Meter
- Gehdauer: Fünf Stunden
- Schwierigkeitsgrad: leicht

Sheep Creek Trail:

- Startpunkt am Parkplatz des Thachäl Dhäl Visitor Centres am Alaska Highway Mile 1028,8 (Kilometer 1649),
  GPS: 61.016239, -138.521179
- Länge: 10 Kilometer (plus 6 Kilometer optionale Wanderung zum Bergrücken)
- Höhenunterschied: 1100 Meter
- Gehdauer: 7 bis 8 Stunden
- Schwierigkeitsgrad: gemäßigt bis anspruchsvoll

King's Throne Peak Trail:

- Startpunkt 26,5 Kilometer von Haines Junction auf der Haines Road am Kathleen Lake Campground,
  GPS: 60.576218, -137.221021
- Länge: 15 Kilometer
- Höhenunterschied: 1250 Meter
- Gehdauer: 6 bis 8 Stunden
- Schwierigkeitsgrad: anspruchsvoll bis schwierig

Observation Mountain Plateau Trail:

- Startpunkt Slims River West Backcountry Campground 70,5 Kilometer von Haines Junction auf dem Alaska Highway in Richtung Beaver Creek.
  GPS: 61.016239, -138.521179
- Länge: 23 Kilometer
- Höhenunterschied: 842 Meter
- Gehdauer: 2 bis 3 Tage
- Schwierigkeitsgrad: schwer, anspruchsvoll

31. Kathleen Lake und oTENTik

Einer der am schönsten gelegenen Seen im Yukon ist für mich der majestätische Kathleen Lake, der sich entlang dem Kings Throne Peak quasi in den Kluane National Park hineinzieht. Zugegeben, um den See in seiner vollen Ausdehnung zu sehen, bedarf es eines Bootes. Da der Kathleen Lake je nach Windverhältnissen hohe Wellen schlagen kann, würde ich mich mit einem Kanu oder Kajak nur in der vorderen und vom Parkplatz aus einsehbaren Ecke aufhalten. Aber mit dem Motorboot oder einem Fisch-Charter geht das ganz gut. Und das Angeln in diesem See ist fantastisch.

Der Kathleen Lake von oben

An dieser Stelle sei auch gleich gesagt, dass für diesen See eine spezielle Angellizenz von Parks Canada von Nöten ist, die im Visitor Information Centre in Haines Junction am Parks Canada Schalter erworben werden kann. Der Fischbestand im See ist hervorragend. Sie können dort arktische Äschen, Regenbogenforellen, Felchen, Fluss Namaycush, Kokanee-Lachs und Seeforellen angeln. Der Kokanee-Lachs ist übrigens eine Lachsart, der in Vorzeiten durch Gletscher der Rückweg ins Meer versagt wurde und aus der sich dann eine Süßwasserlachsart entwickelt hat.

Am großen Parkplatz direkt am Kathleen Lake gibt es neben einem Bootsanleger auch Campingtische mit Bänken und eine große Hütte, ebenfalls mit Tischen und Bänken, Kochmöglichkeiten sowie einem wärmenden Bollerofen, sollte die Temperatur einmal abfallen. Dazu gibt es auch Toiletten. Kurz bevor man an diesen wunderschönen Rastplatz kommt, geht es links zum beliebten Kathleen Lake Government Campground. Er verfügt über 39 Stellplätze mit Trinkwasserhahn, Brennholz, bärensicheren Schließfächern und Nebengebäuden. Lagerfeuer sind auf jedem Campingplatz im dafür festgelegten Ring erlaubt.

Angelerfolg!

Der Rastplatz am Kathleen Lake

oTENTik von außen

Inneneinrichtung eines oTENTik

Zusätzlich zu den Stellplätzen auf dem Kathleen Lake Campground bietet Parks Canada dort fünf sogenannte oTENTiks an. Diese exklusiv für Parks Canada gebauten Behausungen sind perfekte Mischungen aus Holzhaus und Zelt mit steilen, A-förmigen Dachseiten. Für eine Übernachtung dort sollte man aber auf jeden Fall Schlafsäcke dabeihaben.

Die Haines Road am Dezadesh Lake

INFO

Lage: Am Kathleen Lake. GPS: 60.576218, -137.221021. Auf der Haines Road von Haines Junction Richtung Haines/Alaska fahren. Nach etwa 26,5 Kilometern geht rechts die Kathleen Lake Road ab. Dort einfach den Schildern zum See beziehungsweise zum Campground folgen.

Angeln im Kathleen Lake: Man benötigt eine spezielle Angellizenz von Parks Canada. Kinder bis 16 Jahre benötigen keine Angellizenz, sofern sie von einem Erwachsenem mit gültiger Lizenz begleitet werden.

Kathleen Lake Campground: 39 schöne Stellplätze, die nicht vorreserviert werden können. Wie auf allen Government Campgrounds gilt hier das Prinzip „wer zuerst kommt, mahlt zuerst". Die Anmeldung erfolgt per Selbstregistrierung mit Barzahlung am Kiosk des Campingplatzes.

oTENTik: Die fünf oTENTik stehen beim Campground. Bis zu sechs Personen können pro oTENTik übernachten. Im Innenraum befindet sich ein Tisch mit Stühlen, eine batteriebetriebene Lampe und ein Holzofen. Außen sind Terrassen- und Gartenmöbel, ein Grill/Feuerplatz und Parkplätze für bis zu zwei Fahrzeugen. Diese zünftigen Übernachtungsmöglichkeiten sind sehr beliebt. Eine Vorreservierungen wird deshalb dringend empfohlen, *reservation.pc.gc.ca*

32. Carcross: Die Kreuzung der Karibus

Um gleich ein oft gehörtes Missverständnis aus dem Weg zu räumen: Nein, der Name Carcross kommt nicht von Auto und Kreuzung. Der eigentliche und ursprüngliche Name des Ortes hier am Auslauf des Lake Bennett in den Nares Lake war Naataase Heen, was in der Sprache der Tagish First Nations soviel wie „Wasser läuft durch die Enge" bedeutet. Damit war der natürliche Kanal gemeint, um den sich der Ort entwickelt hat. Damals diente diese markante Stelle als Fisch- und Jagdlager der Tlingit und Tagish First Nations. Über 4500 Jahre alte Artefakte der Ureinwohner, die hier gefunden wurden, zeugen davon.

Später, so um die Klondike Goldrauschzeit, nannte man den Ort dann Caribou Crossing, weil seit Menschengedenken die Karibuherden während ihrer alljährlichen Migration genau diese Stelle zum Überqueren der Seen wählten. Diese Karibuherden wurden während der Goldrauschzeit von den Stampedern jedoch ziemlich dezimiert. Das eigentliche Dorf, wie wir es heute kennen, entstand ab 1896 während des Klondike-Goldrauschs. Zu dieser Zeit war Caribou Crossing ein beliebter Zwischenstopp für Goldsucher, die auf dem Weg zu den Goldfeldern beziehungsweise auf dem Weg zurück an den Pazifik waren. Heute steht hier mit dem Watson General Store noch der älteste Laden im Yukon.

Das Visitor Information Centre in Carcross

1904 wurde Caribou Crossing dann in Carcross umbenannt, als Ergebnis einiger Post-Verwechslungen mit dem Cariboo Regional District im nahe gelegenen British Columbia. Mit dem Bau des South Klondike Highways gewann das Örtchen wie-

Der Begegnungsort Carcross Commons

der an Bedeutung. Heute leben hier etwa 300 Einwohner, die meisten Angehörige der Carcross/Tagish First Nations. Nach wie vor wird Carcross im Sommer von der White Pass & Yukon Route Railway angefahren und bringt zahlungskräftige Kreuzfahrt-Passagiere in die Restaurants und Lädchen der Gemeinde. Die Touristen lieben den vergangenen Charme des kleinen Städtchens und bewundern den von First Nations Künstlern entworfenen Begegnungsort Carcross Commons.

Der Matthew Watson General Store

Nehmen Sie sich ein wenig Zeit, wenn Sie das kleine Städtchen besuchen. Stöbern Sie im Matthew Watson General Store nach Andenken. In den ganzen 124 Jahren seiner Existenz wurde er nur zweimal verkauft. Auch wenn Sie dort nichts kaufen sind schon Ausstattung und Dekorationsgegenstände des Ladens einzigartig und sehenswert. Verkauft wird in dem Store auch wunderbares Eis in vielen Geschmacksrichtungen.

Ein weiterer Tipp ist das Caribou Café neben dem Visitor Information Centre. Dort gibt es von einer der wenigen, echten italieni-

Das Caribou Café

schen Kaffeemaschinen im Yukon frischen Espresso, Cappuccino und weitere Kaffeekreationen. Die Eigentümerin ist übrigens Heike Graf, eine Deutsche.

Hinter dem ausgebrannten Schaufelraddampfer S.S. Tutshi ist die Schnitzerwerkstatt von Wolf Keith Smarch. Er ist ein weit über den Yukon hinaus bekannter First Nations-Künstler, der bereits auf der ganzen Welt ausgestellt und verkauft hat, unter anderem auch in Deutschland. Er ist auch einer der Künstler, die Carcross zu dem gemacht hat, was es heute ist. Es gibt wirklich schöne Winkel dort und einzigartige Fotomotive. Zum Beispiel die Eisenbahnbrücke direkt hinter dem Bahnhof. Und natürlich auch die wunderschön mit First Nations-Motiven bemalten Häuschen der Carcross Commens.

INFO

Lage: Am South Klondike Highway, 72 Kilometer von Whitehorse entfernt. GPS: 60.165669, -134.704851. Von Whitehorse aus erreicht man Carcross auf dem Alaska Highway Richtung Osten/Watson Lake. Nach 20 Kilometern rechts auf den Klondike Highway Richtung Carcross fahren. Die Einfahrt nach Carcross befindet sich nach 52 Kilometern auf der rechten Seite.

Carcross Visitor Information Centre: Geöffnet von Mai bis September, Tel. +1 867 821 4431, *travelyukon.ca*

Aktivitäten:

- Matthew Watson General Store
- White Pass & Yukon Route Railway mit historischem Bahnhof und Eisenbahnbrücke
- Carcross Commens mit Café und Souvenirlädchen
- Am Montana Mountain erstklassige Mountainbike- und Wanderpfade
- Tankstelle und Campground
- Öffentliche Toiletten und Parkplätze auch für große Motorhomes

33. Carcross Desert: Unerwartete Sanddünen im Yukon

Die wenigsten Besucher, die nach Kanada kommen, erwarten in diesem Land eine Wüste. Und doch gibt es sie. In Osoyoos in British Columbia. Schon gar nicht erwarten sie das im Yukon und doch haben wir Wüstenähnliches, nämlich eine ganze Reihe von Sanddünen. Das Klima der Gegend hier ist im Gesamtjahresdurchschnitt einfach zu feucht, als dass diese Sanddünen wirklich als echte Wüste gelten könnte. Was die Größe anbelangt, misst die Carcross Desert ungefähr 2,6 Quadratkilometer oder 259 Hektar. Aber sie ist ein echter Hingucker und bietet jede Menge Fotomotive für ungewöhnliche Kanada-Urlaubsfotos.

Der Sand wurde während der letzten Eiszeit gebildet, als sich große Gletscherseen bildeten und hier Schlick ablagerten. Als die Seen später austrockneten blieben die Dünen zurück. Heute kommt der Sandnachschub, übrigens vom Wind getragen, von den sandigen Ufern des nahe gelegenen Bennett Lakes.

Schon 1992 versuchte die Territorialregierung des Yukon diesen Sandflecken, der eine recht große Vielfalt an ungewöhnlichen Pflanzen wie beispielsweise die Baikal-Segge (Carex sabulosa) oder die Yukon-Lupine beheimatet, unter Naturschutz zu stellen. Dieses Unterfangen scheiterte aber am Widerstand der Einheimischen, denn die nutzen ihre Carcross Desert als Spielplatz für ihre Outdoor-Aktivitäten. Wundern Sie sich also nicht, wenn Sie bei Ihrem Besuch, je nach Jahreszeit, auf „Locals" treffen, die auf ihren Quads oder Motorschlitten durch die kleine

Unerwartetete Sanddünen im Yukon

Wüste heizen. Gemäßigtere Einheimische fahren auf Skiern und Sandboards, es wurden aber auch schon ganz bunte Gestalten gesehen, die hier im Winter im Kanu die Dünen hinunter schossen. Und ich gestehe an dieser Stelle, ich habe das alles auch schon hier gemacht. Mea culpa!!!

Carcross Desert, ein beliebtes Fotomotiv

Die Carcross Desert ist trotzdem deutlich trockener als die umliegende Region und erhält weniger als 50 Zentimeter Niederschlag pro Jahr. Dies ist zum Teil auf einen Regenschatteneffekt zurückzuführen, der durch die umliegenden Berge verursacht wird. Infolgedessen wachsen trotz der Wüstennutzung als Spielwiese noch immer diese in Nordamerika ziemlich seltenen Pflanzen recht üppig und halten einen Großteil des Dünensystems durch ihre Wurzeln fest. Spazieren Sie ein wenig in die Wüste hinein. Vom oberen Rand der Carcross Desert hat man einen spektakulären Blick auf die umliegenden Berge und den Lake Bennett.

INFO

Lage: Am South Klondike Highway, 70 Kilometer von Whitehorse entfernt. GPS: 60.186624, -134.700603. Von Whitehorse aus über den Alaska Highway Richtung Osten/Watson Lake. Nach 20 Kilometern rechts auf den Klondike Highway Richtung Carcross fahren. Die kleine Wüste befindet sich nach 50 Kilometern auf der linken Seite.

Parken: Genügend Parkmöglichkeiten auch für große Motorhomes an der Ausbuchtung. Zwei Toiletten, Mülleimer und Hinweisschilder auf Entstehung und Vegetation der Sanddünen.

34. Caribou Crossing Trading Post

Nur wenige Fahrminuten von der Carcross Desert (siehe Tipp 33) entfernt befindet sich die Caribou Crossing Trading Post. Der ganze Komplex mutet wie die Filmkulisse zu einem Western an. Früher, als hier alles noch ein wenig kleiner war, gehörte diese Trading Post einem bekannten Tierpräparator. Der hat auch den Grundstock zu dem interessanten Museum gelegt, das die Tiere dieser Region vorstellt. Ausgestopft, aber in Lebensgröße. Darunter übrigens auch ein lebensgroßes Woll-Mammut, diverse Grizzly- und Schwarzbären, Elche, Wölfe, Luchse, ja sogar ein wirklich beeindruckender Eisbär.

Caribou Crossing Trading Post

Zusätzlich zum Tiermuseum kann man dort auch das historische Mountie Museum besuchen. Es erzählt die Geschichte der Royal Canadian Mounted Police und vermittelt die wichtige Rolle, die die berittene Polizei damals beim Aufbau des Yukon Territory während der Goldrauschzeit gespielt hat. Im Eintrittspreis für das Museum inbegriffen ist auch der Besuch im sogenannten Husky Village. Sie können dort Zeit mit den Huskys und, sofern vorhanden, auch mit den kleinen Husky-Welpen verbringen. Dort sehen Sie auch, wie Hundeteams trainiert und auf die Saison vorbereitet werden.

Selbst Hundeschlittenfahren und Goldwaschen unter Anleitung ist in der Caribou Crossing Trading Post möglich und natürlich gibt es auch einen entsprechenden Souvenirladen mit Kaffee und frischen Donuts. Und hier noch ein kleiner Rat: Besuchen Sie die Caribou Crossing Trading Post immer erst nach 14 Uhr. Der Grund hierfür: Zwischen 11 und 14 Uhr kommen Kreuzfahrtgäste in Bussen aus dem benachbarten Skagway und verbringen einen Teil ihres Landausflugs bei einem BBQ-Mittagessen und einem Besuch der Museen in der Trading Post. Das können durchaus ein paar hundert Besucher auf einen Schlag sein. Sie sehen das dann an den Bussen vor der Trading Post. Da die Kreuzfahrtgäste um 17 Uhr wieder an Bord sein müssen, fahren die Busse hier rechtzeitig los und es kehrt wieder Ruhe ein. Die Caribou Crossing Trading Post gehört dann wieder Ihnen!

Im Wildlife Museum

INFO

Lage: Am South Klondike Highway, 69 Kilometer von Whitehorse entfernt, GPS: 60.194206, -134.706315, Tel. +1 867 821 4055. Anfahrt von Whitehorse aus auf dem Alaska Highway Richtung Osten/Watson Lake. Nach 20 Kilometern rechts auf den Klondike Highway Richtung Carcross fahren. Die Trading Post befindet sich nach 49 Kilometern auf der linken Seite.

Aktivitäten:

- Wildlife Museum, Historisches Royal Canadian Mounted Police Museum und Husky Village, Souvenir Shop
- Goldwaschen unter Anleitung
- 15 Minuten Hundeschlittenausfahrt
- BBQ-Lunch inkludiert Museumseintritt

Website: *cariboucrossing.ca*

35. Wanderungen in der Southern Lakes Region

Wenn Sie in der Southern Lakes Region wandern, dann sind die Wanderwege und Pfade anders als im restlichen Yukon, die Klondike-Region hier mal ausgeschlossen. Die Pfade selbst sind natürlich auch nicht anders, aber Sie wandeln in dieser Region meist auf wirklich geschichtsträchtigen Pfaden, die schon während des Klondike Goldrauschs von tausenden von Glücksrittern auf dem Weg zu den Goldfeldern ausgetreten wurden.

Oft finden Sie da übrigens auch noch Abfall, den die Damen und Herren Stampeder damals arglos auf die Seite warfen, denn Umweltschutz kam denen damals definitiv nicht in den Sinn. Oft haben die sich auch nur ihres schweren Gepäcks erleichtert, das sie bei der Einreise in den Yukon der Royal Canadian Mounted Police auf dem Chilkoot Pass vorweisen mussten.

Startpunkt der Wanderung auf dem Chilkoot Trail

Um eine Hungersnot zu verhindern verlangten die Polizisten damals, dass jeder Einreisende Ausrüstungsgegenstände und Nahrungsmittel für ein ganzes Jahr vorweisen musste. Das wog so in etwa eine Tonne. Und das wiederum bedeutete, dass sich die Goldsucher vollbeladen mit Gepäck oft 30 bis 40 Mal die steilen „Golden Stairs" (Goldenen Treppen) hoch schleppen mussten, damit sie ihren Jahresvorrat oben vorweisen konnten und damit überhaupt erst in den Yukon einreisen durften. Das ganze meist im Winter, denn man wollte bei Eisschmelze bereits vom Lake

Bennet mit Floßen und Booten losschippern. Das Ganze natürlich nicht wie heutzutage in modernster Thermokleidung, sondern eher im damals gängigen Tweed-Modell.

Historischer Müll der Stampeder

Daran denke ich oft, wenn ich auf diesen historischen Pfaden wandle und mir nach ein paar Stunden schon ein Päuschen mit Energieriegel und möglichst heißem Kaffee aus der Thermoskanne gönne. Also, wenn Sie beim Wandern alte und verrostete Dosen oder Ausrüstungsgegenstände finden, bitte nur anschauen, eventuell fotografieren, aber ansonsten liegenlassen! Sie würden sich sonst strafbar machen, denn das sind heutzutage tatsächlich historische Artefakte.

Die legendären „Golden Stairs"

Der Bare Loon Lake

Die gesamte Southern Lakes Region ist voller abenteuerlichen Routen. Am Einfachsten ist es, wenn Sie sich im Visitor Information Centre in Carcross ausführlich beraten und sich dort Karten- und Routenmaterial geben lassen. Wohlgemerkt, die sind meist auch in deutscher Sprache verfügbar. Für gemütliche Spaziergänge ohne viel Höhenmeter bieten sich zum Beispiel Wanderwege am Tagish Lake und am Marsh Lake an, wo es, wie auf allen Wanderwegen im Yukon, immer eine vielfältige Fauna und Flora zu bewundern gibt. Für Freunde der Ornithologie ist diese Gegend besonders interessant, denn hier leben viele Vögel und zudem ist sie Durchzugsgebiet für Zugvögel. Wie überall im Yukon treffen Sie auch hier auf Bären und Elche, deshalb empfiehlt sich auch hier, immer Bärenspray griffbereit am Gürtel zu haben.

Warnschilder weisen auf Bären in der Region hin

White Mountain Hike: Die White Mountain-Wanderung, nur wenige Kilometer die Atlin Road hinunter, ist ein etwa sechs Kilometer langer und zuerst recht steiler Weg hinauf auf ein Kalksteinplateau. Ist man einmal oben, hat man einen wirklich atemberaubenden Blick auf den Little Atlin Lake und die umliegende Landschaft. Die Region ist bekannt für die vielen Bergziegen, die in dieser Gegend leben. Mit etwas Glück „klettern" Sie hier also mit Bergziegen. Von Anfang April bis Mitte Juni sollten Sie diese Wanderung übrigens nicht machen. Das ist die Zeit, in der die Geißen ihre Kitze gebären und da sind die äußerst aggressiv. Zudem sind dann sicherlich auch Bären in der Gegend, die auf leichte Beute hoffen.

Der Little Atlin Lake

Sam McGee Trail: Dieser historische Pfad führt hinauf in die alpine Region unterhalb des Montana Mountain. Dieser Weg entstand zur Goldrauschzeit im Jahre 1905, quasi als Arbeitsweg. Sam McGee, der hier eine Silbermine besaß, baute hier eine Seilbahn, um den silberhaltigen Erzabraum schneller und bequemer nach unten zu schaffen. Es gibt übrigens noch viele Überreste dieser Seilbahn sowie andere Bergbauüberbleibsel entlang des Weges.

Ruine aus den Bergbauzeiten

Die Aussicht von oben ist fantastisch. Man blickt hinunter auf den Windy Arm des Tagish Lake und ist gleichzeitig von Bergen umgeben. Da in dieser Ecke zahlreiche Laubbäume stehen ist die Wanderung im Herbst besonders farbenprächtig. Bitte beachten Sie, dass der Sam McGee Trail auf dem traditionellen Gebiet der Carcross First Nations liegt. Bitte respektieren Sie deren Land und deren Regeln!

Übrigens, Robert W. Service, der „Goethe des Yukon", hat Sam McGee in seinem wohl bekanntesten Gedicht ein Denkmal gesetzt. Das Gedicht heißt: „The Cremation of Sam McGee" (Die Einäscherung von Sam McGee).

Unterwegs auf dem Chilkoot Trail

Chilkoot Trail: Es ist *der* Trail, der Alaska und den Yukon mit Blick auf den historischen Klondike Goldrausch miteinander verbindet. Es war der Goldrausch, der den Trail berühmt machte, obwohl er schon damals ein jahrhundertealter Handelsweg der Athabaska- und Na-Dené First Nations war.

Heute ist der Chilkoot Trail nicht nur Weg mit Selbstfindungs-Qualitäten, sondern auch ein riesiges Freiluftmuseum. Auf Schritt und Tritt findet der Wanderer entlang des Weges verstreute Artefakte aus dieser Zeit. Der Chilkoot Trail ist Kanadas größte National Historic Site und entsprechend sollte der Pfad, auf dem Sie gehen und die Landschaft, in der Sie sich befinden, auch behandelt werden. Auf der gesamten Strecke gilt deshalb auch „Hände weg" von all diesen Artefakten.

Alte Dampfmaschine am Wegesrand

Was vor mehr als hundert Jahren für menschliche Schicksale, Tränen, Schweiß, Erfolg und Scheitern stand ist heute einer der schönsten und härtesten Wanderwege der Welt. Nach dem Startpunkt in Dyea führt der Trail durch den wundervollen Regenwald der Küstenberge. Insbesondere die Bezwingung der Golden Stairs, an die der Wanderer nach ungefähr 20 Kilometern Wegstrecke kommt, sind eine große Herausforderung. Auf einer Strecke von 800 Metern müs-

Das Happy Camp am Chilkoot Trail

sen dabei 305 Höhenmeter bis zur Passhöhe überwunden werden. Nicht mit der Ausrüstung der Goldsucher, aber immerhin mit dem ganzen Gepäck für diese Mehrtagesstrecke, die die meisten Wanderer in vier bis fünf Tagen bewältigen.

Die Natur des Küstengebirges, vom Einstieg in Dyea bis hin zum Bennett Lake, machen diesen grenzüberschreitenden Trail zu einem besonderen Wandererlebnis. Unbedingt zu beachten ist, dass die Zahl der Wanderer auf dem Chilkoot Trail begrenzt ist, um die verschiedenen Rastplätze nicht zu überfüllen. Man braucht für diese Wanderung eine kostenpflichtige Genehmigung.

INFO

Lage: Die Visitor Information Centres in Whitehorse und Carcross haben Informationsblätter und Wanderführer in deutscher Sprache.

White Mountain Hike:

- Anfahrt: Fahren Sie von Whitehorse auf dem Alaska Highway Richtung Watson Lake. Bei Jake's Corner biegen Sie rechts auf die Tagish Road ab. Nach zwei Kilometern geht es links auf die Atlin Road. Nach 5,6 Kilometern kommt links eine kleine Straße, die zu einer Kiesgrube führt. Parken Sie vor dem Tor zur Kiesgrube.
- Gesamtstrecke: 6 Kilometer
- Gehdauer: 3,5 Stunden
- Höhenunterschied: 700 Meter
- Schwierigkeitsgrad: gemäßigt bis anspruchsvoll

Sam McGee Trail:

- Lage: South Klondike Highway
- Anfahrt: Von Carcross aus 17,5 Kilometer Richtung Skagway. Auf der rechten Seite startet der Trail. GPS: 60.061394, -134.571357
- Länge: 9 Kilometer
- Höhenunterschied: 618 Meter
- Gehdauer: 3,5 Stunden Hin- und Rückweg
- Schwierigkeitsgrad: gemäßigt bis anspruchsvoll

Camp am Bare Loon Lake

Chilkoot Trail:

- Lage: Grenzüberschreitend von Skagway (Alaska) bis Bennett
- Anfahrt: Kurz vor Skagway auf der Dyea Road bis zum Chilkoot Trail Outpost fahren. Der Chilkoot Trail beginnt kurz dahinter. GPS: 59.511918, -135.346485
- Permit: Sie brauchen eine Reservierung und ein Permit für Ihre Wanderung. Reservierungen können von 9 bis 16 Uhr pazifische Zeit unter +1 867 667 3910 getätigt werden. Folgende Informationen werden benötigt: Anzahl Erwachsenen (18 Jahre und älter), Jugendliche (6 bis 17 Jahre) und Kleinkinder (5 Jahre und jünger). Ebenso die Anzahl der benötigten Zeltplätze, Ihre genaue Route, Wunschtermine, Campingplätze und Ihre Kreditkarteninformation.
- Permitkosten: Bitte entnehmen Sie die geltenden Kosten und Regelungen der Website *pc.gc.ca/en/lhn-nhs/yt/chilkoot/visit/permis-permits*
- Länge: 53 Kilometer
- Höhenunterschied: 1070 Meter
- Gehdauer: 4 bis 5 Tage
- Schwierigkeitsgrad: anspruchsvoll

Website: *travelyukon.com*

36. White Pass & Yukon Route Railroad

Wer eine Fahrt in der Schmalspurbahn der White Pass & Yukon Route Railroad bucht, fährt nicht nur durch die wunderschönen Landschaften der Southern Lakes Region und der Coastal Rockies, er erlebt durch die Erzählungen des Schaffners auch die über 100-jährige Geschichte dieser Bahn, die eng mit dem Klondike Goldrausch von 1896-1898 verbunden ist.

Mit dem Zug auf dem White Pass

Kurz vor Ende des 19. Jahrhunderts überwanden nämlich über zehntausend mit 450 Tonnen Sprengstoff ausgestattete Männer das raue Klima und die herausfordernde Geografie zwischen Skagway und Whitehorse, um die „Eisenbahn aus Gold" zu schaffen. Heute, über 120 Jahre danach, können Sie dieses Abenteuer komfortabel und sicher nacherleben. Bereits 1898 wurde mit ihrem Bau begonnen. In nur 26 Monaten wurde diese malerische Bahnstrecke buchstäblich aus dem Küstengebirge gesprengt.

Die White Pass & Yukon Route Railroad bewältigt auf einer Stecke von nur 32 Kilometern einen Höhenunterschied von 915 Metern mit Steigungen von bis zu 3,9 Prozent, in Klippen hängenden Kurven von 16 Grad, zwei Tunnel und zahlreiche Brücken, darunter auch eine freitragende Stahlbrücke, die bei ihrem Bau im Jahr

1901 weltweit die höchste ihrer Art war. Die Fertigstellung der 177 Kilometer langen Strecke erfolgte am 29. Juli 1900 in Carcross mit dem Einschlag eines goldenen Schienennagels. Damals verband sie den Tiefwasserhafen von Skagway in Alaska mit Whitehorse im Yukon, von wo aus ein direkter Anschluss an die Schaufelraddampfer auf dem Yukon River bestand.

Heutzutage fährt die Bahn nur noch bis Carcross und transportiert ausschließlich Touristen. Aber nach wie vor ist diese Fahrt spektakulär und ich kann Sie Ihnen nur wärmstens ans Herz legen. Egal, ob Sie von Carcross nur nach Fraser an die kanadische Grenze fahren oder ganz hinunter nach Skagway. Die Fahrt ist ein Erlebnis, die Sie übrigens auch nach Bennett, dem Endpunkt des Chilkoot Trails (siehe auch Tipp 35) bringt. Dort haben Sie 45 Minuten Gelegenheit, den Zug zu verlassen und sich die Überbleibsel der damaligen Siedlung anzuschauen. Übrigens: In Bennett betrieb während der Goldrauschzeit auch Donald Trumps Großvater Friedrich ein Hotel und Bordell und galt damals als größter Zuhälter nördlich des Chilkoot Passes. Er wurde in kurzer Zeit sehr reich, musste dann aber die Gegend verlassen, da ihm die Royal Canadian Mounted Police auf den Fersen war.

INFO

Allgemein: Sie können Ihre Fahrt entweder in Carcross, Fraser oder Skagway beginnen/beenden. Bitte auf jeden Fall Ihren Reisepass mitnehmen. Reservierungen aller Strecken: Tel. +1 800 343 7373

Bahnhöfe:

- Carcross: In der Dawson Charlie Street, GPS: 60.164652, -134.706280
- Fraser: Am Klondike Highway direkt gegenüber dem kanadischen Zollgebäude. GPS: 59.714828, -135.045621
- Skagway: 231, Second Avenue, direkt neben dem Klondike Goldrush National Historic Park, GPS: 59.453484, -135.318046

Website: *wpyr.com*

37. Watson Lake: ein Tor zum Yukon

Der Fluss, der der gesamten Region den Namen gab, ist der Liard River. Er entspringt auf einer Höhe von 1500 Metern im Südosten des Territoriums, an den Hängen des Mount Lewis. Ein Berg, irgendwo zwischen Alaska Highway und Campbell Highway. Je mehr der Liard nach Südosten Richtung Watson Lake fließt, desto mehr Zuflüsse ergießen sich in ihn und machen ihn größer und mächtiger.

Im Süden von Watson Lake fließt er dann in die Provinz British Columbia, bevor er langsam nach Osten und dann nach Norden abdreht und in die Northwest Territories verschwindet. Zu diesem Zeitpunkt ist der Liard River bereits ein Strom, der in Fort Simpson in den noch größeren Mackenzie mündet und dann letztendlich im Polarmeer endet.

Watson Lake, das Tor zum Yukon

Doch zurück zur Liard Region des Yukon Territory. Das einzige Städtchen dieser Region ist Watson Lake mit etwa 800 Einwohnern. Die Gemeinde und die benachbarte Upper Liard Siedlung sind die Heimat der Liard River First Nations. Für alle Reisenden, die auf dem Alaska Highway aus British Columbia in den Yukon kommen, ist Watson Lake das Tor zum Territorium.

In dieser südöstlichsten Yukon-Gemeinde zweigt der Robert Campbell Highway Richtung Carmacks ab und 14 Kilometer außerhalb der Gemeindegrenze stößt der Stewart Cassiar Highway auf den Alaska Highway. Das, und natürlich der Flughafen von Watson Lake, der groß genug ist, dass eine Boeing 737 oder ein kleinerer Airbus darauf landen kann, machen Watson Lake zu einem kleinen Verkehrsknotenpunkt.

In Watson Lake finden Sie Tankstellen, Werkstätten, Restaurants, Hotels, kleinere Einkaufsläden und zwei Campgrounds. Und natürlich auch die Sehenswürdigkeiten, die Sie sich unbedingt anschauen sollten. Das ist zum einen der weltbekannte Schilderwald, dann ganz sicherlich das Northern Lights Centre und auch den historischen Flughafen, der ein wenig außerhalb der Stadt liegt, sollten Sie sich nicht entgehen lassen.

INFO

Lage: Im Südosten des Yukon Territoriums, direkt am Alaska Highway.

Watson Lake Visitor Information Centre: Lakeview Avenue, im Recreational Centre, von Mitte Mai bis Mitte September täglich von 8 bis 20 Uhr geöffnet, Tel. +1 867 536 7469, GPS: 60.064720, -128.713988, *travelyukon.com*

Aktivitäten:
- Schilderwald (siehe auch Tipp 38)
- Northern Lights Centre (siehe auch Tipp 39)
- Historischer Flughafen (siehe auch Tipp 40)
- Tagesausflug zu den Liard Hotsprings

Watson Lake Government Campground: Am Watson Lake, GPS: 60.095356, -128.814959. Anfahrt vom Signpost Forest in Watson Lake vier Kilometer Richtung Whitehorse fahren. Rechts abbiegen und nach zwei Kilometern noch einmal rechts abbiegen. Nach weiteren 3,1 Kilometern kommt der Campground am Watson Lake. Geöffnet vom 30. April bis 3. Oktober.

Downtown RV Park*:* Watson Lake, 105 8th Street N, GPS: 60.03825, -128.42398. Anfahrt vom Signpost Forest 400 Meter auf dem Alaska Highway in östlicher Richtung. Nach links abbiegen in die 8th Street N. Geöffnet vom 15. April bis 15. Oktober. 78 Stellplätze mit Full Hook-ups mit 30 und 50 Ampere, Daumpstation, WiFi. Tel. +1 867 536 2426, *goodsam.com*

38. Der Schilderwald

Während der Bauphase des Alaska Highways anno 1942 war es für die Ingenieure der US Army üblich, in ihren Lagern einen Richtungspfosten zu errichten, der Richtungsangaben zu den umliegenden Baulagern und zu den größeren Materiallagern angab. Wenn Sie den Schilderwald besuchen, werden Sie feststellen, dass das Richtungszeichen für Watson Lake eine Entfernung von 13 Kilometern nach Norden anzeigt. 1942 gab es hier nämlich kein Stadtgelände wie heute, sondern nur eine Landepiste, die militärisch genutzt wurde und einen kleinen Flughafen am Watson Lake.

Man sieht den Wald vor lauter Schildern nicht ...

Während der Arbeit auf dem Alcan Highway (Alcan = Alaska-Canada Highway, so bezeichnete man den Alaska Highway damals) in der Nähe von Lower Post, British Columbia, wurde der Gefreite Carl K. Lindley von der Kompanie D der 341. Ingenieursbrigade verletzt und auf die in Watson Lake errichtete Pflegestation gebracht, um sich zu erholen. Während dieser Rekonvaleszenz ließ Carls kommandierender Offizier ihn den dortigen Richtungsposten reparieren und neu streichen. Während Carl diese Aufgabe ausführte, kam ihm aufgrund von Heimweh die Idee, seinen Heimatort Danvill in Illinois hinzuzufügen. Andere taten es ihm nach und irgendwann kamen tausende von Touristen hinzu, die auch Ortsschilder aus ihrer Heimat dort annagelten. Der Schilderwald wuchs über die Jahre mächtig an. Man schätzt, dass heute knapp 80.000 Ortsschilder dort hängen. In vielen Reisezielen wurde versucht, diese Idee zu kopieren. Hier aber steht das absolute Original.

Apropos Original: Leider ist das Originalschild und der Originalpfosten im Laufe der Zeit abhanden gekommen. Anlässlich des 50. Jahrestags des Baus des Alaska Highways kehrten Carl und seine Frau Elinor 1992 nach 50 Jahren als Gäste der Stadt Watson

Suchen Sie sich einen Platz für Ihr Schild!

Lake in den Yukon zurück. Bei ihrem Besuch wurde eine Nachbildung des Richtungspfeilers aufgestellt und Carl ersetzte eigenhändig das fehlende Schild von Danville, Illinois. Heute ist dieses nachgebaute Schild zusammen mit Bildern von Carl aus den Jahren 1942 und 1992 im Besucherzentrum angebracht.

INFO

Lage: Watson Lake, GPS: 60.063033, -128.713682. Anfahrt über den Alaska Highway; in Watson Lake zwischen 9th Street S und 10th Street S und direkt am Abzweig vom Alaska Highway zum Campbell Highway, durchgehend geöffnet.

Aktivitäten:

- Bringen Sie ein Ortsschild Ihrer Heimatstadt mit und nageln Sie es einfach an eine freie Stelle.
- Besuchen Sie das hinter dem Schilderwald liegende Visitor Information Centre für weitere Informationen über den Alaska Highway Bau.

39. Das Northern Lights Centre

Das Yukon Territory ist auch bekannt für seine wunderschönen Nordlichter, die zwischen Mitte August bis Mitte April oft in klaren Nächten am Himmel zu bewundern sind. Die hellen tanzenden Lichter der Aurora sind eigentlich Kollisionen zwischen elektrisch geladenen Teilchen des Sonnenwindes mit unserer Erdatmosphäre. Die Lichter sind über den magnetischen Polen der Nord- und Südhalbkugel zu sehen. Sie sind im Norden als „Aurora borealis" und im Süden als „Aurora australis" bekannt. Natürlich sind diese Nordlichter im Yukon auch im Sommer am Firmament, aber bedingt durch die langen Tage und die Mitternachtssonne, kann man sie dann einfach nicht sehen. Mit dem Bau des Northern Lights Centre in Watson Lake hat man da bereits 1996 Abhilfe geschaffen.

Das Northern Lights Centre ist wirklich einmalig in seiner Art und das einzige in Nordamerika, das sich auf die Phänomene des Nordlichts spezialisiert hat. Es verfügt über hochmoderne Panorama-Video- und Surround-Sound-Systeme, umfasst interaktive Displays, die die Entstehung des Nordlichts und die Folklore um diese Himmelserscheinung erklärt und zudem die neuesten Informationen über das kanadische Raumfahrtprogramm vermittelt.

Kanadische Raketentechnologie spielte übrigens eine enorm wichtige Rolle in der frühen Nordlichtforschung. Das brandneue SciDome HD-System mit seinen zwei Hochleistungsprojektoren arbeitet mit einer Auflösung von über drei Millionen Pixel und generiert dementsprechend helle und hochauflösende Bilder.

Die spektakulär tanzende Aurora Borealis wird in dem Video „Yukons Nordlichter" gezeigt, das während der Sommersaison täglich mehrmals im kuppelförmigen Theatervorführraum mit 100 Sitz- beziehungsweise Liegeplätzen ausgestrahlt wird. Der Film zeigt anhand von Filmmaterial, das über einen Zeitraum von drei Jahren im Yukon aufgenommen wurde, die majestätische Schönheit der Nordlichter. Zusätzlich hat man die tanzenden Lichtbewegungen wie auch die wechselnde Farben vertont, ein

Das Northern Lights Centre

Schritt, der dem Zuschauer ein zusätzliches emotionales Erlebnis beschert. Einer der Höhepunkte der Show ist der wissenschaftliche Beitrag zur Entstehung der Aurora sowie Informationen und Filmmaterial über den Start der NASA-Mission THEMIS zur Aufklärung des Aurora-Mysteriums.

Ebenfalls neu im Zentrum ist Viewspace, eine direkte Verbindung zum Hubble-Weltraumteleskop auf einem 60-Zoll-Flachbildfernseher. ViewSpace ist eine Ausstellung des Space Telescope Science Institutes, der Heimat des Hubble-Weltraumteleskops der NASA und seines Nachfolgers, des James Webb-Weltraumteleskops. Es zeigt ein sich ständig veränderndes Kaleidoskop an inspirierenden und lehrreichen Präsentationen über die Astronomie und die weltraumgestützten Geowissenschaften.

INFO

Lage: Watson Lake, GPS: 60.063033, -128.713682, direkt gegenüber dem Schilderwald. Tel. +1 867 536 7827

Aktivitäten:

- Tägliche zweiteilige Präsentationen
- Gesamtlaufdauer der Shows eine Stunde
- Viewspace kostenlos für die Öffentlichkeit in der Lobby

Website: *northernlightscentre.ca*

40. Der historische Flughafen von Watson Lake

Sie werden sich jetzt sicherlich fragen, warum Sie sich einen Flughafen anschauen sollen, der auch noch 13 Kilometer außerhalb von Watson Lake liegt. Eine berechtigte Frage. Hier die Antwort: Er ist praktisch verlassen, trotzdem modern eingerichtet, hat einen in Kanada einzigartigen Holzhangar aus dem Zweiten Weltkrieg und er erzählt in einer tollen Ausstellung mit historischen Bildern und Tafeln eine Geschichte, die eigentlich nur die wenigsten kennen. Es ist die Geschichte der Northwest Staging Route. Ein bedeutender und, wie gesagt, fast völlig unbekannter Teil der Alaska Highway Geschichte.

Der historische Watson Lake Airport

Die Northwest Staging Route bestand letztendlich aus einer Reihe von Landepisten, Flughäfen und Radiostationen beginnend in Edmonton, der Hauptstadt der Provinz Alberta. Von dort aus zog sich die Staging Route über British Columbia hoch in den Yukon und weiter nach Fairbanks in Alaska. Entlang dieser Linie wurden etwa alle 100 Meilen, also alle 160 Kilometer, Landemöglichkeiten präpariert. Der im Bau befindliche Alaska Highway sollte dann natürlich auch diese Landepisten miteinander verbinden.

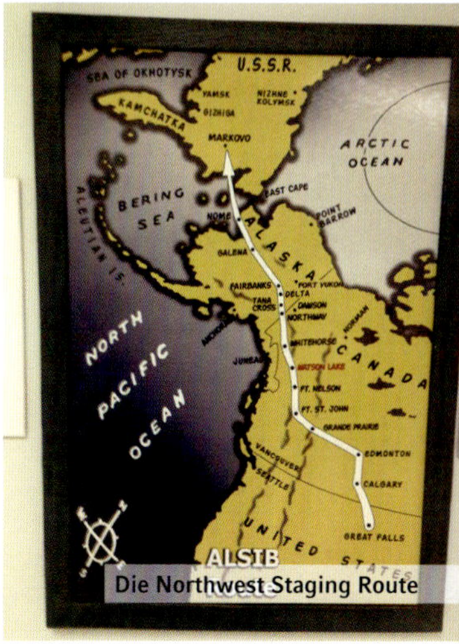

Die Northwest Staging Route

Entlang dieser Northwest Staging Route wurden ab dem Jahre 1942 Ausrüstungsgegenstände und Flugzeuge an die Russen verliehen und ausgeliefert. Vor allem Bell P-39 Airacobra- und Bell P-63 Kingcobra-Kampfflugzeuge sowie diverse Bombermodelle, alle bereits in den Farben der russischen Luftstreitkräfte lackiert, insgesamt knapp 8000 Flugzeuge. Noch heute sind die meisten dieser Landepisten existent, liegen meist direkt am Alaska Highway und dienen noch immer als Notlandeplätze für Privatpiloten und „Firefighters" auf dem Weg Richtung Norden. Zwei ganz bedeutende Landeplätze dieser Staging Route waren übrigens Watson Lake und Whitehorse. Beide wurden später entsprechend ausgebaut und sind heute wichtige Verkehrsflughäfen im Yukon.

Bruchlandung auf der Staging Route in Watson Lake

Häufig flogen Frauen auf der Northwest Staging Route

Noch weniger bekannt dürfte sein, dass viele dieser Ferry-Piloten eigentlich Pilotinnen waren. Im sogenannten WASP Programm (Women Airforce Service Pilots) beauftragte die U.S. Air Force während des Zweiten Weltkriegs etwa 1100 zivile Frauen mit kampflosen Militärflügen. Sie holten die Flugzeuge in der Bell-Fabrik in Niagara Falls, New York, ab und flogen sie nach Great Falls, Montana und dann weiter über die Northwest Staging Route durch Kanada nach Alaska, wo sowjetische Ferry-Piloten, darunter ebenfalls viele Frauen, die Flugzeuge in Nome in Empfang nahmen und sie über die Beringstraße auf der Alaska-Sibirien-Route (ALSIB) in die Sowjetunion flogen. Und genau diese Geschichte wird in einer Ausstellung auf dem Flughafen von Watson Lake erzählt.

Und weil wir gerade schon bei der Historie sind: das älteste Gebäude im heutigen Watson Lake ist die historische Air Force Lodge, die irgendwann nach dem Krieg vom Flughafen in die Stadt transferiert wurde und dann lange Jahre leer stand. Sie war in den 1940er-Jahren zu Staging-Route-Zeiten Unterbringungsort für

Die historische Air Force Lodge

durchreisende Pilotinnen und Piloten. 1998 übernahm sie ihr heutiger Besitzer und baute sie aus. Sein Name ist Michael Lexow und er ist, wie seine Ehefrau Claudia auch, Deutsche(r).

INFO

Lage: Einige Kilometer außerhalb von Watson Lake, GPS: 60.113740, -128.822411. Anfahrt von Watson Lake aus 10,1 Kilometer auf dem Campbell Highway Richtung Carmacks fahren. Am Flughafenschild links auf die Airport Road einbiegen und diese 2,7 Kilometer bis zum Terminal fahren, durchgehend geöffnet.

Aktivitäten:

- Freies Wifi im Flughafengebäude
- Kostenlose Northwest Staging Route Ausstellung
- Toilettenräume und Parkplätze vorhanden
- Historischer Holzhangar rechts neben dem Terminal

Traumstrassen

Der Alaska Highway mit Blick auf den Sheep Mountain

Traumstrassen

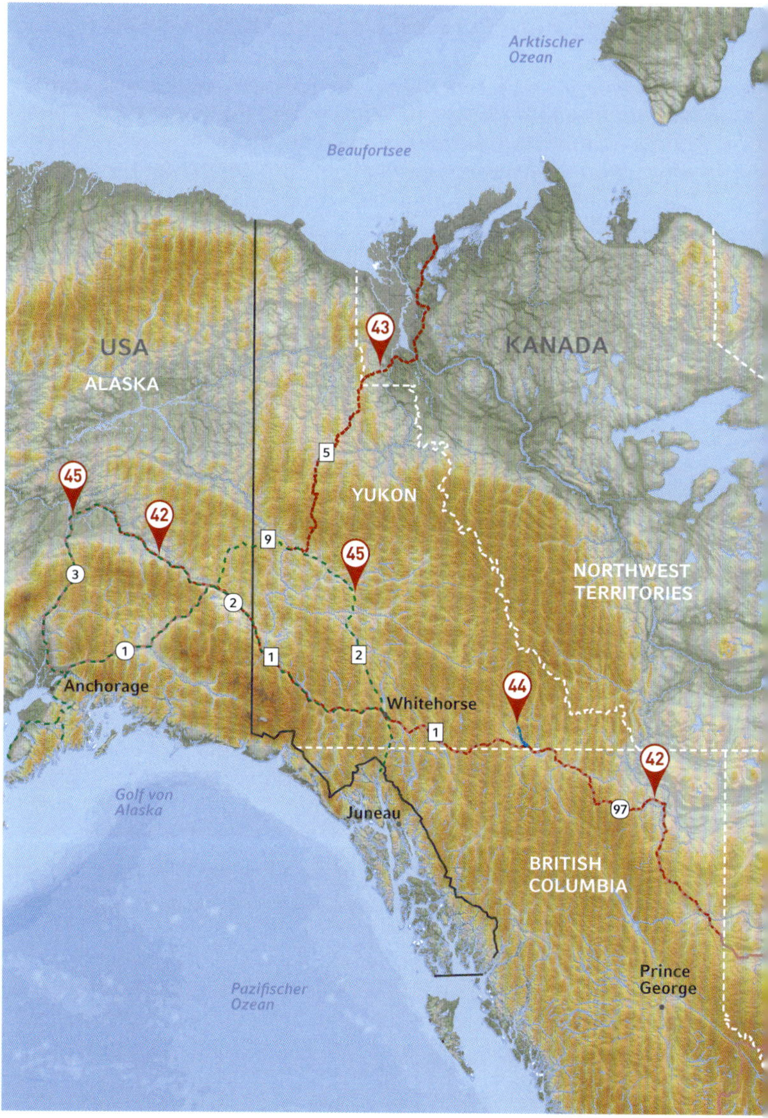
Arktischer Ozean
Beaufortsee
USA
ALASKA
KANADA
YUKON
NORTHWEST TERRITORIES
BRITISH COLUMBIA
Anchorage
Whitehorse
Juneau
Prince George
Golf von Alaska
Pazifischer Ozean
43
45
42
45
44
42
5
9
3
2
1
1
2
1
97

41. Von Traumstrassen und Traumtouren

Zwischen 60 und 70 Prozent aller deutschsprachigen Urlauber kommen im Flieger in Whitehorse an, übernachten meist noch einmal und werden dann von ihren Mietwagen- oder Motorhome-Firmen abgeholt, auf ihre Mietwagen eingewiesen, gehen dann in einem der großen Supermärkte und im staatlichen Alkoholladen zum „Bunkern" und dann heißt es „nichts wie ab in die Wildnis" des riesigen Territoriums, das in etwa eineinhalb Mal so groß ist wie Deutschland, aber nur 42.000 Einwohner hat.

Auf dem Dempster Highway

Es gibt elf Traumstraßen im Yukon mit einer Gesamtlänge von etwa 4800 Kilometern. Viele von diesen sind großartig zu befahren und geteert, manche haben teilweise Schotterbelag, ein paar davon sind eher bessere Feldwege. Aber sie alle haben eines gemeinsam: Sie führen durch unermesslich weite Wälder, vorbei an Tausenden von Seen und Tümpeln, entlang mächtiger Bergmassive und gewaltiger, ungezähmter Flüsse, und – sie werden begleitet vom dramatischen Spiel der Mitternachtssonne und des Polarlichts.

Bisons auf dem Alaska Highway

Es sind Straßen, die Spaß und Abenteuer versprechen und auf denen man der nordischen Wunder- und Tierwelt wirklich permanent begegnet. Die Chancen, hier in einen Stau zu geraten, sind äußerst gering. Wenn einmal mehrere Autos auf dem Highway stehen, dann können Sie sicher sein, ein Bär, ein Elch oder ein anderes wildes Tier macht Public Viewing. Und die Chancen dazu sind äußerst hoch. Bedenken Sie einfach einmal: im Yukon leben praktisch ebenso viele Schwarzbären und Grizzlies wie Menschen, etwa doppelt so viele Elche und zig-Mal so viele Karibus plus all die anderen Tiere, vom Bison bis zum Kolibri. Häufig sehen Sie diese Tiere am Straßenrand der gigantischen Traumstraßen, die kreuz und quer durch den Yukon führen. Ein paar von diesen Routen möchte ich Ihnen ein wenig genauer vorstellen, und zwar so, wie ich sie erlebt habe und Ihnen zeigen, welches meine Highlights dabei waren. Ich stelle auch keinen Anspruch auf Vollständigkeit, sonst würde dieser Reiseführer zum Monumentalwerk mutieren. Bevor Sie nun diese Traumstraßen für sich erobern, möchte ich Ihnen noch ein paar praktische Hinweise mitgeben, die für das Fahren in Kanada und im Yukon wichtig sind.

Fahren Sie nicht zu schnell!

Verkehr generell: Im gesamten Yukon gibt es gerade einmal 30 oder 40 Verkehrsampeln. Diese stehen alle in Whitehorse. Danach ist freie Fahrt angesagt. Apropos Ampeln: Wichtig für Kanada und die USA! Die Ampeln befinden sich hinter der Kreuzung. Bitte dies beim Bremsweg beachten. Kommt kein Verkehr, darf auch bei Rot nach rechts abgebogen werden. In Schulzonen gilt grundsätzlich Tempo 30 km/h. Schulbusse, wenn sie am Straßenrand stehen und die Warnblinkleuchte eingeschalten haben, dürfen nicht überholt werden! Bitte bleiben Sie hinter dem Schulbus stehen, bis dieser wieder weiterfährt oder die Warnblinkleuchten ausschaltet.

Alkohol: Im Yukon gilt eine Grenze von 0,8 Promille. Bitte denken Sie daran: Die Polizei führt nach jedem Unfall automatisch eine Alkoholkontrolle durch. In Kanada und in den USA ist das Mitführen angebrochener Flaschen mit alkoholischen Getränken im Auto strengstens verboten. Im Motorhome oder Truckcamper wird diese Regelung normalerweise nicht angewandt, solange die offene Alkoholflasche nicht direkt im Fahrerhaus im Flaschenhalter steckt.

Geschwindigkeit: Die Strafen für Geschwindigkeitsüberschreitungen sind in Kanada empfindlich hoch. Die Polizei führt zahlreiche Geschwindigkeitskontrollen durch – sowohl auf Landstraßen als auch in den Städten und Gemeinden. Und dies auch oft an ganz entlegenen Stellen in der „yukonesischen Wildnis". Ich berichte da aus eigener Erfahrung. Halten Sie sich also bitte stets an die Tempolimits. Die Höchstgeschwindigkeit im Yukon ist unterschiedlich zwischen 90 und 100 km/h. Aber generell gilt: Wer mehr als 90 km/h fährt, minimiert seine Chancen Wildlife zu sehen drastisch.

INFO

Entfernungen von/nach Whitehorse in Kilometer:

• Beaver Creek	446	• Anchorage, AK	1134
• Carcross	73	• Calgary, AB	2317
• Carmacks	177	• Edmonton, AB	2038
• Dawson City	33	• Fairbanks, AK	965
• Faro	359	• Inuvik, NWT	1227
• Haines Junction	154	• Prince George BC	
• Keno City	464	(via Cassiar Hwy)	1622
• Mayo	406	(via Alaska Hwy)	1824
• Ross River	409	• Toronto, ON	5457
• Teslin	178	• Tuktoyaktuk, NWT	1379
• Watson Lake	438	• Vancouver, BC	2375

Aktueller Yukon Straßenzustandsbericht:
Tel. +1 867 667 4144, *511yukon.ca*

Notrufnummer für Polizei und Ambulanz: 911

42. DER ALASKA HIGHWAY

Alles begann am 08. Dezember 1941 mit dem Angriff der japanischen Kamikaze-Flugstaffeln auf die amerikanische Pazifikflotte in Pearl Harbour. Dem Tag, an dem die Vereinigten Staaten von Amerika Japan offiziell den Krieg erklärten. Die ganzen Kriegsszenarien und Auswirkungen in Europa sind uns allen hinlänglich bekannt. Weit weniger geläufig ist uns jedoch, dass kurze Zeit später japanische Truppen auch die Aleuten-Inseln Kiska und Attu eroberten und sich so Richtung amerikanisches Festland vorarbeiteten. Kein Wunder also, dass der amerikanische Präsident Franklin D. Roosevelt befürchtete, die Japaner könnten sich in Alaska festsetzen und von dort aus versuchen, das amerikanische Festland unter dem 48. Breitengrad anzugreifen.

Der Bau des Alaska Highways

Um einem solchen Unterfangen einen Riegel vorschieben zu können, mussten amerikanische Truppen und Materialien in großem Umfang nach Alaska verlagert werden. Solch eine Truppenverlegung war den Amerikanern damals logistisch aber nur vorstellbar, wenn Mensch und Material auf dem Landweg und quer durch die kanadische Wildnis Richtung Alaska bewegt werden könnten. Der offizielle Baubeginn der Straße war der 8. März 1942.

Knapp 10.000 Soldaten und etwa 1000 Zivilisten wühlten sich daraufhin rund um die Uhr und bei jedem Wetter über einen Zeitraum von nur neun Monaten durch die kanadische Wildnis und stellten so einen fahrbaren Weg über eine Gesamtdistanz von 2452 Kilometern her. Die gesamte Strecke wurde bereits am

28. Oktober 1942 fertiggestellt und offiziell am 20. November 1942 am Soldier Summit am Kluane Lake seiner Bestimmung übergeben. Der eigentliche Name dieser Transportstraße lautete ALCAN, ein Akronym für Alaska-Canada. Heute ist diese Straße hervorragend ausgebaut, zählt zu den Traumstraßen unserer Erde und ist unter dem Namen Alaska Highway bekannt. Um wichtige Punkte entlang dieser Strecke genau lokalisieren zu können, wurden von Dawson Creek bis Delta Junction Meilensteine gesetzt. Dawson Creek war die Mile „0“, Delta Junction dementsprechend Mile „1422“.

Soviel zur Geschichte. Ich bin den gesamten Highway 2017 gefahren. Der Anlass war der 75. Geburtstag des Highways. Eigentlich wollte ich die gesamte Strecke mit einem Schweizer Freund aus Haines Junction in einem alten Armee-Truck aus dem Jahre 1942 – der also genauso alt wie der Highway war – fahren, aber es gab technische Probleme und ich bin letztendlich erst in Watson Lake auf Freund und Truck gestoßen. Von Dawson Creek bis Watson Lake war ich mit einem Mietwagen unterwegs. Auf den gesamten 1422 Meilen bis Delta Junction habe ich mir natürlich einiges angesehen. Für die Gesamtstrecke hatte ich mir eine Woche Zeit genommen. Man kann diese Strecke natürlich leicht auf die doppelte Zeit ausdehnen, ohne dass es dabei langweilig würde. Aber lesen Sie selbst:

Der Start des Alaska Highway in Dawson Creek

Tag 1 (Von Dawson Creek bis Fort Nelson, 454 Kilometer): Vor dem Verlassen von Dawson Creek habe ich mir das Städtchen ein wenig angeschaut. Es hat alles, was der Alaska-Highway-Fahrer benötigt. Tankstellen, Restaurants, Hotels, Supermärkte, Campgrounds und natürlich Sehenswürdigkeiten. Im dortigen Visitor Centre, das im Eisenbahnmuseum der Northern Alberta Railways untergebracht ist, habe ich mir eine kostenlose Broschüre für einen „selbst geführten historischen Rundgang" abgeholt. Das Städtchen bietet da einiges. Und dann, vor der Abfahrt Richtung Norden, war ich natürlich an der „Mile 0". Das „Mile 0"-Denkmal steht mitten in der Stadt und mitten in einem Kreisverkehr an der Ecke 10th Street und 102nd Avenue. Und das musste natürlich fotografiert werden.

Das Fort Nelson Heritage Museum

Der Highway Richtung Norden ist in diesem Teil von British Columbia noch recht stark befahren, führt durch mehrere kleine Gemeinden und bis Fort St. John ist die umgebende Landschaft auch nicht wirklich aufregend. Einzig die Peace River Bridge, die längste Brücke auf dem gesamten Alaska Highway bei Mile 34,4 ist erwähnenswert. Knapp eine Stunde später bin ich durch Fort St.

John gefahren, habe da aber keinen Stopp eingelegt. Wer mehr Zeit hat, sollte sich dort das Fort St. John North Peace Museum anschauen, das die Geschichte der Region Fort St. John inklusive der Geschichte seiner First Nations, des Pelzhandels, des Baus des Alaska Highway und seiner Öl- und Gasindustrie erzählt.

Von Fort St. John aus wird die Landschaft wesentlich waldiger und Gemeinden und Dörfer, sowie Verkehr, werden weniger. Dafür wächst die Anzahl an Öl- und Gas Camps. Bei Mile 159,2 fährt man über die Sikanni Chief River Bridge, die erste permanente Brückenstruktur während des Baus des Alaska Highway. Die frühere Holzbrücke fiel 1992 Brandstiftern zum Opfer und wurde danach auf Stahlstützen neu aufgebaut. Nach sechs Stunden habe ich mein Tagesziel Fort Nelson erreicht. Nach dem Volltanken und dem Einchecken in mein Hotel bin ich zum Fort Nelson Visitor Information Centre gegangen, das leider schon geschlossen war. Direkt gegenüber war aber das Fort Nelson Heritage Museum noch offen, das ich mir dann am späten Nachmittag zu Gemüte geführt habe. Ein lohnenswertes Unterfangen!

INFO

Fort Nelson: 3500 Einwohner, Restaurants, Bars, Tankstellen, Supermärkte. Letzte größere Stadt vor Whitehorse. Lage: Alaska Highway Mile 283

Unterkunft: Lakeview Inns & Suites, 4507 50th Avenue South. Tel. +1 250 233 5001; GPS: 58.803791, -122.690236, *lakeviewhotels.com/fort-nelson*

Privater Campground: Triple G Hideaway RV Park, 5751 Alaska Highway, Tel. +1 250 774 2340; GPS: 58.804636, -122.716918, *tripleghideaway.com*

Fort Nelson Visitor Information Centre: 5500 Alaska Highway, Tel. +1 250 774 6400; GPS: 58.805111, -122.713773, *tourismnorthernrockies.ca*

Fort Nelson Heritage Museum: 5553 Alaska Highway, Tel. +1 250 774 3536, GPS: 58.804653, -122.715759, *fortnelsonmuseum.ca*

Tag 2 (Von Fort Nelson zum Muncho Lake, 253 Kilometer): Ich bin bei wunderschönem Wetter aus Fort Nelson losgefahren. Mein ursprünglicher Plan war es, bis Watson Lake durchzufahren, denn da wartete mein Freund mit dem Oldtimer Army Truck. Aber der Highway machte mir einen Strich durch die Rechnung. Kurz nachdem ich losgefahren war, bog der Highway an Meile 301 direkt nach der Kreuzung zum Liard Highway in Richtung Westen ab und schlängelte sich danach in wunderbarer Weise durch die kanadischen Rockies.

Bergziegen am Highway

Ich weiß gar nicht, wie oft ich auf dieser Strecke gestoppt habe und ausgestiegen bin. Flüsse schlängeln sich durch die Wildnis und durch waldreiche Regionen. Ein Schwarzbär lag bequem am Straßenrand und futterte Löwenzahn. Auf dem Steamboat Mountain Summit auf fast 1100 Meter Höhe traf ich auf Bergziegen, die vor spektakulärer Kulisse Salz von Steinen leckten und sich wohl genüsslich ausruhten, denn es störte sie überhaupt nicht, dass ich sie aus nur zwei Meter Entfernung fotografierte.

Nach diesem Highlight und einer steilen Bergabfahrt mit 8 Prozent Gefälle ging es eine ganze Weile am Tetsa River entlang. An der Tetsa River Lodge habe ich dann eine kleine Pause eingelegt, einen Kaffee getrunken und mir die Lodge und den danebenliegenden Campground angesehen. Beides empfehlenswert. In der Lodge sagte man mir, auf dem Stone Summit läge Schnee und Reisende hätten Probleme gehabt. Ich dankte für den Rat, schaute aus dem Fenster und dachte mir meinen Teil. Wie sich kurze Zeit später herausstellte, war das keine gute Idee. Das Wetter wurde tatsächlich schlagartig schlechter und ein regelrechter Schneesturm ging los, während sich der Highway bergauf schlängelte. Ein paar Mal sah ich Karibus, musste mich aber auf die Straße konzentrieren. Es lag jetzt doch Schnee auf der Fahrbahn. 20 Kilometer später war der Spuk vorbei. Kein Schnee mehr zu sehen. Es war plötzlich wieder Sommer und jetzt konnte ich auch die Karibus fotografieren, die hier in größerer Menge herumtrabten.

In der Toad River Lodge habe ich einen erneuten Stopp gemacht. Diese Lodge ist ganzjährig geöffnet und ein beliebter Trucker-Stopp. Eine Handvoll Kilometer später folgt der Highway dem wunderschönen, türkisfarbenen Toad River, der zu beiden Seiten von den dramatisch geformten Bergspitzen der Rockies begleitet wird. Wieder ein paar Kilometer weiter, gerade hatte ich den Toad River überquert, wand sich der Alaska Highway in engen Kurven auf einer Länge von elf Kilometern steil nach oben. Kurz darauf kam das Südende des Muncho Lake in Sicht. Der Muncho Lake mit seinen grün-blauen Wassern liegt wunderschön von Bergen eingebettet auf 817 Meter über dem Meerespiegel im Muncho Lake Provincial Park. Der See ist zwölf Kilometer lang und der Highway führt praktisch diese gesamte Länge am See entlang. Nach acht Kilometern und direkt am See steht dann die massiv gebaute Northern Rockies Lodge, in der ich übernachtet habe.

INFO

Unterkünfte:

- Tetsa River Lodge, Mile 375 Alaska Highway. Tel. +1 250 774 1005; GPS: 58.653120, -124.235528, *tetsariver.com*
- Toad River Loge: Mile 422 Alaska Highway. Tel. +1 250 232 5401; GPS: 58.847787, -125.232809, *toadriverlodge.com*
- Northern Rockies Lodge: Mile 462 Alaska Highway. Tel. +1 250 776 3481; GPS: 59.009447, -125.771653, *nrlodge.com*

Aktivität:

- Ausflüge im Wasserflugzeug in die Northern Rockies und zu den Virginia Falls im Nahanni National Park

Tag 3 (Vom Muncho Lake nach Watson Lake, 272 Kilometer): Ich bin nach einem hervorragenden Frühstück von der Lodge losgefahren. Nach etwa 50 Kilometern hat man einen weitreichenden Blick über das Liard River Valley. Der Highway verläuft von hier aus praktisch parallel zum Liard River. Erst nahe der Yukon-Grenze dreht der Liard nach Westen ab und verläuft dann südlich von Watson Lake.

Bisons auf dem Highway

Beim Historical Milepost 493 kommt der Highway an die Lower Liard River Bridge. Die knapp 350 Meter lange Brücke ist die einzige noch übriggebliebene Hängebrücke des ALCAN. Ein paar Kilometer weiter kommt man in die Gemeinde Liard River. Und hier würde ich Ihnen wieder einen Pflichtstopp empfehlen. Dort steht der Historical Milepost 496 an einem großen Parkplatz. Auf der gegenüberliegenden Straßenseite befindet sich der Eingang zum Liard River Hotsprings Provincial Park. Und diese heiße Quellen sollten Sie sich definitiv nicht entgehen lassen. Am besten ist es natürlich, in der Liard Hotspings Lodge oder auf dem nahe gelegenen Campground eine Nacht zu verweilen.

In der Coal River Lodge bei der Historical Mile 533 machte ich einen weiteren Stopp und genoss einen Bison Burger. Wieder auf dem Highway, erreichte ich nach weiteren 80 Kilometern bei Milepost 585 das Schild „Welcome to Yukon". Kurz dahinter, und so was hatte ich überhaupt noch nie gesehen, standen etwa 100 Meter voneinander entfernt ein Schwarzbär und ein Bison an einer Böschung. Beide grasten friedlich und ließen sich von sporadisch vorbeifahrenden Fahrzeugen nicht aus der Ruhe bringen. Es sind gerade diese unvorhergesehenen Erlebnisse, die die Traumstraßen des Nordens für mich so interessant machen. Und natürlich auch die spektakuläre Landschaften, durch die sie führen.

Kurz vor Watson Lake steht ein weiteres Schild mit der Aufschrift „Welcome to Yukon". Hier zweigt übrigens ein kleiner Trail zum Lucky Lake ab, einem beliebten Ort für sommerlichen Badespaß. Da der See recht seicht und sandig ist, wärmt er sich im Sommer schnell auf und lädt zum Baden ein.

Fünf Minuten später traf ich in Watson Lake ein. Das Städtchen mit seinen gerade mal 1500 Seelen ist das eigentliche Tor zum Yukon. Einen Kilometer weiter erreichte ich mein heutiges Tagesziel. Die Air Force Lodge, das älteste Haus im Städtchen. Und vor der Lodge geparkt stand der alte Armee Truck aus dem Jahre 1942, mit dem die Reise von hier aus weitergehen sollte.

INFO

Unterkünfte:

- Liard Hotsprings Lodge: Historical Mile 497 Alaska Highway. Tel. +1 250 776 7349 ; GPS: 59.425255, -126.105168, *liardhotspringslodgebc.com*
- Coal River Lodge: Mile 433 Alaska Highway. Tel. +1 250 232 5401; GPS: 58.847787, -125.232809, *coalriverlodgerv.ca*

Aktivitäten:

- Liard Hotsprings Provincial Park, *bcparks.ca*
- Lucky Lake Recreational Site: Mile 607 Alaska Highway, sechs Kilometer vor Watson Lake. Im Sommer normalerweise warmer Badesee; einzige Wasserrutsche in Nordamerika nördlich des 60. Breitengrads; Sandstrand; drei Kilometer langer Wanderpfad an den Liard Canyon

Tag 4 (Watson Lake nach Whitehorse, 445 Kilometer): Der alte Armee Truck war ein echter Hingucker, ein Dodge WC-51 Dreivierteltonner in Originalbemalung der US Army, ausgeliefert 1942. Nach ein paar Bildern an den Sehenswürdigkeiten in Watson Lake ging es auch schon los. Der erste Stopp war bereits nach wenigen Kilometern in Nugget City wo der Stewart Cassiar Highway auf den Alaska Highway trifft. Im weiteren Verlauf folgt der Highway bis Swift River dem Rancheria River, mit wunderschönen Aussichten auf die bergige Umgebung. Nach knapp 135 Kilometern haben wir an den Rancheria Falls einen Stopp eingelegt. Sieben Kilometer weiter folgte dann der nächste Halt an der Continental Divide. Alle Gewässer westlich dieses Punktes fließen in die Beringsee, alle östlich davon ins Eismeer.

Auf seinem Weg Richtung Norden führt der Alaska Highway kurz nach der Swift River Highway-Meisterei für zirka 60 Kilometer zurück nach British Columbia, um kurz vor der Morley River Bridge wieder in den Yukon zu wechseln. 90 Minuten später kamen wir kurz vor der First Nation Gemeinde Teslin an einem kleinen Hügel an einen Parkplatz mit Toilettenhäuschen. Von der Höhe dieses Rastplatzes hat man einen traumhaften Blick auf die Nitsutlin Bay Bridge, die zweitlängste Brücke auf dem gesamten Alaska Highway. In Teslin lohnt ein Besuch des Teslin Tlingit Heritage Centre, in dem Kunst der First Nations präsentiert wird.

Weiter nordwärts führte der Highway jetzt eine ganze Zeit am langgezogenen Teslin Lake entlang. Der See, der jeweils etwa zur Hälfte in British Columbia und im Yukon liegt, ist 144 Kilometer lang, aber nur 3,2 Kilometer breit. Am Ende des Sees entspringt der Teslin River, an dem der Highway dann etwa 20 Kilometer entlangführt. Kurz vor Johnson's Crossing kommt dann der Abzweig auf die Canol Road, einer unbefestigten und grandios gelegenen Traumstraße, die nach Ross River und zum Campbell Highway führt. Direkt am Eingang dieser Straße befinden sich ausgeschlachtete Oldtimer aus der Bauzeit des Highways, die tolle Fotomotive abgeben.

In seinem weiteren Verlauf führt der Alaska Highway am großen Squanga Lake vorbei bis Jack's Corner, wo die Tagish Road Rich-

Am Teslin Tlingit Heritage Centre

tung Carcross beziehungsweise zur Atlin Road abzweigt. Zwanzig Minuten später taucht auf der linken Seite dann der Marsh Lake auf und auch an diesem See führt der Highway eine ganze Zeit entlang. Letztendlich kreuzt er, nicht weit von der Stadtgrenze von Whitehorse entfernt, am sogenannten Marsh Lake Damm, den Ausfluss des Sees. Dieser Ausfluss heißt ab hier Yukon River! Von hier aus sind es noch zwanzig Minuten ins Zentrum der Hauptstadt des Yukon.

INFO

Unterkünfte:

- Yukon Motel, Teslin: Mile 804 Alaska Highway. Tel. +1 867 390 2443; GPS: 60.167642, -132.708645, *yukonmotel.com*
- Johnson's Crossing Lodge: Mile 836 Alaska Highway. Tel. +1 867 390 2607; GPS: 60.483131, -133.307363, *johnsonscrossinglodge.com*
- Hi Country RV Park: Whitehorse, 91374 Alaska Highway, Mile 836. Tel. +1 867 667 7445; GPS: 60.684032, -135.063685, *hicountryrv.com*

Aktivitäten: siehe Tipps 22-27 im Kapitel „Rund um Whitehorse"

Tag 5 (Whitehorse nach Silver City, 210,5 Kilometer): Kurz hinter Whitehorse, am Abzweig zum North Klondike Highway, wurde der Verkehr stetig weniger. Links von uns konnte man tief ins Ibex Valley blicken, rechts von uns begleitete uns der Takhini River, den wir dann beim Historic Milepost 946 überquerten. Normalerweise sieht man in dieser Gegend oft Wapiti-Hirsche, heute zeigte sich leider keiner. Knapp 20 Kilometer weiter hatten wir rechts einen wunderbaren Blick auf den 1.924 Meter hohen Mount Bratnober. Nach 90 Kilometern lohnt ein Abstecher nach Champagne, einer kleinen First Nations Siedlung am „alten Alaska Highway".

Auf dem Weg nach Haines Junction

Wir fuhren nach ein paar Kilometern am Long Ago Peoples Place vorbei. Das sollten Sie sich auf Ihrer Reise auch anschauen. Da zeigen Ihnen Meta und Harold wie deren Urahnen vor tausenden von Jahren die harsche Natur und die gnadenlos kalten Winter hier überwunden haben. Nach einem kurzen Stopp am Historic Milepost 974 waren wir eine halbe Stunde später wieder auf dem ausgebauten Alaska Highway und näherten uns langsam dem Kluane Gebirge. Kurz nach Otter Falls, einem kleinen Rasthaus am Abzweig zum Aishihik Lake, führt der Highway in ein kleines Tal. Dort kommt auf der rechten Seite mit Historic Milepost 996 ein weiteres schönes Fotomotiv, die alte Canyon Creek Bridge. Fährt man von dort wieder los und den Berg hinauf, blickt man direkt auf die eisigen Gipfel der Kluane Range. Und bald ist man dann auch schon in Haines Junction, dem Tor zum Kluane National Park (siehe auch die Tipps ab Nr. 29).

In Haines Junction ging es weiter Richtung Beaver Creek. Von hier aus führt der Weg entlang des Kluane National Park bis zum knapp 100 Kilometer entfernten Kluane Lake, unserem heutigen Tagesziel. Ein paar Kilometer hinter Haines Junction kamen wir an der Mount Logan Lodge vorbei, ebenfalls eine tolle Unterkunft mit hervorragender Küche, die ich nur empfehlen kann. Fast jedes Mal, wenn ich diesen Teil des Alaska Highways entlangfahre, treffe ich auf Bären. So auch dieses Mal. An diesem Tag war es ein alter Grizzly, der seelenruhig vor uns die Straße überquerte.

Die Landschaft entlang des Parks ist dramatisch und wunderschön. Kurz vor dem Historic Milepost 1035 erreichten wir auf dem Bar Creek Summit den mit 1004 Metern Höhe höchsten Punkt des Alaska Highways. Ein paar Kilometer weiter kommt der Kluane Lake Viewpoint, ein toller Aussichtspunkt auf den Kluane Lake, mit viel Parkmöglichkeiten auf der rechten Seite. Wenig später erreichen wir die Yukon Lake Cabins, das Ziel der Etappe.

INFO

Unterkünfte:

- Kusawa Lake Government Campground: am Kusawa Lake zwischen Whitehorse und Haines Junction gelegen; GPS: 62.298074, -136.139310, *yukon.ca*
- Mount Logan Eco Lodge: Nahe Haines Junction, Kilometer 1587,5 Alaska Highway, Tel. +1 867 634 2817; GPS: 60.795716, -137.670101, *mountloganlodge.com*
- Congdon Creek Government Campground: Destruction Bay, Alaska Highway Kilometer 1666; GPS: 61.153185, -138.555376, *yukon.ca*

Tag 6 (Silver City nach Beaver Creek, 234,8 Kilometer): Kurz vor 10 Uhr zuckelten wir wieder langsam den Berg hoch, an den verfallenen Hütten von Silver City vorbei und trafen vor dem Erreichen des Highways schon wieder auf einen Grizzly.

Blick auf den Kluane Lake

Zurück auf dem Alaska Highway fuhren wir die hier gut ausgebaute Prachtstraße hinunter an den Kluane Lake und von dort den sandigen, windgepeitschten Ufern folgend über die Slim's River Bridge bis zur Zufahrtsstraße zum Thechàl Dhâl Visitor Centre. Das von Parks Canada geführte Zentrum informiert über den Kluane National Park und speziell über die Gegend hier um den Sheep Mountain und das Slims Valley. Die Park Ranger zeigten uns am Berg, wo eine Gruppe Dall-Schafe stand, und wir beobachteten diese durch die dort kostenlos benutzbaren Teleskope. Ein wirklich empfehlenswerter Stopp auf Ihrer Alaska Highway-Tour.

Am frühen Nachmittag erreichten wir Destruction Bay, einen kleinen Ort mit knapp 60 Einwohnern. Nach einem Tankstopp mit anschließender Mittagspause ging es weiter in den Nachbarort Burwash Landing, Dort zeigt das Kluane Museum of History präparierte Wildtiere in ihrem natürlichen Lebensraum, interessante Mineralien aus der Umgebung sowie Kleidung, Werkzeuge und

Waffen der früheren Ureinwohner. Neben dem Parkplatz des Museums steht übrigens die angeblich größte Goldpfanne der Welt.

Im weiteren Verlauf führt der Highway entlang einer Perlenkette von Seen bis ins verlassene Örtchen Koidern. Von da aus sind es nur noch ein paar Kilometer zu Amanda Harris, der Besitzerin der Discovery Yukon Lodgings. Auch diesen interessanten Zufluchtsort am Highway am Historic Milepost 1169 kann ich wärmstens empfehlen. Sie finden dort einen RV Campground mit allem was dazugehört, wunderbar ausgestattete Holzhütten, eine kleine Runway und eine schöne Parkanlage mit alten Armeefahrzeugen aus der Bauzeit des Alaska Highway. Bis Beaver Creek, der letzten Gemeinde vor der Grenze nach Alaska, sind es von dort noch 50 Kilometer.

INFO

Aktivitäten:

- Soldier Summit: Alaska Highway, Historic Mile 1061, GPS: 61.035036, -138.497151; halbstündige Wanderung mit toller Aussicht auf den Kluane Lake.
- Kluane Museum of History: Burwash Landing, Alaska Highway Historic Milepost 1093, GPS: 61.353899, -138.998019; Tel. +1 867 841 5561; *kluanemuseum.ca*
- Beaver Creek Visitor Information Centre: Beaver Creek, Alaska Highway Kilometer 1870, GPS: 62.381263, -140.876319; Tel. +1 867 862 7291, *travelyukon.com*

Unterkünfte:

- Talbot Arms Motel und RV Service: Destruction Bay, Alaska Highway Historic Milepost 1083, GPS: 61.252018, -138.804877; Tel. +1 867 841 4461, *talbotarm.com*
- Discovery Yukon Lodgings: Alaska Highway, Historic Milepost 1169 (Kilometer 1818) nahe Koidern, GPS: 61.985442, -140.538593; Tel. +1 867 862 7408, *discoveryyukon.com*
- Buckshot Betty's Motel: Beaver Creek, Alaska Highway, GPS: 62.383771, -140.875074; Tel. +1 867 862 7111, *buckshotbettys.ca*

Tag 7 (Beaver Creek nach Delta Junction, 349 Kilometer): Unsere letzte Etappe auf dem traumhaften Alaska Highway. Noch immer lief der alte Dodge wie ein Uhrwerk. Zwei Kilometer nach unserem Motel passierten wir die kanadische Grenze. Vor uns lagen knappe 30 Kilometer Niemandsland, erst nach einer halben Stunde kamen wir an die US-Grenze am Port Alcan. In Alaska trägt der Highway einen weiteren Namen: Purple Heart Trail, zu Ehren der gefallenen Soldaten der amerikanischen Armee.

Das Wrangell-St.-Elias-Gebirge

Die Landschaft weitet sich hier, mit herrlichen Blicken in das Wrangell-St.-Elias-Gebirge. Hier beginnt auch das Tetlin National Wildlife Refuge, ein 30.000 Hektar großes Schutzgebiet mit hunderten von kleinen Seen, Teichen, Sümpfen, Bächen und Flüssen, Zufluchtsgebiete für viele Wasservogelarten aber auch für Elche und andere Säugetiere. Ein wenig später bot sich uns ein grandioser Blick auf den Tanana River, der letztendlich in den Yukon mündet und einer seiner größten Zuflüsse ist. Tetlin Junction erreichten wir am Historic Milepost 1306. Hier geht der Taylor Highway nach rechts ab und führt über den anschließenden Top of the World Highway im Yukon bis nach Dawson City. Wir hielten uns aber links und liefen 20 Minuten später in Tok ein.

Der Highway führt ab Tok für gut 30 Kilometer schnurgerade durch waldiges Gebiet, bevor er dem Tanana River folgt und ab und zu auch eine sanfte Kurve vollführt. Etwa 70 Kilometer nach Tok erreicht man die Robertson River Bridge. Von dort aus hat man einen wunderbaren Blick auf die schneebedeckten Berge der Alaska Range im Westen. Keine zwei Kilometer weiter ein Stau.

Sie haben richtig gelesen! Tatsächlich ein Stau. Etwa zehn Motorhomes standen am Straßenrand; ein Stück weiter stand ein Elch im Gras und futterte in Seelenruhe. Tierbegegnungen sind in der Yukon-Alaska Region wirklich an der Tagesordnung. Um 16 Uhr erreichten wir schließlich Delta Junction und fuhren zum Visitor Center mit dem ikonischen Milepost 1422. Für einige europäische Besucher, auf die wir hier am Alaska Highway Denkmal trafen, war der Oldtimer natürlich ein willkommenes Fotomotiv. Sieben tolle Tage lagen hinter mir. Sieben Tage auf einer der Traumstraßen Nordamerikas!

An der Grenze zu Alaska

INFO

Zeitunterschied Yukon-Alaska: Im Sommer liegt Alaska drei Stunden hinter Yukon-Time, im Winter zwei Stunden.

Aktivitäten:

- Tok Mainstreet Visitor Centre: Tok, 1314 Alaska Highway, GPS: 63.336391, -142.985079; Tel. +1 907 883 5775, *tokalaskainfo.com*; interessante Exponate und zahlreiche Informationsbroschüren sowie Videos.
- Delta Junction Visitor Centre:: Delta Junction, Alaska Highway Historic Milepost 1422, GPS: 64.036998, -145.730412; Tel. +1 907 895 5068, *eltachamber.org/visitorcenter.html*

Unterkünfte:

- Fast Eddy's und Young's Motel: Tok, Mile 1313,3 Alaska Highway, GPS: 63.333958, -142.957814; Tel. +1 907 883 4411
- Kelly's Alaska Country Inn: Delta Junction, 1616 Richardson Highway, GPS: 64.041306, -145.735072; Tel. +1 907 895 4662, *deltaaccommodations.com*

43. Dempster Highway: Von Dawson City nach Inuvik

Im Sommer vor zwei Jahren wollte ich mit einer Gruppe Journalisten in den Ivvavik National Park reisen, ganz oben im Norden des Yukon. Für die Medienvertreter ein medialer Leckerbissen, weil über den Park in Deutschland bislang wenig berichtet wurde und er ziemlich außerhalb jeglicher Zivilisation liegt. Da die Anreise in diesen Nationalpark über Inuvik in den Northwest Territories erfolgt beteiligte sich auch Michaela Arnold, die Repräsentantin für die Northwest Terrritories im deutschsprachigen Raum, an der Tour. Wir entschlossen uns, mit dem Wagen über den Dempster Highway nach Inuvik zu fahren und anschließend auch gleich noch den neuen Highway von Inuvik nach Tuktoyaktuk zu erkunden.

Am ersten Tag sollte es von Dawson City bis Eagle Plains gehen, am zweiten nach Inuvik und am dritten Tag stand der Tagesausflug nach Tuktoyaktuk auf dem Programm. In bester Stimmung verließen wir Dawson City. Die ersten 40 Kilometer zur Abzweigung des Dempster Highway vom North Klondike Highway waren schnell vorüber. Die Straße ist recht gut ausgebaut, läuft am Klondike River entlang und schon nach einer halben Stunde erreichten wir die Zufahrt zum Dempster. Das Schild am Eingang der Straße zeigt 363 Kilometer bis Eagle Plains und 735 Kilometer nach Inuvik. Obwohl als Yukon Highway Nr. 5 gekennzeichnet ist diese Straße eher ein besserer

Hier beginnt der Dempster Highway

Der Dempster Highway von oben

Feldweg, zweispurig, geschottert, im Sommer oft wellig, ausgewaschen und staubig, bei Regen auch oft regelrecht seifig. Im Winter erwartet den Fahrer dagegen meist eine festgefahrene Schneedecke, die den rauen Belag doch recht angenehm befahrbar macht. Es empfiehlt sich übrigens mit vollem Tank und Proviant für den Tag aus Dawson City loszufahren, denn der Weg ist insgesamt 403 Kilometer lang und ab dem Eingang zum Dempster kommt bis Eagle Plains weder eine Tankstelle noch ein Restaurant.

Die ersten 70 Kilometer des Dempster Highway führen entlang des North Fork River durch bewaldetes, menschenleeres Gebiet bis hin zum Tombstone Interpretive Centre, bei dem wir unseren ersten Stopp einlegten. Der Tombstone Territorial Park ist Teil der traditionellen Gebiete der Tr'ondëk H'wëch'in First Nations. Das Zentrum präsentiert die Natur- und Kulturgeschichte des Parks durch interessante Ausstellungen und diverse Programme. Informationstafeln zeigen aktualisierte Berichte über Tiersichtungen, Bärensicherheit, Trail- und Straßenbedingungen an. Speziell Besucher, die im Park wandern möchten, sollten sich vor dem Start hier noch einmal die neuesten Informationen abholen.

Am Tombstone Range Viewpoint

Am Two Moose Lake

Kurze Zeit später erreichen wir den Tombstone Range Viewpoint. Von diesem Aussichtspunkt hat man einen unvergesslichen Blick in das zerklüftete Tombstone-Gebirge. Im weiteren Verlauf offenbart der Dempster dann seiner wahre Schönheit. Man fährt in eine unglaubliche Hochebene hinein, mit fantastischen 360-Grad-Aussichten in die Natur des Nordens. Bei Kilometer 102 erreichten wir den Two Moose Lake, wo wir gerade noch sahen, dass ein Elch mit schnellen Schritten das Gewässer verließ.

Ein paar Kilometer weiter biegt der Dempster scharf nach Westen ab und führt recht steil, aber relativ gerade, zum Windy Pass Summit auf eine Höhe von 1060 Meter. Der Berg ist ein Teil der östlichen Beringia-Region, die während der letzten Eiszeit einer Vereisung entgangen war und dadurch Zufluchtsort für eine einzigartige Fauna und Flora wurde. Hier beginnen auch die nördlichen Ogilvie Mountains, die abgerundeter und spärlicher bewachsen sind, als die Berge im Süden.

Ab der Passhöhe dreht der Weg wieder in seine ursprüngliche Richtung, also nach Norden. Wundern Sie sich bitte nicht, wenn es jetzt in Ihrem Fahrzeug zu riechen beginnt. Verursacher des Gestanks sind Sulfatquellen in der Nähe. Der Engineer Creek ist ein kleiner Nebenfluss des Ogilvie Rivers. In seinem Wasser lösen sich sulfathaltige Sedimente und färben ihn dabei orange-bräunlich. Nach etwa 20 Kilometer „verduftet" sich der Geruch. Gerade rechtzeitig übrigens, um die Nasen der Government Campground Nutzer bei Kilometer 193,8 nicht zu belästigen. Diesen Campground nutzten wir dann auch für eine kleine Rast. An dieser Stelle möchte ich einmal eine Lanze für die Highway-Toilettenhäuschen im Yukon brechen. Nirgendwo in ganz Nordamerika gibt es sie so sauber, so (trotz Plumpsklo) geruchlos und in so regelmäßigen Abständen. Selbst an den entlegensten Stellen des Territoriums werden sie in recht kurzen Abständen kontrolliert und mit Toilettenpapier aufgestockt. Ich habe es in meiner ganzen Zeit im Yukon noch nie erlebt, dass ich so ein Toilettenhäuschen aufsuchte und es dort kein Klopapier gab.

Kurz vor Eagle Plains

Doch zurück zur Strecke. Kurz nach dem Campground überquerten wir die Engineer Creek Bridge und folgten jetzt dem Ogilvie River. Das Schild „Lawinengefahr – nicht anhalten" ein paar Kilometer weiter kündigte an, dass der Dempster hier das Ogilvie River Valley durchquert. Die steilen Berghänge links und rechts sind prädestiniert für Schneelawinen im Winter und sporadische Steinschläge im Sommer. Es ist daher ratsam, hier nicht für Fotos zu stoppen, sondern einfach durchzufahren. Der Ogilvie River und die Ogilvie Mountains wurden übrigens nach William Ogilvie benannt, einem während des Klondike Goldrauschs hoch angesehenen Landvermesser und Commissioner des Yukon (Commissioner = Vertreter der Königin, damals war das Queen Victoria). Nach 244 Kilometern erreichten wir ein Straßenschild, auf dem

„Willkommen im Gebiet der Vuntut Gwitchin First Nation“ stand. Direkt hinter diesem Schild windet sich der Dempster den langen „Seven Mile Hill“ hoch, eine fast zwölf Kilometer lange Steigung, die uns auf das geologische Eagle Plains Plateau führte.

Ein paar wenige Kilometer nach diesem Anstieg stoppten wir am Ogilvie Ridge/Gwazhal Kak-Aussichtspunkt und genossen den unbeschreiblichen Panorama-Blick. Von hier oben aus führt der Dempster einen hohen Kamm entlang und man überquert zudem die kontinentale Wasserscheide. Jedes Gewässer südöstlich von hier fließt ins Nordpolarmeer, jedes nordwestliche in die Beringsee. Die Landschaft hier oben ist eine der wenigen in Kanada, die nicht von Gletschereis, sondern von Wind- und Wassererosion geformt wurde.

Das Eagle Plains Hotel

Urige Atmosphäre im Eagle Plains Hotel

Weiter führte uns der Dempster Highway durch Nadelholz-Ebenen, über die in den vergangenen Jahren einige Waldbrände getobt haben mussten. Gegen 16 Uhr erreichten wir unser Etappenziel, tankten umgehend unseren SUV randvoll und checkten dann im Eagle Plains Hotel ein. Bei einem Kaffee blickten wir durch die großen Panoramafenster der urigen Bar über die Eagle Plains-Ebene, die mit Moosen, Flechten und Zwergsträuchern bedeckt war. Im Herbst verwandeln die Pflanzen den Dempster in eine unglaubliche Farbpalette. Der Eagle River, der von kleineren Bächen gespeist wird und von dem das gesamte Gebiet seinen Namen hat, schlängelt sich durch diese gewaltige Ebene.

Interessant ist übrigens auch die Geschichte des Dempster Highway. Namensgebend für den Highway war der in Dawson City stationierte Polizei-Inspektor William John Duncan Dempster von der North-West Mounted Police. Er brach im Frühjahr 1911 bei extrem kalten Temperaturen zusammen mit zwei anderen Polizeibeamten auf, um eine sogenannte „Lost Patrol" aufzuspüren und zu retten. Vier seiner Kollegen waren mit Schlittenhunden in Fort McPherson zu einer Patrouillenfahrt nach Dawson City aufgebrochen aber dort nie angekommen. Am 21. März 1911 fand Dempster sie, nur 55 Kilometer von Fort McPherson entfernt. Sie hatten sich wohl in Schneestürmen verirrt, hatten in ihrer Not ihre Hunde aufgegessen und waren dann bei Temperaturen von -45 Grad Celsius und tiefer einfach völlig erschöpft eingeschlafen und erfroren. 1958 entschied dann die kanadische Regierung, eine Straße mitten durch die arktische Wildnis von Dawson City nach Inuvik zu bauen, da inzwischen große Gas- und Ölvorkommen im Mackenzie-Delta und rund um Eagle Plains entdeckt worden waren. 1979 schließlich war der Dempster Highway fertig und durchgängig bis Inuvik befahrbar.

Auf dem Weg in die Northwest Territories

Am nächsten Morgen brachen wir kurz nach 9 Uhr zu unserer zweiten Dempster-Etappe auf. Zuerst fuhren wir bei strahlendem Sonnenschein durch borealen Nadelwald fast zehn Kilometer bergab zum Eagle River. Die Eagle River Bridge ist eine Stahlkonstruktion, die ähnlich wie die Brücke über den Ogilvie River als Bau-Übung vom kanadischen Verteidigungsministerium errichtet wurde. Kurz nach der Brücke steigt der Dempster wieder an und führt auf ein neues Plateau. 25 Minuten später erreichten wir den 66. Breitengrad, also den Polarkreis. Hier gibt es Haltemöglichkeiten, Toilettenhäuschen und natürlich das weithin sichtbare Arctic

Der 66. Breitengrad ist erreicht

Circle Schild. Diese markante Stelle ist ein absoluter Pflichtstopp eines jeden Dempster-Trips. Auch wir zückten einmal mehr Fotoapparat und Handy und schossen ein paar obligatorische Erinnerungsfotos.

Vom Polarkreis aus durchquert der Highway die arktische Tundra parallel zu den Richardson Mountains, die sich von hier aus bis fast an den Arktischen Ozean erstrecken. An Kilometer 445 erreicht man den Rock River Government Camground. Er hat 17 Stellplätze und wenn Sie dort übernachten wollen, denken Sie bitte unbedingt an Moskito-Spray. Der Campingplatz liegt eingebettet in einen der wenigen borealen Wälder dieser Region. Er ist nach dem Fluss benannt, dessen Gwich'in-Name

Kurz hinter der Grenze zu den Northwest Territories

„Chii Deetak“, also „Fluss, der zwischen den felsigen Hügeln fließt“, bedeutet. Die offene Tundra beginnt von hier aus im Norden und erstreckt sich bis hoch zur Beaufortsee. In dieser Region steht seit einiger Zeit auch eine Wetterstation, die übrigens die kälteste jemals in Kanada gemessene Temperatur mit -63 Grad Celsius aufzeichnet hat.

Langsam steigt der Dempster von hier wieder an. Bis zur „Grenze“ zu den Northwest Territories auf dem knapp 1000 Meter hohen Wright Pass ist es nicht mehr weit. Von diesem Pass aus bieten sich wunderbare Ausblicke in die Einsamkeit des Dempsters und der Wind pfeift hier eigentlich zu jeder Jahreszeit. Ab hier führt der Dempster Highway hinunter zum Peel River, eine Strecke, die mit grandiosen Aussichten um den Midway Lake herumführt, einem Sommerlager der First Nations. Bei Kilometer 530 erfolgt dann wieder ein Pflichtstopp. Über einen kleinen Fußweg erreichten wir den Aussichtspunkt am Tetlit Gwinjik Territorial Park, mit unvergesslichen Aussichten in die Richardson Mountains, das Peel River-Tal, das Mackenzie River Delta und auf Fort McPherson. Bei Kilometer 539 kamen wir dann am Peel River an. Den mächtigen Strom muss man mit einer Fähre überqueren, im Winter sorgt eine Eisbrücke für die sichere Überfahrt.

Die Fähre über den Peel River

Auf der anderen Seite des Peel Rivers kommt bei Kilometer 541 das Nitainlaii Territorial Park Interpretive Center, dem auch ein Campground angeschlossen ist. Nur ein paar Meter weiter führt ein Abzweig nach Fort McPherson, dem wir auch gefolgt sind. Viel los war in Fort McPherson nicht. Das kleine Städtchen hat knapp 900 Einwohner, eine Tankstelle, einen Laden, ein Restaurant, eine Zeltfabrik und einen Friedhof, auf dem übrigens die vier Polizisten der Lost Patrol begraben sind.

Die Fähre über den Mackenzie River

Von Fort McPherson aus führt der Dempster Highway vorbei an zahlreichen Seen und dicht bewaldetem Gelände meist kerzengerade dem Mackenzie River Delta entlang bis zum nächsten großen Strom, dem breiten namengebenden Mackenzie River, der ebenfalls mit einer Fähre überquert werden muss. Die Fähre verkehrt hier immer im Dreieck. Zuerst fährt sie über den Mackenzie zum Fortlauf des Dempsters, danach hinüber nach Tsiigehtchic. Dort angekommen, fuhren wir durch das 170 Einwohner zählende Dorf der Gwich'in First Nation. Außer ein paar streunenden Hunden war keine Menschenseele zu sehen. Von einem kleinen Plateau aus hat man einen grandiosen Blick über das Dorf und den gewaltigen Mackenzie River, der übrigens mit 4241 Kilometern Kanadas längster Fluss ist.

Die Eskimokirche in Inuvik

Vom Mackenzie River führt der Dempster weitere 130 Kilometer entlang des Fluss-Deltas bis hinein nach Inuvik, wo die Traumstraße schließlich endet. Dieser letzte Streckenabschnitt zieht sich immer ein wenig, denn er führt meist lange gerade aus an unzähligen kleinen Seen und Tümpeln vorbei, die von kleinen Wäldchen umringt sind. Anderthalb Stunden später fuhren wir am Flughafen von Inuvik vorbei und nicht lange danach begrüßte uns Inuvik mit dem Hinweisschild „Welcome to Inuvik – End of the Dempster". Ein paar Minuten später waren wir an unserem Hotel, dem Makenzie, direkt gegenüber dem Wahrzeichen der Stadt, der bekannten Eskimo-Kirche.

Das Ziel ist erreicht!

INFO

Tombstone Interpretive Centre: Kilometer 71,5 auf dem Dempster Highway, GPS: 64.502906, -138.218974; Tel. +1 867 667 5658, *yukoninfo.com*, *yukon.ca*, *heritageyukon.ca*

Unterkünfte:

- Engineer Creek Government Campground: Kilometer 193,8 auf dem Dempster Highway, GPS: 65.352375, -138.272070, *yukon.ca*
- Eagle Plains Hotel: Kilometer 363 auf dem Dempster Highway, GPS: 66.372110, -136.718662; Tel. +1 867 993 2453, *eagleplainshotel.ca*
- Rock River Government Campground: Kilometer 193,8 auf dem Dempster Highway, GPS: 66.911773, -136.355464; *yukon.ca*
- Nitainlaii Territorial Park Interpretive Centre and Campground: Dempster Highway Kilometer 540,7, GPS: 67.350264, -134.857403, *nwtparks.ca*
- Mackenzie Hotel: Inuvik, 185 Mackenzie Road, gegenüber der Iglu-Kirche, GPS: 68.356716, -133.721770; Tel.+1 867 777 2861, *mackenziehotel.com*

44. Der Robert Campbell Highway

Wer über Watson Lake in den Yukon einreist und nach Ross River oder Faro muss, für den ist der Robert Campbell Highway oder einfacher gesagt der Campbell Highway die richtige Wahl. Wer ihn allerdings durchfahren will bis Carmacks, um von dort aus Richtung Dawson City weiterzufahren, der ist mit dem Alaska Highway und der Route über Whitehorse wesentlich besser bedient. Die ist zwar 30 Kilometer länger, aber viel schneller. Zugegeben, die Zahl derer, die von Watson Lake nach Ross River und Faro, beziehungsweise in der entgegengesetzten Richtung unterwegs sind, hält sich sehr in Grenzen. Man fragt sich also, warum diese Straße überhaupt gebaut wurde. Dazu schauen wir kurz in die Geschichte des 583 Kilometer langen und größtenteils unbefestigten Highways.

Benannt wurde die Straße zu Ehren von Robert Campbell, einem Pelzhändler und Entdecker der Hudson's Bay Company aus dem 19. Jahrhundert. Er war angeblich der ersten Weiße, der gegen 1840 den heutigen Yukon betrat. Bereits zu Anfang der 1960er-Jahre wurde der erste Abschnitt der Allwetterstraße zwischen Watson Lake und Miner Junction als Teil des Straßenzugangs nach Tungsten in den Northwest Territories gebaut. Der Teil östlich und nördlich von Miner Junction ist heute noch als die Nahanni Range Road bekannt. In den späten 1960er-Jahren bis 1971 wurde dann eine Straße gebaut, um Carmacks mit Ross River zu verbinden. Gleichzeitig wurde auch ein Abzweig nach Faro gebaut, um die Blei-Zink-Mine zu bedienen, die dort 1969 eröffnet wurde. Zusätzliche Straßenarbeiten wurden auch zwischen Ross River und Miner Junction in Auftrag gegeben. Die fertiggestellte Straße ergänzte die Canol Road und ermöglichte so einen ganzjährigen Zugang nach Ross River.

Der Campbell Highway ist größtenteils unbefestigt.

Soviel zur Geschichte. Tatsache ist, dass diese unbefestigte Allwetterstraße tatsächlich ganzjährig befahrbar ist, aber kaum frequentiert wird. Für den Yukon-Urlauber bietet der Robert Campbell daher einen tollen und abenteuerlichen Zugang zu einem Teil des zentralen Yukon, abseits der bekannten Traumstraßen. Es ist eine Straße, die landschaftlich schön ist und auf der Tiersichtungen die Regel sind.

Der Campbell Highway von oben

Aber egal von wo Sie starten, den Robert Campbell Highway können Sie nur in Watson Lake oder in Carmacks beginnen. Theoretisch natürlich auch nahe Ross River, aber dazu kommen wir später. Für diese Beschreibung starten wir der Einfachheit halber aus Watson Lake. Die Abzweigung vom Alaska Highway auf den Campbell erfolgt direkt hinter dem bekannten Schilderwald (siehe Tipp 38). Dort ist übriges auch eine Tankstelle. Bitte randvoll tanken, denn die erste Tankmöglichkeit ist Ross River nach genau 371 Kilometern. Die nächste folgt dann in Faro. Das sind dann noch einmal 73 Kilometer mehr.

Also los geht's an der Kreuzung Alaska Highway und Robert Campbell Highway. Der Weg führt ein Stück um den Watson Lake herum. Nach sieben Kilometern kommt auf der rechten Seite eine Abzweigung zum Mount Maichen, dem Skigebiet von Watson Lake mit zwei Liften, sieben Abfahrten, einer Halfpipe und einem Ski-Chalet. Mit so etwas hätten Sie hier sicherlich nicht gerechnet, stimmt's? Der Yukon ist eben immer für eine Überraschung gut. Drei Kilometer weiter geht es links ab zum historischen Flughafen (siehe Tipp 40), aber den haben Sie sich bestimmt schon in den letzten Tagen während Ihres Aufenthalts in Watson Lake angeschaut. Wenn nicht, ist das jetzt eine günstige Gelegenheit.

Blick von oben auf den Frances River

Der Campbell verlässt jetzt bewohntes Gebiet und steigt auf ein bewaldetes Plateau. Die Straße führt fast gerade und mit nur wenigen langgezogenen Kurven Richtung Norden, immer am Frances River entlang. Nach 57 Kilometern überquert man dieses Flüsschen über die France River Bridge. Knapp 25 Kilometer weiter erreicht man den Simpson Lake. Hier gibt es einen schön gelegenen Government Campground. Der Simpson Lake selbst eignet sich hervorragend zum Angeln von Hechten, Forellen und Äschen. Auf der Weiterfahrt nach Norden begleiten einen ständig die Berge der Pelly Mountains und etwas später denn der wesentlich näher gelegenen Campbell Range. Nach 108 Kilometern folgt dann der Abzweig zur Nahanni Range Road.

Bei Kilometer 124 geht es für sechs Kilometer auf Berg- und Talfahrt und die Straße wird ein wenig schmaler. Ein paar Kilometer weiter können Sie in der Ferne auf der linken Seite bereits die zwei Arme des Frances Lakes erkennen. Vom Highway aus bieten sich hier tolle Fotomotive. Bei Kilometer 171 kommen Sie an den Abzweig zum Frances Lake Campground, der ebenfalls wunderschön gelegen ist. Selbst wenn Sie nicht mit dem Camper unterwegs sein sollten und hier keine Übernachtung eingeplant haben, empfehle ich Ihnen, die knappen 1,5 Kilometer hinunter zum See zu fahren und dort eine Pause einzulegen.

Der Campbell Highway führt am Finlayson Lake entlang

Vom Frances Lake dreht sich der bislang nördliche Straßenverlauf eher Richtung Westen.

Noch immer fährt man durch bewaldetes Gebiet und noch immer sieht man rechts und links die Berge der Campbell Range und der Logan Mountains. Die Straße ist jetzt auch nicht mehr ganz so gerade, sondern es schleichen sich mehr und mehr kleine Biegungen ein. Bei Kilometer 194 senkt sich der Highway ins Tal des Finlayson Rivers, dem die Straße bis zum Finlayson Lake folgt. Schon Kilometer vor dem Erreichen des Sees eröffnen sich fantastische Blicke auf den Finlayson Lake. Wieder ein wenig später steigt der Campbell steil an und kommt keine zwei Kilometer weiter an den Finlayson Lake Viewpoint, eine Aussichtsplattform mit Seeblick, Picknick-Tischen und Toilettenhäuschen. Der See liegt übrigens auf einer Höhe von fast 950 Metern.

Nur knapp 20 Kilometer nach diesem See sieht man zur Linken den Pelly River, dem die Straße jetzt letztendlich bis Faro folgt. Auf seinem Weg nach Ross River überquert der Campbell Highway noch den Big Campbell Creek, den Mink Creek, den Hoole River, den Starr Creek und den Ketza River, alles Zuflüsse des Pelly Rivers. Bei Kilometer 354 schließlich, kurz vor Ross River, stößt die South Canol Road auf den Campbell Highway. Acht Kilometer nach der Kreuzung mit der South Canol Road führt eine elf Kilometer lange Straße hinunter nach Ross River, einer 400 Seelen großen Kaska Dena First Nations-Gemeinde, die als Versorgungs- und Kommunikationsbasis für Bergbau und Minenarbeiter der Region dient.

Dennis Shorty in seiner Werkstatt

In Ross River gibt es den Dena General Store, der praktisch alles verkauft, was man hier zum Leben braucht. Ross River ist auch die Heimat von Dennis Shorty, einem Allround-Künstler der Kaska Dena und seiner deutschen Frau Jenny. Er ist Musiker, Meisterschnitzer, Handwerker, Wissensbewahrer und Erzähler traditioneller Kaska-Geschichten, die mündlich von Generation zu Generation weitergegeben werden. Ein Besuch in seinem Studio ist immer ein Highlight.

Doch zurück auf den Campbell Highway. Bei Kilometer 364 kommt man über die Lapie River Bridge, die hier über einen Canyon führt. 100 Meter weiter geht es links ab und hinunter auf den Lapie Canyon Government Campground. Er liegt wunderbar am Canyon und hat schöne Wanderwege zum Lapie River. Der Highway, der hier noch immer nicht geteert ist, führt weiter entlang dem Tal des Pelly Rivers bis zu Kilometer 414, der Abfahrt zur asphaltierten Mitchell Road, die ins neun Kilometer entfernte Faro führt. Kurz vor dem Erreichen des kleinen Örtchens, das in etwa die Größe von Ross River hat, führt die Zubringerstraße einen langgezogenen Berg hinunter. Von hier aus hat man einen tollen Blick auf den Pelly River, die Pelly River Bridge und das gegenüber liegende Faro.

Praktisch direkt am Eingang der Stadt befindet sich die Tankstelle und schräg gegenüber auch das Campbell Region Interpretive Centre mit historischen Ausstellungen, lokalen und regionalen Informationen, kostenlosem WLAN sowie Wanderbroschüren für die Umgebung. Direkt hinter dem Visitor Centre liegt der John Connolly RV Park, der im Interpretive Centre bezahlt werden muss. Besucher ohne Motorhome können für Übernachtungen das Faro Studio Hotel mit Bar und Restaurant sowie einige private Übernachtungsmöglichkeiten mit Frühstück nutzen. Von Faro aus führen viele Wanderwege in die Region, zum Beispiel der 51 Kilometer langen Dena Cho Trail, der auf traditionellen Kaska-Pfaden nach Ross River führt.

Ein paar Kilometer hinter der Ortszufahrt nach Faro ist der Campbell Highway asphaltiert. Er schwenkt jetzt nach Westen ab und verlässt das breite Tal, in das der Pelly River gebettet ist. Bald folgt der Highway dem Magundy River bis hin zum Little Salmon Lake, aus dem der Fluss entspringt. Bei Kilometer 466 hat man einen wunderbaren Blick auf diesen See, an dessen nördlichem Ufer der Campbell entlangführt. Zwei Kilometer weiter führt links ein Weg auf den Drury Creek Government Campground, der wunderschön am Ostende des Little Salmon Lakes liegt.

Bei Kilometer 555, vom Eagles Nest Bluff, einer Aussichtsplattform hoch über einem Abbruch, hat man einen wunderbaren Weitblick auf die Schleifen des Yukon River. Informationstafeln berichten über einen tragischen Unfall eines Schaufelraddampfers, der hier 1906 gesunken ist. Nach 26 weiteren Kilometern trifft der Robert Campbell Highway schließlich am nördlichen Ortsausgang von Carmacks nach 583 Kilometern auf den North Klondike Highway.

INFO

Aktivitäten:

- Ross River Tankstelle und Einkaufsladen: Ross River, Ecke Kaska Road und Canol Road, GPS: 61.979835, -132.447457; Tel. +1 867 969 2280
- Dennis Shorty Arts: Ross River, Barite Street, GPS: 61.981754, -132.455732; Tel. +1 867 969 2296, *dennisshortyarts.com*
- Campbell Region Interpretive Centre and Campground: Faro, 200 Campbell Street in der Stadtmitte, GPS: 62.230532, -133.354823; Tel. +1 867 994 2728, *faro.ca*

Unterkünfte:

- Frances Lake Government Campground: Kilometer 171,4 nahe dem Robert Campbell Highway, GPS: 61.411585, -129.634397; *yukon.ca*
- Lapie Canyon Government Campground: Kilometer 364,5 auf dem Robert Campbell Highway, GPS: 61.986732, -132.607211; *yukon.ca*
- Faro Studio Hotel: Faro, Dawson Drive, GPS: 62.229535, -133.359261; Tel. +1 867 994 3003, *farostudiohotel.ca*
- Campbell Region Interpretive Centre and Campground: Faro, 200 Campbell Street in der Stadtmitte, GPS: 62.230532, -133.354823; Tel. +1 867 994 2728, *faro.ca*
- John Connolly Municipal Campground and RV Park: Direkt hinter dem Campbell Region Interpretive Centre
- Little Salmon Lake Government Campground: Kilometer 501,9 auf dem Robert Campbell Highway, GPS: 62.182197, -134.967594; *yukon.ca*
- Hotel Carmacks & RV Park: Carmacks, Klondike Highway, GPS: 62.089633, -136.282035; Tel. +1 867 863 5221, *hotelcarmacks.com*

45. DIE GROSSE ACHT

Es gibt viele Traumrouten, die Sie in der Yukon-Alaska-NWT-Region in Ihrem Urlaub erleben und erfahren können. Es ist leider immer eine Frage der Zeit. Wer sechs bis acht Wochen unterwegs sein kann, sieht fast alle. Haben Sie nur zwei Wochen Zeit, müssen Sie sich genau überlegen, was Sie sehen und wie viele Kilometer pro Tag Sie fahren wollen. Eine der populärsten Touren verbindet eine Menge Highlights in Alaska und im Yukon. Sie nennt sich „The Big Eight" oder zu deutsch, „Die Große Acht". Der Name kommt von der Route, die wie eine liegende 8 alle diese Highlights verbindet.

In diesem Fall starten wir die Tour in Whitehorse, fahren über Dawson City und Tok/Alaska nach Anchorage, kommen von dort aus nach Fairbanks und fahren dann im Wesentlichen auf dem Alaska Highway zurück in die Hauptstadt des Yukon. Ohne große

Brücke über den Pelly River

Abstecher fahren Sie auf dieser Route etwa 2650 Kilometer. Wie lange Sie an den einzelnen Orten einplanen, ist Ihre Sache. Ich stelle Ihnen hier nur die markantesten Punkte dieser großartigen Acht vor, gewürzt mit ein paar Vorschlägen und Kommentaren meinerseits. Also, los geht's!

Der Fox Lake

Auf dem North Klondike Highway von Whitehorse nach Dawson City: Wir starten von Whitehorse und fahren über den North Klondike Highway nach Dawson City. Die Strecke ist 532 Kilometer lang und kann gut in einem oder maximal zwei Tage gefahren werden. Nach 46 Kilometern erreichen Sie den Fox Lake. Dieser See und sein kleiner Bruder, der kurz darauffolgende Little Fox Lake, sind speziell bei Windstille hervorragende Bildmotive, denn die gegenüberliegenden Berge spiegeln sich wunderbar in ihnen. Nach 89 Kilometern folgt dann der erste Pflichtstopp, die Braeburn Lodge. Man kann sie nicht verfehlen, denn sie liegt markant auf der linken Seite, der Highway ist kerzengerade und auf der rechten Seite verläuft eine kleine Runway.

Nach 164 Kilometern kommt die Northern Tutchone First Nations Gemeinde Carmacks. Hier überqueren Sie den Yukon River und kurz danach stößt der Robert Campbell auf den Klondike Highway. Knapp 23 Kilometer später kommen Sie an die bereits ausführlich beschriebenen Five Finger Rapids (siehe Tipp 15). Sie fahren weiter in die Selkirk First Nation Gemeinde Pelly Crossing. In Pelly Crossing gibt es direkt am Highway eine Tankstelle und ein angebautes Lebensmittelgeschäft. Daneben steht das Selkirk Heritage Centre. Es ist in einem Nachbau des Big Jonathan House von Fort Selkirk untergebracht, und man kann sich dort auf einer selbst geführten Tour über das Erbe dieser First Nation informieren. Das nächste Örtchen, Stewart Crossing, liegt am Stewart River. 20 Kilometer weiter erreicht man die Moose Creek Lodge. Bei Kilometer 460 folgt dann ein weiterer interessanter Rastpunkt auf der rechten Seite. Es ist ein Aussichtspunkt auf den Tintina Trench, Nordamerikas größte Verwerfung. Dieser riesige Graben zieht sich von Alaska über den Yukon nach British Columbia und ist speziell für

Die Five Finger Rapids

Die Moose Creek Lodge

Zugvögel ein wichtiger Korridor. Es gibt hier viele interessante Informationstafeln und bei gutem Wetter hat man einen hervorragenden Weitblick in das Gebiet der Tombstone Mountains.

Kurz danach treffen Sie auf den Klondike River, der Sie jetzt bis hinein nach Dawson City begleitet. 40 Kilometer vor Dawson City kommt dann der Abzweig zum legendären Dempster Highway (siehe Tipp 43). 16 Kilometer vor dem Ziel kommen Sie am Flughafen von Dawson City vorbei und schon bald danach zeigen Ihnen Steinwälle, Überbleibsel der früher eingesetzten Schaufelbagger, den Weg entlang des Klondikes hinein nach Dawson City. Und dort lohnt es sich wirklich, ein wenig zu verweilen.

INFO

Unterkünfte:

- Tatchun Lake Government Camoground: Am Tatchun Lake nahe den Five Finger Rapids. GPS: 60.584754, -136.143808, *yukon.ca*
- Moose Creek Lodge, North Klondike Highway, Kilometer 364,8, GPS: 63.506543, -137.017239; Tel. +1 867 996 2550, *moosecreek-lodge.com*

Über den Top of the World und den Taylor Highway nach Tok (Alaska): Der Top of the World Highway ist ein von Mai bis September befahrbarer, gigantischer, 127 Kilometer langer Asphalt- und Schotter-Highway. Letztendlich ist er ein Gratweg, von Dawson City nach Chicken (Alaska) führend, mit spektakulären Blicken in die unendlichen Weiten des Nordens, eine Straße quasi auf dem Dach der Welt. Wie lange der Top of the World Highway offen ist, bestimmt das Wetter. Wenn die Fähre wegen Eis nicht mehr fahren kann, macht die Grenze zu. Da dieser Highway nicht geräumt wird, bleibt er im Winter definitiv gesperrt!

Der Top of the World Highway

Mit der Autofähre geht es vom nördlichen Ende des Klondike Highways über den Yukon River. Die Fähre ist im Sommer nonstop in Betrieb und kostenlos. Während die ersten Kilometer noch gut asphaltiert sind, trifft man ein wenig später auf wechselnde Straßenverhältnisse. Nach gut 14 Kilometern sehen Sie auf der rechten Seite einen Rastplatz. Ein kurzer Weg von dort führt zu einer Aussichtsplattform mit tollem Blick auf das Yukon River Valley. Der Weg bis zur US-Grenze bietet tolle 360-Grad-Ausblicke. Kurz vor der Grenze steigt die Straße recht steil an und kommt mit 1376 Metern zu ihrem höchsten Punkt. Von hier oben hat man einen tollen Blick auf die am gegenüberliegenden Hügel positionierte Grenze zu Alaska. Sie ist zwischen 8 und 20 Uhr Alaska-Zeit geöffnet und ist die nördlichste Landgrenze der USA.

Der Highway ist nach der Grenze für weitere 14 Kilometer wunderbar asphaltiert. Dann hört der Top of the World Highway offiziell auf und Sie stoßen auf den Taylor Highway, der rechts nach Eagle und links nach Chicken und Tetlin Junction führt. Fahren Sie hier bitte links. In Haarnadelkurven führt der Weg bergab. Nach 174 Kilometer erreichen Sie Chicken. Verpassen Sie auf gar keinen Fall, in Chicken eine Pause zu machen und sich „Downtown Chicken“ und den alten Schaufelradbagger Pedro Dredge No. 4 anzuschauen.

Nicht weit hinter Chicken beginnt eine langgezogene hügelige Berg- und Talfahrt auf einigermaßen gut asphaltierter Straße, die aber immer wieder von unbefestigten Abschnitten unterbrochen wird. Nach 281 Kilometern erreichen Sie schließlich Tetlin Junction und den Alaska Highway, dem Sie nach rechts ins 12,5 Meilen (20 Kilometer) entfernte Tok folgen.

INFO

Downtown Chicken: Chicken, Airport Road, GPS: 64.070981, -141.941880; *chickenalaska.com*

Chicken Gold Camp & Outpost RV Park: Chicken, Airport Road, GPS: 64.071092, -141.939170; Tel. +1 907 782 4427, *chickengold.com*

Von Tok über den Tok Cut-Off und den Glenn Highway nach Anchorage: Sie werden feststellen, dass die meisten Straßen in Alaska ein wenig mehr befahren sind als die im Yukon. Das liegt natürlich auch daran, dass hier mehr Menschen leben als im benachbarten kanadischen Territorium. Die Route zwischen Tok und Anchorage ist, wie der Alaska Highway auch, eine Art Hauptschlagader, die in den Westen nach Anchorage führt. Die Gesamtstrecke führt über 527 Kilometer und ist natürlich an einem Tag zu fahren, aber man kann diese auch gut und gerne in zwei bis drei Tagen genießen. Der erste Teil der Strecke führt über den sogenannten Tok Cut-off 201 Kilometer bis zum Richardson Highway, der dann mit einem 22 Kilometer langen Zwischenstück den Tok Cut-off mit dem weiterführenden Glenn Highway verbindet. Diese gesamte Route bis Anchorage ist asphaltiert und in einem recht guten Zustand.

Ausblick auf den Matanuska River am Glenn Highway

Von der Kreuzung in Tok führt der Tok Cut-Off zuerst einmal pfeilgerade durch bewaldetes Gebiet und folgt später dem Tok River, den er dann nach 43 Kilometern überquert. Die gesamte Gegend ist für Elchbegegnungen bekannt. Nach 90 Kilometern eröffnet sich ein toller Blick auf den 4949 Meter hohen Mount Sanford, der übrigens ein schlafender Vulkan und Teil des Wrangell-St. Elias Gebirges ist. Dieses Gebirge bietet über die nächsten Meilen wirklich schöne Fotomotive.

Aber auch der Tok Cut-Off bietet spektakuläre Ausblicke ins Gebirge und auf die drei Seen der Cobb Lakes, die kurz darauf im Tal vor Ihnen liegen.Ein paar Kilometer weiter, kurz vor dem 88-Seelen-Dorf Chistochina, überqueren Sie den gleichnamigen Fluss, der dem gleichnamigen Gletscher entspringt und hier in den Copper River mündet. Von Chistochina läuft der Highway parallel zu den Windungen des Copper Rivers bis er kurz hinter dem Städtchen Gakona auf den Richardson Highway stößt. Dieser Highway verbindet Fairbanks mit Valdez. Die Big Eight Route führt 22 Kilometer auf diesem recht stark befahrenen Highway bis sie in Glennallen nach rechts auf den Glenn Highway abbiegt.

Von Glennallen aus führt der Highway über knapp 26 Kilometer praktisch kerzengerade entlang der Windungen des Tazlina Rivers und einer Reihe von kleinen Seen. Ab Kilometer 51 kann man in südlicher Richtung den Tazlina Gletscher sehen, dessen Abflüsse den etwa 30 Kilometer langen Tazlina Lake speisen, aus dem letztendlich der Tazlina River entspringt. Bei Kilometer 95 erreichen Sie den 1112 Meter hoch gelegenen Eureka Summit, den höchsten Punkt des Glenn Highways. Vom Eureka Summit haben Sie einen freien Blick auf die Chugach Mountains und Sie können sehen, wie sich der Nelchina Gletscher durch einen Bergspalt ins Tal windet. Im Nordwesten können Sie die Spitzen der Talkeetnas erkennen und weiter westlich sieht man den Highway sich talwärts senken. Sie passieren den Tahneta Lake und ein wenig später den Leila Lake, beide zu Ihrer Linken. Kurz darauf fällt die Straße in westlicher Richtung in einer langen Geraden ab und Sie sehen eine seltsam strukturierte Felskuppel vor sich. Sie ist unter dem Namen Lions Head bekannt.

Blick auf die Chugach Mountains

Im Süden sehen Sie jetzt den gigantischen Matanuska-Gletscher, den Sie sich auf jeden Fall anschauen sollten. Zum Beispiel vom Grand View Café und Campground bei Kilometer 127. Ab Kilometer 161 wird der Highway für etwa 40 Kilometer sehr eng und kurvig und überwindet recht heftige Steigungen. Kurz vor Palmer treffen Sie auf den Abzweig zur Hatcher Pass Road. Hier gilt wieder das Motto: Wenn Sie Zeit und Lust haben, dann fahren Sie diese 79 Kilometer lange Straße, die um den knapp 1200 Meter hohen Hatcher Pass führt. Die Hauptattraktion auf dieser Nebenstraße ist die historische Independence Gold Mine.

Nach 237 Kilometern erreicht der Glenn Highway die Kleinstadt Palmer, die für Ihre alljährliche Veranstaltungen und Märkte bekannt ist. Nicht weit von Palmer entfernt verbindet sich der Glenn Highway dann mit dem Parks Highway und führt von dort aus mehrspurig bis hinein in die Metropole Anchorage.

Der Matanuska River kurz vor Palmer

INFO

Grand View Cafe & RV Park: 22488 West Glenn Highway, GPS: 61.799088, -147.609090; Tel. +1 907 746 4480; *grandviewrv.com*

Glacier Tours on the Matanuska: 66500 S Glacier Park Road, Sutton, GPS: 61.793246, -147.796618; Tel. +1 907 745 2534; *glacier-tours.com*

Knik River Lodge: 29979 E Knik River Road Mile 433 Alaska Highway, GPS: 61.434160, -148.766791; Tel. +1 907 745 5002, *knikriverlodge.com*

Von Anchorage nach Fairbanks auf dem Parks Highway: Je nachdem, wieviel Zeit Sie mitgebracht haben, können Sie die „Big Eight" natürlich mit einem Abstecher nach Whittier, Soldotna oder auch Homer in den Süden Alaskas erweitern. Ein ganz wichtiger Teil der Großen Acht ist aber natürlich die Fahrt über den Denali National Park hoch nach Fairbanks. Die Gesamtstrecke von Anchorage nach Fairbanks beträgt zwar nur 579 Kilometer, aber Sie sollten auf jeden Fall drei bis vier Tage dafür einplanen.

Von Anchorage geht es über den Highway, über den Sie auch gekommen sind, zurück bis zum Abzweig nach Palmer. Sie bleiben dort aber auf dem Parks Highway und fahren in Richtung Wasilla. Mit 9200 Einwohnern ist das knapp 68 Kilometer von Anchorage entfernte Wasilla ebenfalls mit allem ausgestattet, was Sie sich nur denken können.

Restaurant in Talkeetna

Sie aber fahren weiter, entlang dem breiten Tal des Susitna Rivers. Der Parks Highway führt hier oft durch bewaldete Gebiete und durch die Dörfchen Houston und Willow. Der nächste Pflichtstopp auf Ihrem Weg, zu dem Sie den Parks Highway für 24 Kilometer über die Talkeetna Spur Road verlassen müssen, ist Talkeetna.

Die stark touristisch angehauchte Gemeinde mit nicht einmal 1000 Einwohnern ist eine Mischung aus altem Alaska-Charme und modernem Kreuzfahrttourismus. Natürlich kann man in Talkeetna jede Menge erleben, vom Wildwasserfahren über Angeln bis hin

Blick auf den Mount Denali

zum Hundeschlittenabenteuer. Ein Abenteuer, das man von hier aus ebenfalls unternehmen kann, möchte ich doch noch hervorheben, nämlich einen Rundflug um den Mount Denali. Ob mit oder ohne Gletscherlandung ist das ein Abenteuer, das Sie sicherlich nicht vergessen werden.

Der Mount Denali bei einem Rundflug

Zurück auf dem Parks Highway werden Sie auf Ihrer Fahrt nordwärts immer öfter auf schöne Aussichtspunkte mit traumhaftem Denali-Blick treffen. Bei Kilometer 212 erreichen Sie zur Linken die Südgrenze des Denali National Parks und zur Rechten die Südgrenze des Denali State Parks. Der Highway führt jetzt entlang des Chulitna Rivers. Bei Kilometer 280 überqueren Sie die 168 Meter lange Hurricane Gulch Bridge, die in 80 Meter Höhe den Hurricane Creek überbrückt. Knapp 30 Meilen weiter kommt mit dem Broad Pass eine der schönsten Stellen des Parks Highway. Obwohl Sie sich in einem Tal befinden, das an manchen Stellen kahl, an anderen von Fichten bedeckt und umgeben von Berggipfeln ist, überqueren Sie in einer Höhe von 731 Metern die niedrigste Passhöhe aller nordamerikanischen Gebirge. Dieser Punkt ist auch gleichzeitig die Wasserscheide zwischen dem Cook Inlet und dem Yukon River.

Das „größte" Örtchen nahe dem Denali National Park ist das knapp 200 Einwohner zählende Städtchen Cantwell. Von hier aus führt der 216 Kilometer lange Denali Highway ostwärts nach Paxson. Es ist eine unbefestigte Überlandstraße, die ein wenig an den Dempster Highway oder die Canol Road erinnert. Auch auf der 45 Kilometer langen Strecke von Cantwell bis zum Parkeingang befinden sich eine ganze Anzahl an Hotels und RV Campgrounds. Da der Denali National Park mit Sicherheit Alaskas größte Sehenswürdigkeit ist, sollten Sie daran denken, sich schon rechtzeitig um Ihre dortige Unterkunft zu bemühen. Bevor Sie aber den Parkeingang erreichen, überqueren Sie ein paar Kilometer nach Cantwell eine Brücke über den Nenana River. Der Nenana River entspringt dem in der Alaska Range gelegenen Nenana-Gletscher. Er wird für die nächsten 225 Kilometer Richtung Fairbanks Ihr ständiger Begleiter sein. Er ist auch sehr bekannt für seine tollen Rafting-Möglichkeiten.

Bei Kilometer 381 erreichen Sie mit der Abzweigung zur Park Road den Eingang zum Denali National Park. Das sehenswerte Denali Visitor Centre befindet sich etwa zwei Kilometer westlich und hat einen großen Parkplatz (auch für Motorhomes). In den Park führt nur eine 148 Kilometer lange Straße und die dürfen

Touristen im eigenen Fahrzeug nur für zirka 20 Kilometer befahren. Ins Innere des Parks gelangen Besucher nur mit einem der vielen Pendelbusse, die regelmäßig von Mai bis September die Parkstraße befahren, zu Fuß, per Fahrrad oder im Rahmen von geführten Bus-Touren.

Nach dem Besuch des Nationalparks führt Ihr Weg über das Örtchen Healy weiter nordwärts entlang dem Nenana River bis nach Nenana, wo der gleichnamige Fluss etwa 48 Kilometer vor Fairbanks in den Tanana River mündet. Und dann sind Sie auch schon in Fairbanks, der zweitgrößten Stadt Alaskas und dem nördlichsten Punkt der „Big Eight", angekommen.

Im Denali Visitor Centre

Elchbulle im Denali National Park

INFO

Aktivitäten:

- K2 Aviation: 14052 East 2nd Street, Talkeetna, GPS: 62.321240, -150.104484; Tel. +1 907 733 2291, *flyk2.com*
- Bustouren im Denali National Park: Aramark Doyon Limited: Meile 238 Parks Highway, Tel. +1 866 761 6629; *reservedenali.com*

Übernachtungen:

- Talkeetna Alaskan Lodge: 23601 Talkeetna Spur Road, Talkeetna, GPS: 62.307805, -150.095092; Tel. +1 907 733 9500, *talkeetnalodge.com*
- Denali Rainbow RV Park & Motel: Meile 238,6 Parks Highway, GPS: 63.747751, -148.899867; Tel. +1 907 683 7777, *denalirv.com*
- Denali Back Country Lodge: Denali Park Road, Tel. +1 800 808 8068; *alaskacollection.com*

Von Fairbanks nach Delta Junction über den Richardson Highway: Auf Ihrem Weg Richtung Süden nach Delta Junction, dem eigentlichen Ende des Alaska Highways, kommen Sie schon nach knapp 22 Kilometern nach North Pole. Das Städtchen mit dem urigen Namen hat auch eine urige Attraktion, nämlich das Santa Claus House. Im riesigen Verkaufsraum des Ladens ist immer Weihnachten und ob Sie was kaufen oder nicht, das sollten Sie sich anschauen.

Bei Kilometer 138 kommen Sie kurz vor dem Städtchen Big Delta an die Tanana River Bridge und überqueren den Fluss. Zu Ihrer Linken haben Sie dabei einen spektakulären Blick auf die 366 Meter lange Hängebrücke der Trans-Alaska-Pipeline, die zweitlängste Ihrer Art auf den gesamten 789 Meilen der Pipeline, die von Pruedoe Bay im Norden nach Valdez im Süden führt. 16 Kilometer weiter erreichen Sie dann bereits Delta Junction, dem Endpunkt des Alaska Highways. Hier biegt der Richardson Highway nach rechts Richtung Valdez ab, Sie fahren aber gerade aus Richtung Tok und Beaver Creek weiter.

Die Trans-Alaska-Pipeline

INFO

Santa Claus House:
101 St. Nicholas Drive, North Pole,
GPS: 64.755162, -147.343836;
Tel. +1 907 488 2200,
santaclaushouse.com

Von Delta Junction über Beaver Creek und Haines Junction nach Whitehorse: Dies ist der letzte Teil Ihrer „Big Eight". Der gesamte Streckenteil wurde bereits bei der Beschreibung des Alaska Highway (Tipp 42) aufgeführt. Auch hier können Sie je nach Lust und Zeit einen weiteren Streckenteil einfügen, indem Sie in Haines Junction den Haines Highway bis Haines/Alaska fahren, von dort mit der Autofähre nach Skagway übersetzen und dann über den South Klondike Highway nach Whitehorse zurückkehren. Und sollten Sie die Zeit dazu haben, kann ich Ihnen auch diesen Schlenker nur wärmstens empfehlen.

46. An den Wassern des Yukon

Eine echte Alternative zu einem Urlaub mit dem Pkw oder dem Motorhome ist ein Abenteuertrip auf dem Wasser. Das Yukon Territory hat viele Flüsse, die mit dem Kanu oder einem Raft befahren werden können, in jeder Schwierigkeitskategorie und für jeden Geschmack. Vier davon sind sogar sogenannte Canadian Heritage River, also Flüsse des Erbes der First Nations und der ersten Entdecker.

Es sind Flüsse der Kulturen und der Erinnerungen an lange vergangene Zeiten. Sie sorgten für Essen und Trinken und sie waren Transportweg für Handel und Austausch. Ihre Namen sind Alsek, Bonnet Plume, Tatshenshini und natürlich Yukon River und da ein ganz spezieller Teil dieses Flusses, nämlich der sogenannte Thirty Mile. All diese Flüsse sind heute noch Ernährungsquelle für die First Nations und natürlich Abenteuerspielplatz für die interessierten Besucher des Territoriums.

Paddeln auf dem Yukon

Ich möchte Ihnen einen Teil des Yukon River vorstellen, der je nach Ansatz und Geldbeutel in vier bis acht Tagen zu meistern ist. Ausgangspunkt der Reise ist Whitehorse. Am Abend vor Ihrer Abfahrt werden Sie von Ihrem River-Guide mit allen möglichen Informationen und Ratschlägen versorgt, er teilt Sie in Zweier-Gruppen ein, Sie bekommen Ihr Paddel, Gummistiefel, wasserdichte Packsäcke, biologisch abbaubares Toilettenpapier und er instruiert Sie über die kommenden Tagesabläufe. Und keine Angst, Sie brauchen keine Paddelerfahrung zu haben, das lernen Sie spielend am ersten Tag.

Flugzeug mit Kanu auf dem Schwimmer

Je nachdem, wie lange die Reise geplant und beschrieben ist, beginnen Sie Ihre Tour entweder direkt in Whitehorse oder am Lake Laberge Campground. Starten Sie von Whitehorse, kann vor allem der Weg über den etwa 64 Kilometer langen Lake Laberge andauern, speziell bei Gegenwind und hohen Wellen. Das kann Großteils umgangen werden, indem Sie vom Lake Laberge Campground aus starten und sich so zwei Drittel des Sees sparen. Noch besser, abenteuerlicher aber leider auch teurer ist es, sich vom Schwatka Lake mit dem Wasserflieger an den Auslauf des Lake

Paddler bei der Rast

Laberge fliegen zu lassen. Das Kanu wird dann außen auf die Schwimmer und das Gestänge des Flugzeugs gebunden und im Nu und ohne Schinderei ist man am Lower Laberge. Egal, für welche Version Sie und Ihre Gruppe sich entscheiden, das Yukon River-Abenteuer fängt nach einer Übungsstunde mit Ihrem Guide erst so richtig an.

Wahrscheinlich wird Ihr Guide, bevor die Gruppe in den Fluss einfährt, direkt am Auslauf eine kleine Pause einlegen. Es gibt nämlich einen kleinen Rastplatz bei den Überresten des ehemaligen Schaufelraddampfers Casca No. 1, der hier vor Jahrzehnten abgebrannt ist. Wenn Sie von dort lospaddeln, beginnt das wirkliche Flussabenteuer. Der eigentliche „Thirty Mile" ist ein 48 Kilometer langer und relativ enger Flussabschnitt. Er beginnt genau da, wo Sie jetzt lospaddeln und endet in Hootalinqua, wo der Teslin River in den Yukon mündet.

Sie werden sofort bemerken, dass das Paddeln jetzt einfacher wird, denn die Strömung des Yukon hilft mit. Je nachdem wie Ihr Guide den Trip geplant hat wird er den ersten Tag recht leicht gestalten, an einer schönen Stelle anlanden und dann mit Ihnen das Zeltlager aufbauen. Alles wird in Gemeinschaftsarbeit und in Arbeitsteilung unternommen. Einer holt Holz, der andere hilft beim Abtrocknen, der dritte hebt die Grube aus. Der Guide wird auf jeden Fall kochen und sich um das Küchenzelt kümmern.

Am Abend werden Sie ziemlich müde sein. Die ungewohnte Paddelbewegung, das Abenteuer und die frische Luft tun Ihr Übriges. Trotzdem wird alles noch neu für Sie sein und in der Nacht hören Sie jedes Geräusch im Wald. Und Ihre Vorstellungskraft wird hinter jedem dieser Geräusche eine potenzielle Gefahr, wenn nicht gleich einen Bären vermuten. Aber keine Angst, wenn der Guide ruhig schläft, ist keine Gefahr im Verzug.

Abendstimmung am Yukon River

Der Teslin River mündet in den Yukon River

Der zweite Tag wird sicherlich um einiges länger als der erste. Immer, wenn eine Pause an Land gemacht wird, gibt es Erzählungen und Abenteueraustausch. An diesem Abend werden Sie auch schon bedeutend besser schlafen. Sie hören die Naturgeräusche zwar immer noch, sie sind aber nicht mehr so ängstlich wie am Vortag. Ein erholsamer Schlaf ist meist die Folge. An dieser Stelle ein guter Rat von mir. Nehmen Sie ein Bad im kalten Fluss, bevor Sie sich in Ihren Schlafsack hüllen. Der erste Moment ist grausam, aber das Wohlgefühl später ist es allemal wert.

Am dritten Tag läuft bereits alles wie geschmiert. Jeder weiß, was er tun muss, jeder fühlt sich im Kanu wohl. Heute erreichen Sie auch spätestens Hootalinqua, wo der Teslin River in den Yukon mündet. Früher war Hootalinqua ein Fish Camp der Northern Tutchone First Nations und später, während der Goldrausch-Epoche, Flusshalt und Proviantplatz für Goldsucher und Reisende sowohl auf dem Teslin- als auch auf dem Yukon River. Sicher werden Sie da eine Pause machen. Nur etwa 500 Meter weiter machen Sie dann auf Shipyard Island eine zweite Pause und gehen noch einmal an Land. Die Insel inmitten des Yukon River ist ein beliebter Stopp für Fluss-Touristen. Auf der rechten Seite der Insel liegt das Wrack des Schaufelraddampfers SS Evelyn Norcom und überall auf der Insel verstreut findet man Überbleibsel aus der Goldrauschzeit.

Das Wrack der S.S. Evelyn Norcom

Sie sehen also viel, hören viele Geschichten aus der Goldrauschzeit und wenn die Gruppe nach einer längeren Strecke wirklich ermüdet, wird einfach für ein Viertelstündchen der Fluss zur Hilfe genommen. Man bildet mit allen Kanus ein großes Multi-Kanu-Floß und lässt sich einfach treiben, während die Gruppe sich ausruht. Nur einer muss steuern, das ist dann meistens der Guide.

Meist hält Ihr Guide an historischen Orten und erzählt Ihnen, was hier wann geschehen ist. Irgendwann kommen Sie an den Zusammenfluss des Big Salmon River mit dem Yukon. Auch dort werden Sie anlegen. Hier, an der Fluss-Mündung, gab es zur Goldrausch-

Mittagspause an Zufluss des Big Salmon River

zeit eine First Nation-Siedlung und einen Handelsposten. Noch heute sind die Überreste sichtbar. In einer schief stehenden „Barhütte" werden Sie sogar noch alte Schnapsflaschen mit Inhalt bestaunen können. So vergehen die Tage auf dem Fluss und Sie werden zahlreiche Geschichten und Erlebnisse vergangener Touren hören.

Je nachdem mit wem und wie lange Sie gebucht haben, werden Sie entweder in Little Salmon, in Carmacks oder auf einer 18-tägigen Tour auch in Dawson City, abgeholt. Es wird, da bin ich mir recht sicher, nicht Ihre letzte Kanutour gewesen sein.

ALASKA

Agassiz-Gletscher, Libbey-Gletscher und Agassiz-Seen

WILLKOMMEN IN ALASKA!

Alaska ist groß – und es ist großartig, atemberaubend, einzigartig. Der Mythos der „last frontier“, wo die Zivilisation endet und die Wildnis beginnt, ist hier nach wie vor lebendig. Die schieren Dimensionen verlangen Besuchern tiefen Respekt ab: Projizierte man Alaskas Fläche auf eine Landkarte Europas, dann lägen die arktischen Siedlungen am Nordkap, die Alëuten erstreckten sich weit über Irland hinaus in den Atlantik und Südost-Alaska reichte bis Kasan in Russland.

Kaum jemandem würde einfallen, diese europäischen Ziele in einem einzigen Urlaub miteinander zu kombinieren und so gilt es auch für Alaska-Reisende auszuwählen und Schwerpunkte zu setzen. Für Begegnungen mit Bären und Walen, das Erleben indigener Kulturen oder das Entdecken der acht Nationalparks ist eine umfassende Planung wichtig: In Alaska leben auf einer Fläche fünfmal so groß wie Deutschland nur gut 700.000 Menschen und so gibt es nur wenige Straßen oder Bahnstrecken: Flugzeug und Fähre sind hier nach wie vor unentbehrlich.

Alaska gliedert sich in fünf Hauptregionen, die sich nach Klima, Ökosystem, Geologie, Erreichbarkeit und touristischer Vielfalt stark voneinander unterscheiden: Southcentral, Southeast, Southwest, Interior und Far North.

Kenai Fjords National Park

Southcentral Alaska: Mehr als die Hälfte der Alaskaner lebt im Großraum von Anchorage, das sich aufgrund seiner zentralen Lage und guten Flugverbindungen als Startpunkt für viele Reisen durch Alaska anbietet. Neben Alaskas einziger Großstadt zählen das fruchtbare Mat-Su Valley nördlich von Anchorage sowie die Kenai-Halbinsel mit den touristischen Hot Spots Seward und Homer im Süden zu Southcentral. Die beiden Städte sind abwechslungsreich und zudem Ausgangspunkt für Touren in die umliegenden Nationalparks wie dem Kenai Fjords National Park. Aber auch direkt vor der Haustür von Anchorage liegen mit dem Flattop Mountain und der Küstenstraße am Turnagain Arm lohnende Ziele.

Juneau, die Hauptstadt des Bundesstaats Alaska

Southeast Alaska und Inside Passage: Alaskas Südosten ist vom immergrünen subtropischen Regenwald geprägt, der einen Großteil der 1100 Inseln sowie der unzugänglichen Festlandsküste bedeckt. Nur ganz im Norden ist die Region in Skagway und Haines an überregionale Straßen wie den Alaska Highway angebunden, alle anderen Städte verfügen nur über ein kurzes, lokales Straßennetz. Juneau, Alaskas Hauptstadt und zweitgrößte Stadt im Bundesstaat, ist nur aus der Luft oder per Fähre zu erreichen. Gleiches gilt für Sitka – einst Hauptstadt von Russisch-Alaska – und Ketchikan. Diese fünf Städte sind auch die interessantesten im Südosten. Ketchikan weist die größte Vielfalt an indigener Geschichte und Kultur auf und in Sitka ist das russische Erbe präsenter als sonst irgendwo in Alaska. Juneau kommt seiner Hauptstadtrolle eher verschlafen nach (das Parlament tagt nur wenige Wochen im Jahr), punktet aber mit eindrucksvollen Gletschern und als Ausgangspunkt für Bären- und Walbeobachtungen. Auch Haines ist für seine Grizzlys bekannt, während Skagway seine Geschichte vermarktet: Für einen wilden Winter, 1897/98, war der kleine Ort das Tor zu den Goldfeldern des Klondike. Viele der alten Gebäude stehen noch heute und führen Reisende zurück in die Zeiten des Goldrausches.

Braunbären an den Brooks Falls im Katmai National Park

Southwest Alaska: Der Südwesten Alaskas umfasst die Alaska-Halbinsel und die sich anschließende, 1400 Kilometer lange Inselkette der Alëuten. Nur gut 6000 Menschen leben in diesem Gebiet, das durch zahlreiche Vulkane geprägt ist, viele davon noch aktiv. Die zweitgrößte Insel der USA, Kodiak, und der benachbarte Katmai National Park sind die Hauptanziehungspunkte für Reisende. Die urtümliche Landschaft ist ein Paradies für Tiere: Grizzlys, Karibus, Elche, Wölfe und unzählige Vogelarten bevölkern die Region mit Ihren vier großen Wildnis-Schutzgebieten.

Zentralaslaska / Interior: Alaskas Herz trumpft mit zahlreichen Superlativen auf: Der Denali ist mit 6190 Metern Höhe der höchste

Der Denali, der höchste Berg Nordamerikas

Gipfel Nordamerikas, der Wrangell St. Elias National Park ist größer als die Schweiz und gemeinsam mit dem angrenzenden kanadischen Kluane National Park auch Heimat des größten nicht-polaren Eisfeldes unseres Planeten. Eisig sind hier auch die Winter: Während in den drei südlichen Regionen Southcentral, Southeast und Southwest ganzjährig ein eher mildes maritimes Klima herrscht (im Winter kaum Schnee, im Sommer selten über 20 Grad Celsius), sind Zentralalaska und der Norden stark vom kontinentalen Klima geprägt. Temperaturunterschiede von 60 Grad und mehr zwischen den sommerlichen Höchst- und den winterlichen Tiefsttemperaturen sind nicht ungewöhnlich. Die beiden großen Nationalparks ziehen eine Vielzahl von Besuchern an, aber auch Fairbanks zeigt sich immer attraktiver.

Far North / Der Norden Alaskas: Dort, wo die Schotterpisten in die Tundra oder Taiga übergehen, ist Alaska noch lange nicht zu Ende. Mit dem Flugzeug lassen sich Beringsee und arktische Küste erreichen, wo im Sommer die Sonne monatelang nicht untergeht und indigene Siedlungen Begegnungen mit faszinierenden Kulturkreisen ermöglichen, aber auch riesige Karibuherden heimisch sind. Schon im September sieht man hier die Nordlichter.

TOP 10

DER SEHENSWÜRDIGKEITEN IN ALASKA

1 **Denali National Park:** Der Park verkörpert alles, wofür Alaska steht: Unberührte Wildnis mit Bären, Elchen und Wölfen. Dazu die Freiheit, als Wanderer den Flüssen zu folgen, als Radfahrer die grandiose Park Road zu befahren oder das eindrucksvolle Panorama vom Flugzeug aus zu erleben. Ob man das Zelt auf einer Sandbank aufschlägt, mit dem Wohnmobil im Park übernachtet oder sich in einer Lodge zur Ruhe bettet: Über allem thront majestätisch Nordamerikas höchster Gipfel, Denali, „Der Großartige" in der Sprache der Athabasken.

2 Bären und Wale: Im dünn besiedelten Alaska finden Grizzlys, Eisbären und Schwarzbären, aber auch Buckel-, Schwert-, Grau- und Beluga-Wale noch ausreichend natürlichen Lebensraum und intakte Ökosysteme. Bären und Wale in deren ureigenem Habitat zu sehen: das steht auf der Wunschliste vieler Reisender. Nirgendwo sonst auf der Welt sind die Möglichkeiten so vielfältig, mit etwas Planung einzigartige Begegnungen mit diesen eindrucksvollen Tieren zu erleben, darunter auch die Kodiakbären, die größten Braunbären des Planeten.

3 Alaska Marine Highway System: Wo sonst stoppt ein Fährschiff, wenn Wale oder Eisberge in Sicht kommen? Die staatlichen Alaska-Fähren verbinden die ans überregionale Straßennetz angeschlossenen Städte Homer, Whittier, Valdez, Haines und Skagway mit 30 weiteren abgelegenen Orten auf den Inseln Alaskas und an unzugänglichen Abschnitten der Festlandsküste. Eine Fährpassage – ob eine Stunde, einen Tag, eine Woche – zeigt das authentische Alaska und ermöglicht abwechslungsreiche Begegnungen mit den Einheimischen. Restaurants, Kabinen, Sonnendecks sorgen für alles Notwendige auf den oft über 50 Jahre alten rustikalen Fährschiffen.

4 **Sitka:** Nur in Sitka sind die drei großen Kulturen Alaskas – die indigene, die russische und die US-amerikanische – in gleichem Maße präsent. Das russische Erbe ist bis heute lebendig; das Sheldon Museum umfasst wohl die vielfältigste völkerkundliche Sammlung des gesamten Nordwestens. Das moderne Sitka bietet Begegnungen mit Bären und Greifvögeln sowie mit der marinen Lebenswelt – aber auch mit Craft-Beer-Brauereien und exzellenter Gastronomie nach einem Tag auf den zahlreichen Wander- und Radwegen der Region.

5 **Skagway:** Einen wilden Winter lang war Skagway 1897/98 das Tor zu den Goldfeldern am Klondike. Diese Zeit ist in der Siedlung am Lynn Canal noch heute präsent: Saloons und Holzbürgersteige, historische Sightseeing-Busse und die verwegene Bahnfahrt mit der White Pass & Yukon Route Railroad entlang der Felshänge: Skagway verbindet seine Geschichte und den modernen Tourismus auf geschickte Art. Die wohl beste Art, in das Flair des Goldrausches einzutauchen, bietet eine mehrtägige Wanderung auf dem spektakulären Chilkoot Trail.

6 **Anchorage:** Lachswanderungen am Ship Creek mitten in der Stadt, ein Hausberg im Herzen der Wildnis und ein Radweg an der Küste, der in fünf Minuten von der Kreditkarten-Zone in die Elch-Zone führt: Anchorage ist eine (fast) ganz normale US-Großstadt und zugleich tief verwurzelt in der umgebenden Natur Alaskas. Keine andere US-Metropole bietet so viel Outdoor-Erlebnis vor der Haustür. Zudem ist Anchorage ideales Basislager für Tagestouren in die Umgebung.

7 **Alaska Railroad:** Die vor hundert Jahren fertiggestellte Alaska Railroad bietet noch heute die beste Möglichkeit, die grandiose Landschaft zu erleben und von den offenen Plattformen und Aussichtswagen zu genießen. Die beeindruckenden Tagestouren von Anchorage nach Seward, Whittier und über Denali nach Fairbanks sind die entspannteste Art, durch Alaska zu reisen – und dabei mit Gleichgesinnten aus Alaska und aller Welt ins Gespräch zu kommen.

8 **Glacier Bay National Park:** Kein anderes Land bietet eine solche Vielfalt an bequem zugänglichen Gletschern wie Alaska. Und doch überragt der Nationalpark in der Glacier Bay, nicht weit von Juneau, alle anderen in Alaska an schierer Größe und Faszination. Die wilde Schönheit der kalbenden Gletscher lässt Reisende ehrfürchtig staunen – und zugleich schaudern, wenn der Klimawandel sich bei der Arbeit zusehen lässt.

9 **Juneau:** Das riesige Juneau Icefield beschert der Stadt den Mendenhall-Gletscher, einen See und einen Fluss, auf dem Rafting angeboten wird. Dazu kommen hunderte Kilometer an Wander- und Radwegen und – als ob all das noch nicht genug Outdoor-Attraktionen seien – die perfekte Lage als Startpunkt für Walbeoachtungen in der Meeresstraße Icy Strait sowie für Touren zu den Grizzlys auf Admiralty Island. Als Alaskas Hauptstadt bietet Juneau zudem mehrere exzellente Museen zu den indigenen Kulturen und zur Geschichte Alaskas.

---

10 **Flug mit einem Wasserflugzeug:** Wo das Straßennetz endet, ist das Wasserflugzeug auch heute noch Verkehrsmittel Nummer Eins in Alaska. Seen und Küsten ersetzen die fehlenden Landebahnen. Ob Sightseeing-Flug, traditioneller Postflug oder der Transport zu einer einsamen Blockhütte: Ein Flug in den robusten DHC Beaver und Cessnas, die oft mehr als 50 Jahre auf dem Buckel haben, gehört zu einer Alaska-Reise unbedingt dazu.

KURIOSES & BESONDERHEITEN

AUS ALASKA

Westlichster Punkt der USA: Dass sich mit Point Barrow am arktischen Meer der nördlichste Punkt der USA in Alaska befindet, war erwartbar. Wer beim westlichsten Punkt der USA auf Hawaii tippt, liegt falsch, denn die Alëuten erstrecken sich noch weiter nach Westen, und zwar über den 180. Längengrad hinaus: Das macht dann Pochnoi Point auf der jenseits der Datumslinie gelegenen Insel Semisopochnoi sogar zum östlichsten Punkt der USA!

Fliegen ist in Alaska fast so selbstverständlich wie bei uns das Autofahren: Fast jeder fünfzigste Alaskaner hat einen Pilotenschein und Lake Hood in Anchorage ist der geschäftigste Flughafen für Wasserflugzeuge weltweit: Mehr als 800 Starts und Landungen finden hier jeden Tag statt. Mit Auto oder Fahrrad kann man mitten durch den Flughafen durchfahren oder man genießt den Ausblick vom Alaska Aviation Museum direkt am Ufer des Sees. In den wohlhabenderen Vororten Anchorages ist es üblich, dass sich ein Dutzend Villen eine Landepiste hinter den Häusern teilen.

Katholischer Heiligenschrein: Alaska verbindet man nicht unbedingt mit ausgeprägtem Katholizismus, doch nördlich von Juneau haben Gläubige in den 1930er Jahren einen Heiligenschrein zu Ehren der Schutzheiligen Alaskas, der Karmeliter-Nonne Therese, erbaut. Die Kapelle aus Ufersteinen steht auf einer kleinen Halbinsel und wird von der Kirchengemeinde Juneaus mit finanzieller Hilfe von Katholiken aus der ganzen Welt in hervorragendem Zustand gehalten.

Mukluk Land: Am Alaska Highway, genauer gesagt: in Tok, liegt „Mukluk Land", Alaskas sehr freie Interpretation eines Freizeitparks. George und Beth Jacobs führen Besucher gerne durch ihre skurrile Sammlung, die George in Jahrzehnten zusammengetragen hat, darunter ein Weihnachtsmann-Raumschiff auf Rädern, ein Puppen-Mausoleum, ein Trampolin-Iglu und eine Sammlung von Plumpsklos …

Der „Eisige Vorhang": Im kalten Krieg trennte nicht nur der Eiserne Vorhang Ost und West, sondern auch der „Eisige Vorhang": Mitten in der Beringsee liegen weitab vom Festland die Inseln Little Diomede Island (USA) und nur zwei Kilometer weiter Big Diomede Island (Russland). Nicht nur die Staatsgrenze, sondern auch die internationale Datumsgrenze trennt die beiden Inseln: Russland ist 21 Stunden voraus …

Die Staatsflagge Alaskas: Die markante Staats-Flagge Alaskas mit Polarstern und Großem Wagen auf blauem Grund ziert heute viele Gebäude, T-Shirts und Postkarten. Entworfen wurde sie 1927 vom damals 13-jährigen Benny Benson. Der Entwurf begeisterte so, dass er auch 1959 beim Beitritt Alaskas als Bundesstaat beibehalten wurde.

Skurrile Gesetze: Wie in anderen US-Bundesstaaten auch, so finden sich auch in Alaska zahlreiche eher skurrile Gesetze. Nicht überraschend ist, dass einige von diesen sich auf die hier weit verbreiteten Elche beziehen. So ist es bei Strafe verboten, Elchjägern ins Ohr zu flüstern. Ebenso wenig darf man Elchen Bier zu trinken geben und es ist auch untersagt, Elche aus einem Flugzeug zu werfen. Nun gut: Das sollte man auch in anderen US-Bundesstaaten nicht unbedingt tun ... Bei anderen Gesetzen stellt sich die Frage, wer hier vor wem beschützt werden muss: So ist es verboten, einen Bären aufzuwecken, um mit ihm ein Selfie zu machen ...

100 aktive Vulkane: Große Teile Alaskas liegen auf dem „pazifischen Feuerring“: 100 aktive Vulkane prägen Alaskas Landschaft. Von den acht schwersten jemals weltweit verzeichneten Erdbeben fanden drei in Alaska statt. In Anchorage und Valdez lassen sich die Spuren des Karfreitagsbeben von 1964 noch heute entdecken, nicht überraschend bei einem Beben der Stärke 9,2 auf der Richter-Skala. An einem Frühlingsmorgen 1974 erschraken die Einwohner Sitkas, als sie aus dem Krater des nahen Mount Edgecumbe dichte, schwarze Rauchwolken aufsteigen sahen, und rechneten mit einem baldigen Ausbruch des Vulkans. Erst Stunden später kam die Wahrheit heraus: Ein örtlicher Spaßvogel namens Porky Bickar hatte heimlich hunderte alte Autoreifen per Hubschrauber in den Krater geflogen und in Brand gesetzt. Das genaue Datum? Na klar: Der 1. April ...

„Nordlicht-Hauptstadt" der Welt: Im Schnitt kann man in Fairbanks an 243 Tagen im Jahr Polarlichter beobachten. Nicht im Hochsommer, wenn es auch hier nicht richtig dunkel wird, aber schon ab Ende August hat man gute Chancen, das Himmels-Spektakel zu erleben.

Eigene Zeitzone: Bis 1983 gab es im riesigen Alaska gleich vier Zeitzonen. Dann wurde vereinheitlicht: Ganz Alaska liegt nun in der Alaska Time Zone, den größten Teil des Jahres zehn Stunden hinter Mitteleuropa. Für Alaskas Behörden und Verwaltung mag die Regelung hilfreich sein – im Verhältnis zu den Nachbarn ist sie nicht immer logisch: Wer in Skagway auf dem Klondike Highway startet, muss an der Grenze zu British Columbia seine Uhr eine Stunde vorstellen – und wenige Kilometer weiter, an der Grenze zum Yukon, im Winter erneut eine weitere Stunde. Aber wer hier unterwegs ist, bringt besser ohnehin genug Zeit mit ...

Der Süden Alaskas

Kenai Fjords National Park

Der Süden Alaskas

USA
KANADA
ALASKA
YUKON
55
58
58
Anchorage
Whitehorse
52
51
47
50
BRITISH
COLUMBIA
Juneau
48
48
49
48
Golf von
Alaska
54
Chugiak
Anchorage
53
Beluga
57
Whittie
Kenai
Soldotna
Cook-
Bucht
57
56
Seward
Ninilchik
57
59
Homer
Seldovia
Golf von
Alaska

47. Glacier Bay National Park: Mit dem Lufttaxi in den Nationalpark

Weltnaturerbe, Biosphärenreservat, Nationalpark – die „Bucht der Gletscher" steht unter vielfachem Schutz und trägt ihren Namen zu Recht: Über 50 aktive Gletscher bedecken den Glacier Bay National Park; einige reichen bis zu den Fjorden hinunter. Regelmäßig brechen tonnenschwere Eiswände mit mehr als 50 Metern Höhe ab – ein eindrucksvolles Naturschauspiel.

Die 90 Kilometer lange Bucht mit ihren zahlreichen Meeresarmen ist Höhepunkt so mancher Kreuzfahrt durch Südost-Alaska. Doch nur zwei Kreuzfahrtschiffe pro Tag erhalten die Lizenz zum Befahren des Nationalparks. Wer dagegen individuell durch Südost-Alaska reist, startet meist in Juneau: Ab hier fliegt Alaska Airlines täglich mit einer großen Linienmaschine nach Gustavus. Allerdings liegt auch Juneau noch abseits der Routen vieler Reisenden,

Eiswelt am Margerie Glacier

die Alaska per Mietwagen und Wohnmobil entdecken. Gehören Sie in diese Gruppe, dann starten Sie am besten am kleinen Flugplatz in Haines (siehe Tipp 51), das mit dem überregionalen Straßennetz verbunden ist.

Mit der „Beaver" in den Nationalpark

Paul Swanstrom ist Inhaber und Chefpilot zugleich von Mountain Flying Service: Seit 1992 fliegt er Reisende von Haines zu allen Zielen der Region mit seiner siebensitzigen DHC Beaver. Die Großartigkeit dieser einzigartigen Gletscher-Landschaft erschließt sich am besten, wenn man den Nationalpark sowohl aus der Luft als auch (später) vom Wasser aus entdeckt. Mit einer Fläche größer als das Bundesland Tirol sind die Distanzen innerhalb des Nationalparks groß, die Eindrücke zahlreich und vielfältig. Schon auf dem direkten Flug über den East Arm nach Gustavus ist das Panorama eindrucksvoll. Gegen Aufpreis lässt sich die Tour noch um den West Arm der Bucht erweitern sowie um weitere Optionen: Je nach Wetter werden dann auch Landungen am Strand oder auf einem Gletscher möglich. In jedem Fall ergeben sich atemberaubende Blicke über die Eiswelten im Nationalpark.

Nach der Landung in Gustavus, am Rande des Glacier Bay National Park, bietet die Glacier Bay Lodge einen kostenfreien Transfer nach Bartlett Cove. Es bleibt noch Zeit für eine abendliche Wanderung oder einen Vortrag der Park Ranger. Am nächsten Morgen startet an der Lodge ein Katamaran zur Glacier Bay Day Tour. Der Park wird dabei fast in ganzer Länge befahren, von Bartlett Cove bis zum Margerie-Gletscher, wo man mittags das Abbrechen großer Teile des Gletschers beobachten kann, das sogenannte Kalben. Unterwegs wird immer wieder gestoppt, um Seelöwen, Seehunde und Wasservögel zu beobachten; auch Bären am Ufer oder Bergziegen hoch oben an den Hängen werden oft gesichtet.

Als James Cook und George Vancouver Ende des 18. Jahrhunderts erstmals in die Region kamen, gab es diese Bucht noch gar nicht; die Vergletscherung reichte noch bis zur Icy Strait. 1879 erkundete der schottische Naturwissenschaftler und Schriftsteller John Muir als erster Europäer die Glacier Bay – da hatte sich das Eis schon mehr als 70 Kilometer zurückgezogen. 1925 wurde die Region als National Monument unter Schutz gestellt, 1980 erweitert und zum Nationalpark erhoben; 1992 folgte der Status UNESCO-Weltnaturerbe.

Mit dem Katamaran zum Margerie Glacier

Nicht alle Gletscher im Park schrumpfen, manche verlieren an Höhe, nehmen dafür aber in der Länge zu, und einige wenige vergrößern sogar ihr Volumen. Der Rückgang des Eises im Muir Inlet und im West Arm wird durch natürliche Zyklen verursacht, aber durch die vom Menschen verursachte Klimaerwärmung beschleunigt.

Bereit zur Kajaktour in den Muir Inlet

Wer mehr von dieser faszinierenden Landschaft sehen möchte, kann ein Kajak mieten und auf das Ausflugsschiff mitnehmen. Unterwegs lässt man sich für ein paar Tage absetzen und später wieder abholen. Oft wird hierfür der Muir Inlet gewählt, da in diesem Meeresarm keine Motorboote zugelassen sind.

Wer es eilig hat, kann nach der Tour noch am gleichen Abend von Gustavus nach Juneau fliegen. Intensiver wird das Erlebnis, wenn man noch einen Tag dranhängt, um bei Vorträgen der Ranger mehr zu erfahren und selbst bei einer Wanderung an die Eiskante zu entdecken, wie Flora und Fauna die von den Gletschern freigegebenen Flächen zurückerobern.

Für den Rückweg bietet sich der Flug der Alaska Airlines nach Juneau an. Alternativ kann man zweimal pro Woche von Gustavus per Fährschiff nach Juneau weiterreisen. Das ist die empfehlenswertere Variante, denn auf den letzten Seemeilen vor Ju-

Gewaltige Dimensionen: ein Schlauchboot vor dem Gletscher

neau hat man so den schönsten Blick auf den Mendenhall Gletscher. Von Juneau führen tägliche Flug- und Fährverbindungen durch den eindrucksvollen Fjord des Lynn Canals zurück nach Haines.

INFO

Lage: Haines ist mit Auto und Wohnmobil über die Haines Road aus dem kanadischen Yukon erreichbar. Die Fähren des Alaska Marine Highway System verbinden Haines fast täglich mit Juneau (sechs Stunden Fahrzeit) und Skagway (eine Stunde), sowie Juneau zweimal pro Woche mit Gustavus (sechs Stunden), *dot.alaska.gov/amhs*.

Flug: Mountain Flying Service bietet ab dem kleinen Flugplatz in Haines Rundflüge über die Gletscher, aber auch Oneway-Flüge nach/von Gustavus, die Flightseeing und Transport kombinieren, Tel. +1 907 766 3007, *mountainflyingservice.com*

Unterkunft: Die Glacier Bay Lodge ist die einzige Unterkunft im Nationalpark, außer einem Zeltplatz. Einfache DZ mit Du/WC, aber ohne Fernseher. Ende Mai bis Anfang September, Tel. +1 907 697 4000, *visitglacierbay.com*.

Information: Das Infozentrum des Nationalparks befindet sich in der Glacier Bay Lodge. Ende Mai bis Anfang September geöffnet: *nps.gov/glba*

Boots-Tour: Die Glacier Bay Day Tour startet von Ende Mai bis Anfang September täglich um 7 Uhr und kehrt gegen 15:30 Uhr zurück: *visitglacierbay.com/tours/glacier-bay-day-tour/*

Rückreise:

- Mit Alaska Airlines täglich am späten Nachmittag von Gustavus nach Juneau, *alaskaair.com*.
- Mit dem Fährschiff mehrmals wöchentlich ab Gustavus, meist montags und donnerstags, sechs Stunden, *dot.alaska.gov/amhs/*

Website: *nps.gov/glba*

48. Alaskas Ocean Highways: Inselhüpfen mit den „Blue Canoes"

Mehr als 1100 Inseln umfasst der Alexander-Archipel, zwischen Glacier Bay im Norden und Dixon Entrance im Süden. Fünf Nationalparks, kleine Städte, Gletscher, Wasserfälle und der Regenwald prägen diese einzigartige Region, die man am besten an Bord der Fährschiffe des Alaska Marine Highway System erlebt.

Mit dem Fährschiff durch Alaskas Inside Passage

„Achtung: Das Schiffshorn wird ertönen!" wird noch vorgewarnt, dann dringt auch schon der tiefe Ton durch Mark und Bein. Die „MV Columbia", das Flaggschiff des Alaska Marine Highway Systems, schiebt sich an den Pier in Ketchikan.

Die Kleinstadt auf Revillagigedo Island ist der südlichste Anlaufhafen der Fähren in Alaska und nennt sich daher auch Alaskas First City. Wer hier aus Süden kommend anlegt, ist entweder in

Ketchikan: selbsternannte Lachsfang-Hauptstadt der Welt

Bellingham bei Seattle oder im kanadischen Prince Rupert an Bord gegangen. Vom Hafen ist man in 20 Minuten zu Fuß an den historischen Pfahlbauten der Creek Street und an der Fischtreppe, wo sich im Spätsommer der Zug der Lachse beobachten lässt. Mit dem stündlichen Stadtbus sind die beiden State Parks Saxman und Totem Bight schnell erreicht. Hier, an der Schnittstelle der indigenen Nationen der Haida, Tlingit und Tsimshian, ist das kulturelle Erbe besonders reich: Totempfähle und Langhäuser können besichtigt werden; die „Carver" lassen sich beim Hobeln an neuen Totempfählen gerne über die Schulter sehen. Ketchikan ist auch Ausgangspunkt für Touren in das Schutzgebiet des Misty Fjords

Sitka, Blick vom Baranof Castle

National Monument, eine atemberaubende Landschaft aus steilen Fjorden, Granitfelsen und grandiosen Wasserfällen.

Wrangell, der nächste Hafen ein paar Stunden weiter, ist Startpunkt für Touren in den Wrangell-St. Elias Nationalpark, den wilden Stikine River hinauf oder zum LeConte-Gletscher. Dramatisch ist die sich anschließende Passage nach Petersburg durch die 35 Kilometer lange Meerenge der Wrangell Narrows: Die teils nur 30 Meter breite Meeresenge mit ihren 65 abrupten Richtungswechseln trägt den Spitznamen Pin Ball Alley – Flipper-Allee. Petersburg selbst ist einer der größten Fischereihäfen Alaskas mit norwegischen Wurzeln, einem netten Museum und traumhaften Routen für Radfahrer. Zudem gibt es mehrere Hütten der Forstverwaltung, die auf fantastischen Wanderwegen zu erreichen sind.

Sitka, Sheldon Jackson Museum

Sitka auf Baranof Island bietet Alaskas russisches Erbe und erneut viel indigene Kultur: Schon im 19. Jahrhundert trug der Anthropologe Sheldon Jackson Kulturgüter und Alltagsgegenstände aus dem ganzen Nordwesten hier zusammen, die heute im gleichnamigen Museum zu besichtigen sind. Der Sitka Natio-

Ketchikan, Saxman State Park

nal Historical Park bietet weitere interessante Begegnungen mit den indigenen Nationen Alaskas und die umgebenden Berge sind ein großartiges Wandergebiet. Zwischen Sitka und Juneau liegen kleinere Häfen, die nur gelegentlich angefahren werden, so Tenakee Springs mit seiner heißen Quelle und Angoon auf Admiralty Island, der Insel mit der größten Populationsdichte von Grizzlys weltweit. Gustavus ist Ausgangspunkt für Touren durch den Glacier Bay National Park (siehe Tipp 47), Juneau dagegen ein nicht nur vielfältiger, sondern auch sinnvoller Abschluss des Inselhüpfens, da der Flughafen viele Möglichkeiten zur Weiterreise bietet.

Ketchikan, Totem Bight State Park

An Bord der Fähren mit ihrem charakteristischen blauen Rumpf – daher Blue Canoes – gibt es Kabinen, Duschen und ein Selbstbedienungs-Restaurant, wo dreimal täglich frisch gekocht wird. Das war es dann auch schon; mehr braucht man aber auch nicht, denn die Ausblicke von der Lounge und den offenen Decks sind grandios und mit den Mitreisenden kommt man schnell ins Gespräch. Wem die Kabinen zu teuer sind, der darf auch gerne seinen Schlafsack in der Lounge ausrollen oder schläft in einem der Liegestühle auf dem geschützten Oberdeck unter Heizstrahlern. Ja, sogar sein Zelt darf man hier aufschlagen.

In den größeren Häfen liegen die Schiffe drei, vier Stunden – genug für eine Stippvisite. Oder man geht von Bord, bleibt ein,

Petersburg, Fischereizentrum der Region

zwei Tage und reist mit dem nächsten Schiff weiter. Insel-Hüpfen Alaska Style.

Schon kurz nach dem Ablegen ist die Gelassenheit an Bord zu spüren. Die Reisenden haben sich eingerichtet und die Crew ist in ihrer Routine: Über Lautsprecher weist der Kapitän auf Wale an Steuerbord hin; kurz danach ruft der Küchenchef zum Abendessen. Der sonore Schiffsdiesel der Fähre liegt über allem; mit 17 Knoten geht es zum nächsten Hafen, mal sechs Stunden, mal einen Tag entfernt. Auf dem Highway, mitten durch Alaska.

INFO

Fähren: Die Routen ergänzen und überlagern sich: Die beiden Hauptrouten führen von Bellingham (bei Seattle) sowie dem kanadischen Prince Rupert über Ketchikan, Wrangell, Petersburg, Juneau und Haines nach Skagway. Einzelne Fähren bedienen Sitka. Ab Juneau verkehren Tagesfähren zu weiteren Orten. Fahrpreise je nach Länge und Vorausbuchung. Kabinen kosten einen Festpreis, unabhängig von der Anzahl der Personen. Das Übernachten in den Lounges oder an Deck sowie die Duschen sind kostenlos. Nimmt man das Auto mit, wird es deutlich teurer, *dot.alaska.gov/amhs.*

Anreise: Condor fliegt von Frankfurt mehrmals wöchentlich nach Seattle und Anchorage. Von beiden Flughäfen startet der Condor-Partner Alaska Airlines täglich mehrmals nach Ketchikan, Wrangell, Petersburg, Sitka und Juneau und das zu sehr günstigen Durchgangstarifen. So kann man z. B. von Frankfurt über Seattle nach Ketchikan reisen, dort aufs Fährschiff nach Petersburg oder Sitka wechseln und von dort nach Juneau weiterfliegen, *condor.com.*

Websites:

- *visit-ketchikan.com*
- *wrangell.com/visitors*
- *petersburg.org*
- *visitsitka.org*
- *traveljuneau.com*

49. Prince of Wales Island: Hütte am See mit Ruderboot

Die drittgrößte Insel der USA bietet ungezähmte Landschaft, reiche Tierwelt und abwechslungsreiche Unterkünfte. Wer sich auf die Insel, ihre Bewohner und deren Lebensart einlässt, entdeckt eine Region, die noch heute im Gedanken der Last Frontier, der letzten Grenze der Zivilisation, fest verankert ist.

Im Landeanflug auf Prince of Wales Island

Nur das Knarzen der Holzbohlen stört die morgendliche Stille. Hinter mir der Urwald aus Fichten, Zedern und Hemlocktannen. Vor mir der kleine Sweetwater Lake, voller Forellen und Lachse. Am Strand das Ruderboot: 800 Meter sind es auf die andere Seeseite, dann noch einmal 200 Meter zu Fuß zu unserem Mietwagen, der gefühlt aber viel weiter weg ist. Unsere Hütte bietet Platz für sechs, einen Ofen und natürlich diese traumhafte Lage auf Prince of Wales Island.

Die Insel liegt abseits der touristischen Hauptroute durch Südost-Alaska – aber genau das macht ihren Reiz aus. In den Dörfern Klawock, Craig und Thorne Bay findet man das Nötigste: General

Blick auf Craig

Store, Tankstelle, eine Handvoll Unterkünfte – fertig. Früher waren es vor allem Sportfischer, die es in die Fishing Lodges zog. Inzwischen kommen auch Reisende, die das authentische Alaska mit Ruhe und Abgeschiedenheit erleben möchten. Das alles findet man auch in den zahlreichen Blockhäusern der Forstverwaltung hier auf der Insel.

Tagsüber gibt es viel zu entdecken: Die Haida und Tlingit haben ihr kulturelles Zentrum in Hydaburg. Nicht weit entfernt liegt der Dog Salmon Fish Pass: Im August ziehen Lachse hier in den Bach ihrer Geburt. Von einer Aussichtsplattform lassen sich Bären und Fische in der Bachmündung auf der Westseite gut beobachten. Im

Urlaubstraum: Ruderboot am See

Zugangstreppe zur El Capitan Cave

Feuchtgebiet 12 Mile Estuary lassen sich ganzjährig Rotwild und Schwarzbären sowie zahlreiche Wasservögel erspähen. Im Frühjahr und Herbst ziehen Kraniche und andere Zugvögel durch.

In Klawock steht das Heritage Center mit einem Langhaus und einer Holzwerkstatt, in der Totempfähle gehobelt und geschnitzt werden. Nachdem die historischen Totempfähle in Tuxekan, einem Dorf der Heenya Kwan, verrotteten, wurden diese originalgetreu nachgeschnitzt und zur Erinnerung hier im Totem Park aufgestellt. In den letzten zehn Jahren kamen weitere hinzu, so dass hier derzeit 21 Totempfähle stehen – die größte Sammlung der Insel.

Im Karstgestein des Inselnordens liegt El Capitan, eines der größten Höhlensysteme im pazifischen Nordwesten. Ranger der Forstverwaltung führen Besucher in die faszinierende Unterwelt der Insel. Anschließend zieht es viele Reisende in die Wärme, an den

Strand: Die Sandy Beach Road, eine raue Piste, führt am Ufer der Clarence Strait entlang zum Carrot Beach. Vom kleinen Picknickplatz aus kann man oft Buckel- und Schwertwale sowie Seelöwen und Robben beobachten. Fischreiher und Weißkopfseeadler sind hier heimisch, im Herbst sieht man Trompeterschwäne. Dazu bietet die Picnic Area bei Ebbe Tide Pools, wo man das Meeresleben in den Salzwassertümpeln beobachten kann. Der Aufbruch fällt schwer, aber es steht ja noch eine Ruderpartie an, zurück zur Hütte ...

INFO

Anreise: Startpunkt ist Ketchikan. Die grün-rot-weißen Inter-Island Ferries fahren einmal täglich von hier nach Hollis auf Prince of Wales Island und zurück, *interislandferry.com.* Alternativ kann man mit Island Air Express oder Taquanair mehrmals täglich von Ketchikan nach Prince of Wales Island fliegen, *islandairx.com, taquanair.com.*

Theoretisch kann man den Mietwagen von Ketchikan aus auf der Fähre mitnehmen – sinnvoll ist das nicht, aufgrund der Kosten und der rauen Schotterpisten auf der Insel. Besser bestellt man ein Fahrzeug ab Fähre/Flughafen, z. B. bei D.J.'s Alaska Adventure Rentals, *harentals.com.*

Aktivitäten:

- Carrot Beach: Etwa eine halbe Autostunde nördlich von Thorne Bay, GPS 55.758940, -132.493915.
- Höhle El Capitan: 111 Kilometer nördlich von Klawock. GPS 56.162617, -133.321130. Anmeldung notwendig: Tel. +1 907 828-3304, *fs.usda.gov/recarea/tongass/recarea/?recid=78642*

Unterkünfte: Der US Forest Service vermietet Cabins. Schlafsack und Brennstoff muss man mitbringen. Manche sind nur per Wasserflugzeug erreichbar, bei anderen wiederum parkt man das Auto und rudert dann zur Hütte, wie am Sweetwater Lake, *fs.usda.gov/recarea/tongass/recreation/camping-cabins/recarea/?recid=78615&actid=101*

Website: *visitpow.com*

50. DER PERSEVERANCE TRAIL: JUNEAUS ÜBERRASCHENDES HINTERLAND

Kaum ein Sommertag, an dem nicht drei, vier große Kreuzfahrtschiffe in Juneaus Hafen liegen. Doch schon nach wenigen Minuten Fußweg kann man die Souvenirläden und die meisten Kreuzfahrtgäste hinter sich lassen.

Russisch-orthodoxe Kirche Saint Nicholas

Vom bekannten Red Dog Saloon am Hafen führt der Weg am Alaska State Capitol und der russisch-orthodoxen St. Nikolaus-Kapelle vorbei, hinauf zur Wickersham State Historic Site, ab 1900 Sitz des ersten Richters in Alaska. Die schmale Basin Road verläuft hoch über dem Hafen, windet sich in ein Seitental und wird auf einer uralten Holzbrücke direkt an der Felswand entlanggeführt. Einige Meter weiter beginnt der stark frequentierte Wanderweg auf den Mount Roberts.

Deutlich weniger steil und bei weitem nicht so stark besucht ist der Perseverance Trail. Der abrupte Wechsel vom quirligen Stadtzentrum in das grüne Tal des Gold Creeks stimmt ein, auf das was noch kommt: Natur – und natürlich das Gold, das Juneaus Geschichte prägte.

Ein Seitenweg führt hinunter ins Tal, überquert den Gold Creek auf einem schmalen Steg und steigt an zum Minen-Museum Last

Chance. Das unter Denkmalschutz stehende Gebäude war bis 1944 in Betrieb und zeigt einen gewaltigen Luftdruck-Kompressor, mit dem das Gestein aufgesprengt wurde, um an die Goldadern zu gelangen. Für ein paar Dollar kann man in der Mine eine Waschpfanne erwerben, um selbst im Gold Creek nach dem Edelmetall zu schürfen. Im Freigelände stehen Relikte der Minenbahn; Gleisreste hängen über dem Abgrund, alles ungesichert: wenn das eine deutsche Behörde sähe …

Zurück auf dem Trail weht am Wegesrand ein eiskalter Luftzug aus der Tiefe eines aufgegebenen Minenschafts in den warmen Sommertag. Nach einer weiteren Biegung stößt man auf den Hauptweg, die ehemalige Trasse der Minenbahn, die in nur geringer Steigung bergan führt. Auch Mountainbiker nutzen den Trail gerne.

Der Perseverance Trail ist im weiteren Verlauf teils direkt in die Felsen gehauen: Links die senkrechte Wand, rechts steil hinunter in das Tal des

Auf dem Perseverance Trail

Last Chance Mining Museum

Kompressor im Minen-Museum

Blick hinunter auf den Meeresarm Gastineau Channel

Gold Creek. Im Silverbow Basin folgt eine Weggabelung: Nach links geht es hinauf zum Gipfel des Mount Juneau. Ein kürzerer Seitenweg führt zu den Ebner Falls, die im Juni eindrucksvoll zu Tal donnern. Im Juli reifen die Pracht-Himbeeren am Wegesrand, ein Verwandter unserer europäischen Himbeere. „Perseverance" – auf deutsch: Beharrlichkeit – war der Name der Goldmine hier oben, und diese Ausdauer wird auch von Wanderern gefordert, denn es warten noch weitere Höhepunkte entlang des nun zunehmend flacher verlaufenden Trails.

Hier oben gibt es ein ganzes Netz von weit in das Hinterland hineinführenden Wanderwegen. Vielleicht einer der schönsten Abstecher ist der Granite Creek Trail, der nach etwa drei Kilometern abzweigt. Der steile Anstieg führt auf einen Grat östlich des Mount Juneaus. Eine hölzerne Plattform bietet grandiose Ausblicke auf das Tal, das man gerade hinaufgekommen ist. Ein guter Umkehrpunkt nach einer ausgiebigen Pause.

INFO

Lage: Vom Hafen etwa drei Kilometer zum Parkplatz am Minenmuseum, GPS 58.308114, -134.386494. Bis hier auch mit Mietwagen oder Taxi möglich. Die Wanderung führt vom Parkplatz über die Silverbow Basin (fünf Kilometer hin und zurück, zwei Stunden) weiter zum Granite Creek (elf Kilometer, vier bis fünf Stunden) und gilt als mittelschwer. Insgesamt sind 350 Höhenmeter zu bewältigen. Für die weitere Wanderung vom Granite Creek weiter bis auf den Mount Juneau verdoppeln sich Entfernung und Wanderzeit; mit dem Rad halbiert sich die Zeit.

Aktivitäten:

- Minen-Museum Last Chance: *alaska.org/detail/last-chance-mining-museum.*
- Perseverance Trail: ganzjährig, wetterabhängig.

Radverleih: (E-)Mountain Bikes können bei Cycle Alaska am Hafen gemietet werden, *cycleak.com.*

Website: *traveljuneau.com*

51. Haines: Kleinstadt mit Gletschern, Gold und Grizzlys

Haines ist meist nur Durchgangs-Station für Reisende, die hier von der Straße auf die Fähre wechseln. Doch das Städtchen auf der Halbinsel zwischen den Flüssen Chilkoot und Chilkat hat viel zu bieten und ist einen mehrtägigen Aufenthalt wert.

Main Street in Haines

An den fischreichen Strömen siedelten Tlingit schon lange vor den Weißen. 1897 erkannte Jack Dalton das Potenzial eines alten Tlingit-Pfades als Zugang zu den Goldfeldern des Klondike. Der schlammige Weg zog so viele Goldsucher an, dass die Armee 1903 Fort Seward errichtete, um in der Region für Ordnung zu sorgen, aber auch um Gebietsansprüche der USA gegenüber Kanada zu manifestieren. Im Zweiten Weltkrieg wurde dieser Pfad ausgebaut, um im Fall einer japanischen Invasion Alaskas eine Fluchtroute nach Süden zu haben. In den 1980er Jahren wurde die Haines Road asphaltiert und seitdem unter dem Namen Haines Highway auch im Winter offengehalten.

Im Fort Seward

Mit dem Niedergang der Forstwirtschaft in den 1970er Jahren wandte sich Haines verstärkt dem Tourismus zu. Dennoch bewahrt man sich hier den Charme einer authentischen Kleinstadt in Alaska. So sind alle Geschäfte noch inhabergeführt und nicht in den Händen der Kreuzfahrtkonzerne. Es gibt keinen besseren Ort in Südost-Alaska, um einen Teil des Reisebudgets in Rundflüge, Radtouren oder andere Aktivitäten zu investieren.

Das Sheldon Museum mit dem Totempfahl vor dem Eingang ist der Region gewidmet. Das Spektrum der fast 4000 Exponate reicht von den traditionellen Decken der Chilkat-Tlingits bis zur Linse des

Das Sheldon Museum

Das Hammer-Museum

Ein neuer Totempfahl entsteht.

Leuchtfeuers am Eldred Rock. Skurril wirkt dagegen das Hammer-Museum, das aber eine ernstzunehmende Sammlung eines Kulturforschers darstellt. Neben Superlativen wie dem größten Hammer der Welt gibt es viele Exponate aus der Geschichte dieses Alltagswerkzeugs seit der Zeit der alten Ägypter.

Fort Seward wurde 1903/04 aus vorgefertigten Einzelteilen zusammengebaut, die per Schiff nach Haines transportiert wurden. Es war nie ein mit Palisaden geschütztes Fort, wie wir es aus alten Westernfilmen kennen, sondern von Anfang an als Verwaltungssitz und luxuriöse Kaserne geplant, mit Zentralheizung in jedem Raum. Nach dem Zweiten Weltkrieg wurde es von engagierten Bürgern gekauft und vor dem Verfall gerettet. Ein Gebäude im Fort ist Sitz der Non-Profit-Organisation Alaska Indian Arts, die sich der Erhaltung und Pflege des Brauchtums der indigenen Stämme widmet. Lee Heinmiller, einer der Söhne der fünf Käufer des Forts 1947, leitet das Haus und führt Besucher in die Kunst der Herstellung von Totempfählen und Schmuck ein.

Dalton City

Haines' Pionierzeiten werden in „Dalton City“ wieder lebendig. Auf dem Veranstaltungsgelände etwas außerhalb befindet sich ein Dutzend Gebäude mit hölzernen Bürgersteigen und schon recht verwittert. Die „Stadt“ steht aber erst seit 1991 hier und diente der Walt Disney Co. als Kulisse für den Film „Wolfsblut". Heute beherbergen die Gebäude Start-Ups, die in die Innenstadt ziehen, wenn sich ihr Geschäftsmodell bewährt hat.

Auch in Haines ist die faszinierende und vielfältige Tierwelt Südost-Alaskas nur ein paar Minuten entfernt. Am Chilkoot River trei-

Fischwehr am Chilkoot River

ben Lachse nach dem Ablaichen halbtot wieder den Fluss hinunter und bleiben am Fischwehr hängen: leichte Beute für Grizzlys! Vor allem Muttertiere mit ihren Jungen sind hier in der Morgen- oder Abenddämmerung von Ende Juli bis Anfang September zu sehen. Jeden Herbst sammeln sich Tausende von Weißkopfseeadlern in Haines am Chilkat River, um sich an einem der letzten großen Lachszüge des Jahres satt zu fressen – ein Fest auch für Ornithologen. Ganzjährig kann man sich im naturhistorischen Zentrum der American Bald Eagle Foundation über

Grizzlys auf Lachsfang

die riesigen Greifvögel informieren. Hauptattraktion sind Adler, Falken und Eulen, die nach Unfällen oder als Waisen in das Zentrum gekommen sind. Hier kann man die Vögel sowohl beim Fliegen als auch beim Fressen beobachten.

Für viele Besucher ist jedoch das Kroschel Wildlife Center der Höhepunkt eines Besuchs in Haines: Der Naturfilmer Steve Kroschel hat 45 Kilometer außerhalb ein einzigartiges Refugium für einen Bären, einen Elch, für Wölfe, Bärenmarder, Stachelschweine und andere Tiere geschaffen. Der als „Tierflüsterer" bekannte Kroschel macht es auch für Besucher möglich, die Tiere hautnah zu erleben, ohne dass es einer der beiden beteiligten Spezies unwohl wird. Die Preise der angebotenen Führungen richten sich nach Gruppengröße, Tourlänge und Sonderwünschen.

INFO

Lage: Haines ist über den Haines Highway mit Haines Junction am Alaska Highway verbunden. Die staatlichen Alaska-Fähren verbinden Haines im Sommer fast täglich mit Skagway (eine Stunde Fahrzeit) und Juneau (sechs Stunden), *dot.alaska.gov/amhs.*

Aktivitäten:

- Sheldon Museum: 11 Main Street, *sheldonmuseum.org.*
- Hammer Museum: 108 Main Street, *hammermuseum.org*
- American Bald Eagle Foundation: 113 Haines Highway, *baldeagles.org*
- Steve Kroschel Wildlife Center: 1.8 Mile Mosquito Lake Road, ca. 45 Kilometer westlich von Haines, Richtung Haines Junction. Zutritt ausschließlich nach vorheriger Reservierung unter Tel. +1 907 767 5464, *kroschelfilms.com/visit/*
- Fischwehr am Chilkoot River: 15 Kilometer nördlich von Haines an der Lutak Road. GPS 59.330151, -135.559108. Eintritt frei, Anordnungen der Ranger sind zu befolgen. Größte Erfolgsaussichten in der Abenddämmerung.

Website: *visithaines.com*

52. Skagway: Übernachten im Caboose

Kein anderer Ort verkörpert den Mythos des Goldrauschs von 1897/98 so sehr wie Skagway. Mit einer Übernachtung in einem historischen Güterzugbegleitwagen lässt man diese Zeit wieder lebendig werden.

Skagway ist alles andere als ein Geheimtipp: Im Sommer treffen jeden Tag bis zu 15.000 Kreuzfahrtgäste ein. Sie alle interessieren sich für das Schicksal der 30.000 Goldsucher und Bardamen, Trickbetrüger und Krankenschwestern, die hier den Winter ver-

Unterwegs mit der White Pass & Yukon Route Railroad

brachten. Sie alle mussten auf dem Weg zu den Goldfeldern die von den Kanadiern geforderte Ausrüstung und Lebensmittel zu Fuß über das Küstengebirge transportieren, über den Chilkoot Pass oder den White Pass. Zwei Jahre später war die White Pass & Yukon Route Railroad (WPYR) fertiggestellt, die heute mit ihrer etwa zweistündigen Fahrt entlang steiler Felswände, über fragile Brücken und durch einen Tunnel einen Höhepunkt für Skagway-Reisende darstellt.

Neun Kilometer hinter Skagway steht ein „Caboose" neben dem Gleis. Diese Güterzugbegleitwagen dienten früher den Bahnbediensteten. Einer dieser historischen Wagen wurde in ein einzigartiges, wenn auch spartanisches Übernachtungsquartier umgebaut, mit Schlafgelegenheiten für bis zu sechs Personen. Draußen gibt es einen Bach mit Frischwasser und ein Plumpsklo, drinnen Tisch, Bänke und Ölofen. Alles andere muss man selbst mitbringen: Schlafsack, Kocher, Öl, Geschirr, Besteck und natürlich Verpflegung. Die An- und Abreise erfolgt stilvoll mit der White Pass & Yukon Route Railroad.

Unvergessliche Übernachtung im „Caboose"

INFO

Lage: Der Caboose steht direkt neben der Bahnstrecke am Haltepunkt Denver. GPS 59.501404, -135.229924. An- und Abreise sind ausschließlich mit der WPYR möglich. Dies kann mit einer Fahrt zur Passhöhe kombiniert werden, Mai bis September. Ideal ist dabei ein Platz auf der bergauf in Fahrtrichtung linken Seite. Bahnhof der WPYR: 201 Second Avenue, Tel. +1 800 343 7373, *wpyr.com*

Caboose: Reservierung über den US Forest Service. Mai bis September. Auf der Webseite finden sich auch Details zur Caboose, z. B. welche Ölsorte für den Ölofen mitgebracht werden muss.
fs.usda.gov/recarea/tongass/recreation/camping-cabins/recarea/?recid=78826&actid=101

Wanderung: Direkt am Caboose beginnt ein Wanderweg durch dichten Wald zu einem Aussichtspunkt, von dem man einen Teil des Denver-Gletschers erblickt. Fünf Kilometer hin und zurück, ca. 320 Höhenmeter. Beginn am Caboose, Trail gut ausgeschildert.

Website: *skagway.com*

53. Flattop Mountain: Wanderung auf den Hausberg von Anchorage

Er ist der meistbestiegene Gipfel Alaskas. Dementsprechend vielfältig sind die Optionen, die hier geschaffen wurden: Für jeden Geschmack findet sich ein passender Pfad.

Sonnenuntergang am Flattop Mountain

Wer eine Stadtrundfahrt durch Anchorage bucht, wird auch am Aussichtspunkt Glen Alps halten: Hier bieten sich großartige Blicke über die Stadt, bevor man auch nur den Startpunkt des Trails erreicht hat. Ein 500 Meter langer, asphaltierter und rollstuhlgerechter Rundweg hier gibt einen Vorgeschmack auf den Charakter der Landschaft: Nach Westen der Blick hinunter auf die Großstadt, im Osten die unberührten Berge. Hier gehen ähnlich wie auf dem Tony Knowles Coastal Trail (siehe Tipp 54) Großstadt und Wildnis nahtlos ineinander über.

Wer zum felsigen Gipfel des Flattop Mountain will, hat von hier aus noch etwa 2,5 Kilometer Strecke und knapp 500 Höhenmeter im Aufstieg vor sich. Auf festem Untergrund windet sich der Trail durch den Blueberry Loop und führt zu Treppen aus alten Eisenbahn-Schwellen. So ist der Anstieg zwar sicher, aber schweißtreibend. Eine Bank nach der ersten langen Treppenpartie bietet fantastische Ausblicke. Die Erklärung, man habe ja ohnehin nur bis hierher klettern wollen, überzeugt angesichts dieses Panoramas durchaus. Im weiteren Anstieg wird die Route leicht technisch: Man sollte die Wanderstöcke an den Rucksack schnallen und sich mit beiden Händen und Füßen stets festen Halt sichern. Der Lohn: An klaren Tagen reicht die Sicht von den Alëuten bis zum Denali.

Traumhafte Ausblicke auf der Wanderung

INFO

Lage: Der Wanderparkplatz, 13101 Glen Alps Road, liegt knapp 30 Autominuten südöstlich der Innenstadt, GPS 61.10319, -149.67287. Der Weg ist gut ausgeschildert. Fünf Kilometer hin und zurück. Die drei Stunden Zeit bei Nutzung des Shuttles (s.u.) sind bei durchschnittlicher Kondition ausreichend bemessen. Keine Verpflegung vor Ort möglich, ausreichend Flüssigkeit mitnehmen.

Shuttle: Downtown Bicycle Rental, 333 W 4th Ave. Start 12:15 Uhr, Ankunft Glen Alps 13:00 Uhr. Drei Stunden Zeit für die Wanderung, ohne Führung. 16:00 Uhr Abfahrt Glen Alps, 16:30 Uhr Ankunft Downtown. Auch für Radfahrer, inklusive Fahrradtransport, Tel. +1 907 250 1170, *hike-anchorage-alaska.com*

Mit dem Auto: Für den Chugach State Park ist ein Tagesparkausweis zu 2 USD erforderlich. Vor Ort am Automaten kaufen und im Fahrzeug an der unteren Ecke der Windschutzscheibe auf der Fahrerseite fest anbringen, *alaska.gov/parks/asp/fees.htm*

Website: *alaska.org/detail/flattop-mountain*

54. Erdbeben und Elche: Der Tony Knowles Coastal Trail in Anchorage

Er gilt als einer der schönsten Küstenwege der USA: Auf 18 Kilometern Länge führt der vom einstigen Bürgermeister der Stadt, Tony Knowles, initiierte Trail von der Innenstadt die Küste des Cook Inlets entlang bis zum Kincaid Park.

Der durchgehend asphaltierte, breite Weg wird von Spaziergängern, Joggern und Radfahrern vor allem am Wochenende intensiv genutzt. Während der Woche ist deutlich weniger los: Schnell vergisst man auf dem Trail, dass Anchorage eine Stadt mit 280.000 Einwohnern ist.

Mit dem Fahrrad unterwegs auf dem Tony Knowles Coastal Trail

Der Trail folgt anfangs der Bahnlinie der Alaska Railroad und führt unterhalb des Captain Cook Monuments vorbei. Die Bronzeskulptur ist dem berühmten Entdecker gewidmet, der 1778 auch durch diese Gewässer segelte. Da Cook für Ausbeutung indigener Völker

Startpunkt: das Visitor Center

bekannt war, ist die Statue zunehmend umstritten. Der Stadtrat will nun den Bewohnern der indigenen Enklave Eklutna die Entscheidung überlassen, ob die Statue entfernt werden soll.

Wenige Meter weiter liegt der Elderberry Park mit seinen namensgebenden Holunderbüschen und dem Oscar Anderson House Museum. 1915 erbaute Anderson sein bescheidenes Holzhaus und bewohnte es bis zu seinem Tod 1974. Weitgehend im Originalzustand erhalten, lässt sich hier entdecken, wie die frühen Siedler lebten.

Ein anderer möglicher Startpunkt für den Tony Knowles Coastal Trail ist die Kreuzung 5th Avenue/G Street: Hier steht eine Skulp-

Mit zunehmender Entfernung wird der Wald dichter.

tur der Sonne und markiert den Beginn des Lightspeed Planet Walk: Als Fußgänger kann man durch unser maßstabsgetreu verkleinertes Sonnensystem wandern. An den nächsten drei Kreuzungen der 5th Avenue mit den H, I und K Streets stehen Merkur, Venus und Erde; im Elderberry Park stößt man dann auf den Mars.

Ab hier folgt der Planetenweg dem Coastal Trail, der nun auf die andere Seite der Bahnstrecke wechselt und bis zur Westchester-Lagune direkt am Knik Arm entlangführt. Die Lagune und das anschließende Mündungsgebiet des Fish Creek sind ein Traum für Ornithologen: So ziemlich alles, was in Alaska fliegt, kommt hier vorbei, wenn auch zu unterschiedlichen Jahreszeiten.

Oft sind am Coastal Trail Elche zu sehen.

Der folgende Earthquake Park hat seinem Namen vom Karfreitagsbeben 1964, das mit einer Stärke von 9,2 hier zu einer Plattenverschiebung führte: Noch heute ist die drei Meter hohe Kante im Gelände gut sichtbar. Mehrere Aussichtspunkte (auf die Downtown, aber auch die Startbahn des Airports) und kleinere Parks folgen. Die Landschaft wird urtümlicher, der Wald dichter. Oft sind hier Elche zu sehen.

Bald ist auch der weitläufige Kincaid Park erreicht: Strandzugang, Picknickstellen, Wanderwege und Aussichtspunkte laden zum Verweilen ein. Am Kincaid Chalet enden der Tony Knowles Coastal Trail und der Planet Walk: Hier steht die Skulptur von Pluto. Wer als Fußgänger mit 6 km/h unterwegs war, ist mit Lichtgeschwindigkeit durch unser Sonnensystem gereist – die Radfahrer dagegen natürlich mit Warp-Geschwindigkeit ...

INFO

Lage: Der Pfad verläuft fast durchgehend entlang der Küste mit schönen Ausblicken und Strandzugängen. Startpunkt: Am Visitor Centre in der Blockhütte, 546 West 4th Ave. Von hier sind es nur 500 Meter bis zum offiziellen Startpunkt des Trails in der West 2nd Avenue, Ecke H Street, GPS 61.22050, -149.90010.

Radverleih: Downtown Bicycle Rental, 333 W 4th Ave. Mountain Bikes und E-Bikes, Tel. +1 907 250 1170, *alaska-bike-rentals.com*

Elche: Lassen Sie Elchen auf dem Trail Raum: Die Tiere bringen teils mehr als eine Tonne Gewicht auf den Coastal Trail. Da erübrigt sich die Diskussion, wer Vorrang hat.

Verpflegung: Es gibt einen Kiosk an der Westchester-Lagune. Das Outdoor Center am Kincaid Park bietet täglich von 12:30 bis 20 Uhr Speisen und Getränke.

Rückweg: Auf der gleichen Route oder weitere sechs Kilometer nach Osten durch den Park, bis zur Jewel Lake Road. Ab hier verkehren Busse zurück ins Stadtzentrum, die auch Fahrräder transportieren.

Websites:
- *anchoragecoastaltrail.com*
- *anchorageplanetwalk.org*

55. Hatcher Pass Road: Vielfalt im Hochgebirge

Im Juli und August lassen sich hier blühende Bergwiesen bewundern – und mittendrin die Relikte einer alten Goldmine. Die Fahrt über die Hatcher Pass Road ist einer der schönsten Abstecher auf dem Weg von Anchorage zum Denali National Park.

Sommerliche Lupinen-Pracht

Das Mat-Su Valley ist „Alaskas Gewächshaus", bekannt für seine sonnenverwöhnten Riesen-Kürbisse und anderes XXL-Gemüse. Doch schon wenige Kilometer weiter ist man wieder in der Wildnis. Die Fishhook-Willow Road windet sich erst durch das Tal des Little Susitna River und dann über Serpentinen malerisch die Berge hinauf. Mehrere Wanderwege erschließen die umgebende Bergwelt. Der Gold Mint Trail folgt mit nur geringer Steigung dem Tal des Little Susitna River und endet nach steilem Anstieg in einem Bergkessel, von Gletschern umgeben. Der Reed Lakes Trail führt zu Wasserfällen, Bergseen und einer verlassenen Mine. Egal ob man mehrere Tage in der Wildnis zeltet oder nur eine halbe Stunde den Weg hinaufsteigt: Die Ausblicke sind grandios.

Weiter oben liegt auch im Sommer oft noch Schnee: Die Pass-Straße ist meist erst ab Anfang Juli zuverlässig geöffnet und schließt schon im September wieder für den Winter; immerhin liegt der Hatcher Pass 1148 Meter über dem Meer. Kurz vor dem Pass liegt der Independence Mine State Historical Park, der die Geschichte der Region anschaulich darstellt. Robert Hatcher entdeckte hier 1906 das erste Gold, doch die teils tief im Gestein verlaufenden Goldadern erforderten schon bald professionelle Strukturen. Bergbaugesellschaften sprengten in den folgenden Jahrzehnten mehr als hundert Kilometer Tunnel und Schächte in das felsige Gestein. Nach dem zweiten Weltkrieg wurde die Goldproduktion bald unwirtschaftlich, die Minen schlossen bis 1961; nur eine nahm in den 1980er Jahren noch einmal kurzfristig den Betrieb auf.

Alpine Blumenwiesen unterhalb des Hatcher Pass

Independence Mine: gut erhaltene Bergbau-Relikte

1964 wurde ein Großteil des Geländes unter Denkmalschutz gestellt und so lassen sich heute Minenschächte und Felsmühle, Arbeiterquartiere und Werkstätten besichtigen. Ein 1500 Meter langer Rundweg führt durch das Gelände; die teils schon halb verfallenen Gebäude beeindrucken auch heute noch. Eine Parkbroschüre erläutert die Bauwerke und ihre Funktionen. Wem dies nicht reicht: Es werden auch 45-minütige Führungen angeboten, bei der auch einige Gebäude von innen besichtigt werden, die sonst nicht allgemein zugänglich sind.

Hatcher Pass Lodge: rustikale Cabins mit Aussicht

Die nahe gelegene Hatcher Pass Lodge stellt eine gute Übernachtungsoption dar: Die elf Cabins sind stilvoll eingerichtet und die Sauna wurde direkt über einem Bergbach errichtet, an dem man sich nach einem langen Wandertag abkühlen kann. Wer nicht auf gleichem Weg zurückfahren will: Nach Westen führt die Straße über den Hatcher Pass und durch das Tal des Willow River hinunter nach Willow, wo wieder der Glenn Parks Highway erreicht wird. Dieses Teilstück allerdings ist steil, kurvig und nicht asphaltiert: Größere Wohnmobile sollten diese Route meiden und nach Wasilla zurückkehren.

INFO

Lage: Verlassen Sie den Highway 3 in Wasilla an der Ausfahrt Mat-Su Regional Medical Center und bleiben Sie für 6 Meilen auf der Trunk Road. An deren Ende links abbiegen, Richtung Hatcher Pass. Zur Lodge sind es 15 Meilen, kurz dahinter liegt der Independence Mine State Historical Park.

State Park: Mitte Juni bis Anfang September. Parkmöglichkeiten, wenn die Zufahrtsstraße offen ist, *dnr.alaska.gov/parks/units/indminemp.pdf*

Führungen: Salmonberry Tours bietet tägliche Führungen von 45 Minuten an, *salmonberrytours.com*

Wandern: Gold Mint Trail, ca. 13 Kilometer hin und zurück, etwa vier Stunden. Reed Lakes Trail, ca. 15 Kilometer, auch etwa vier Stunden hin und zurück. Die kostenfreie Park-Broschüre listet alle Wanderwege mit Karte auf und ist für eine kurze Wanderung völlig ausreichend, *dnr.alaska.gov/parks/brochures/hatcherpassbrochure.pdf*

Übernachten: Hatcher Pass Lodge. Elf Cabins, Tel. +1 907 745 1200, *hatcherpasslodge.com*

Sauna: Aktuell unter Corona-Auflagen nur stundenweise an gemeinsam reisende Gäste (Paare, Familien etc.). Reservierung über die Lodge.

Website: *dnr.alaska.gov/parks/units/indmine.htm*

56. Kenai Fjords National Park: Tief im Northwestern Fjord

Organisierte Ausflugsfahrten per Schiff gibt es einige ab Seward, an der Ostküste der Kenai Halbinsel. Doch keine führt tiefer in den Nationalpark hinein, keine bietet so viel Abwechslung wie die Tour in den atemberaubenden Northwestern Fjord – eine begeisternde Kombination von grandioser Landschaft und einzigartiger Tierwelt.

Northwestern Glacier

„Hier wurden die Außenaufnahmen für 'Jagd auf Roter Oktober' mit Sean Connery gedreht", informiert der Kapitän und die Blicke der Passagiere wandern über die schroffen, unwirtlichen Klippen. Die gut 40 Passagiere der Fahrt in den Northwestern Fjord haben sich für die längste der vielen Touren im Nationalpark entschieden: Achteinhalb Stunden auf diesem Schiff, bei oft wechselhaftem Wetter – und das, obwohl es ja auch kürzere Ausfahrten gibt, vier oder sechs Stunden, dazu sogar mit Lachs-Barbecue.

Doch der Gedanke an Lachs-Barbecue schwindet schnell, denn keine der anderen Touren bietet diese überwältigenden Eindrücke. Schiffs-Crew und Park Ranger arbeiten gut abgestimmt zusammen und weisen die Fahrgäste auf alles Sehenswerte hin. Schon im Hafen geht es los: Ein Weißkopfseeadler sitzt auf einem Poller am Pier, zehn Meter unter ihm schwimmt eine Seeotter-Mutter auf dem Rücken vorbei; ihr Junges auf dem Bauch: Das Fell ist bei den Jungtieren noch nicht ausreichend wasser- und kälteresistent.

Im weiteren Fahrtverlauf kreuzen Buckelwale den Kurs, die Maschinen stoppen. Es ist nicht auszumachen, ob wir mit der Strömung zu den Walen treiben – oder ob diese sich dem Ausflugsboot nähern. Immer wieder kommen die mächtigen Tiere bis dicht an das Boot heran. Die Crew hat alle Zeit der Welt – und gibt sie den Passagieren, damit diese das eindrucksvolle Naturschauspiel ausgiebig genießen können. Längst haben alle ihre Fotos „im

Schwanzflosse eines Buckelwals

Stellersche Seelöwen im Fjord

Kasten" – die anfängliche Hektik, den besten Standort, die beste Perspektive zu erwischen, ist längst einem allgegenwärtigen Grinsen auf den Gesichtern gewichen. Spätestens jetzt wird klar: Hier treffen sich die Menschen, denen das intensive Natur-Erlebnis alles bedeutet; niemand ist zufällig gerade auf dieser Tour unterwegs. Das hängt auch damit zusammen, dass sie für die zahlreichen Tagesbesucher aus Anchorage zu lang ist. Wenn das Boot abends wieder in Seward anlegt, sind der Zug und die Busse

Tonnenschwere Eisbrocken lösen sich vom Gletscher

schon längst wieder Richtung Anchorage unterwegs. Wer hier mitfährt, will ganz gezielt Flora und Fauna intensiv erleben, will sich auf dem Schiff frei bewegen für den besten Blick auf die unberührte Natur. Daher wird bewusst auch nicht die volle Platzkapazität verkauft.

Nun bricht die Sonne durch die Wolken, was nicht nur die Reisenden zu schätzen wissen: Dutzende Stellersche Seelöwen sonnen sich auf einem Felsen. Die Weibchen scharen sich um den größten Bullen, der alle paar Minuten die Angriffe jüngerer Rivalen abwehren muss. Ein Fels-Eiland weiter brütet eine Kolonie von Papageientauchern, dann folgen auf den nächsten Klippen Marmelalke, Austernfischer, Horn- und Gelbschopflunde, Dickschnabel- und Trottellummen: ein Paradies für Ornithologen.

Jetzt schimmert es hellblau aus dem Grau, dort wo Meer und Wolken ineinander übergehen: Der Northwestern Glacier ist erreicht, einer der drei Tidewater Glacier in der Bucht, also Gletscher, die direkt ins Meer reichen. Später folgen noch der Ogive-Gletscher und der Anchor-Gletscher. Längst ist der Himmel wieder bedeckt, doch umso kräftiger scheint das Eis zu leuchten und der Ausblick auf die eisigen Wände sorgt für sprachloses Staunen. Dann geschieht es: Erst knackend, dann rumpelnd, dann krachend löst sich ein Hunderte Tonnen schwerer Eisbrocken vom Gletscher. Nach einer Reise von Tausenden von Jahren stürzen die hoch-

Am Ogive Glacier

hausgroßen Eiswände tosend ins Meer. Es wühlt auf, die Kraft der Natur zu spüren – und dem Klimawandel bei seiner Arbeit zusehen zu dürfen.

Nur zögernd folgen die Gäste dem Ruf „Lunch is ready", doch die Lachs-Sandwiches sind exzellent und lohnen die Pause unter Deck ebenso wie der heiße Tee. Auf dem Rückweg nimmt der Kapitän plötzlich Fahrt zurück und lässt eine Gruppe Seehunde vor unserem Bug passieren. Kurz danach folgt eine Gruppe Schwertwale dem Boot. Die auch als Killerwale verschrienen Tiere zeigen sich von ihrer verspielten Seite, reiten auf unserer Heckwelle und scheinen die Besucherinnen und Besucher freundlich aus ihren Gewässern hinauszugeleiten, zurück nach Seward. Müde, aber glücklich erreichen die Passagiere am frühen Abend mit dem Schiff den Small Boat Harbor.

INFO

Lage: Die Touren beginnen im Small Boat Harbor von Seward, GPS 60.11737, -149.43921. Seward ist per Mietwagen, Bus oder Zug von Anchorage erreichbar, *alaskatravel.com, alaskarailroad.com.*

Kenai Fjords National Park: Ein Vorab-Besuch im Kenai Fjords National Park Visitor Center lohnt. Small Boat Harbor, 1212 4th Avenue. Mai bis September täglich, *nps.gov/kefj*. Zum Nationalpark gehört auch der Exit Gletscher, einige Kilometer landeinwärts. Zu Fuß sind es etwa 45 Minuten vom Parkplatz zur Gletscherkante.

Tour in den Northwestern Fjord: Major Marine fährt von Anfang Juni bis Anfang September in den Fjord, 8,5 Stunden, *majormarine.com*. Kenai Fjords Tours fährt von Ende Mai bis Ende August nicht ganz so weit in den Fjord hinein, 7 Stunden, *kenaifjordstours.com.* Lunch jeweils inklusive. Beide Anbieter setzen Schiffe ein, die genügend Platz sowohl im Außen- als auch im Innenbereich bieten, so dass man sich stets frei bewegen kann.

Website: *nps.gov/kefj*

57. Kenai, Ninilchik und Nikolaevsk: Ein Abend im alten Russland

1867 verkaufte der chronisch klamme Zar Alexander II. Alaska an die USA. Doch auch mehr als 150 Jahre später ist der russische Einfluss in Alaska noch präsent und zugänglich.

Die Kapelle Holy Transfiguration of Our Lord

Alaska-Reisende verbinden vor allem Sitka mit dem russischen Erbe Alaskas: Der Bischofssitz von 1842, die russisch-orthodoxe Kathedrale und der eindrucksvolle russische Friedhof lohnen den Besuch. Deutlich jünger dagegen und sehr lebendig präsentiert sich das russische Leben auf der Halbinsel Kenai. Die Entdeckertour sollte man in der Old Town von Kenai beginnen. In der ansonsten wenig reizvollen Stadt sticht die Kirche Holy Assumption positiv hervor. Sie ist die älteste erhaltene russisch-orthodoxe Kirche in ganz Alaska. Eine Besichtigung ist nicht möglich, aber ein kleiner Laden auf dem Gelände verkauft Souvenirs.

Auf dem Weg nach Homer passiert man Ninilchik. Das Dorf wurde 1847 von russischen Kreolen gegründet: Nachfahren russischer Fischer, die indigene Frauen von den Alëuten-Inseln geheiratet hatten. Weithin sichtbar ist die 1904 erbaute Kapelle Holy Transfiguration of Our Lord mit dem angrenzenden Friedhof. Ein Fußweg führt hinunter ins Dorf, wo die Gebäude ihre russische Herkunft nicht leugnen können. Trifft man auf einen der älteren Einwohner, wird es bei einem freundlichen Lächeln bleiben: Noch immer wird hier nur Alaska-Russisch gesprochen, ein Russisch mit vielen Lehnwörtern aus den indigenen Sprachen der Region. Manchmal hat ein kleiner Laden geöffnet, doch meist bleiben Besuchern nur ein paar Fotos als Erinnerung an Ninilchik.

Altes Fischerhaus in Ninilchik

Eine halbe Stunde nach Ninilchik ist Anchor Point erreicht; hier zweigt die North Fork Road ab. 20 Minuten Fahrt sind es bis Nikolaevsk. Der Ort wurde erst ab 1968 von einer Gemeinschaft russisch-orthodoxer Altgläubiger gegründet, denen mitten im kalten Krieg die Reise aus der Sowjetunion hierher gelang. Biegt man an der kleinen Sankt-Nikolaus-Kirche links ab, gelangt man zum Café Samovar.

Das frühere Café in Ninilchik ist heute geschlossen, aber der Blick vom Pier lohnt.

Das Café ist viel mehr als nur ein russisches Restaurant in Alaska – es ist eine One-Woman-Show: Nina Fefelow ist Köchin, Inhaberin, Fotografin und Choreographin für einen unvergesslichen Abend. Nina sagt den Gästen, was und wie viel sie bestellen sollen, aber auch was sie anziehen sollen. Anziehen? Ja, das Café sieht aus wie eine Mischung aus Restaurant, Museum und Kleiderkammer.

Nina Fefelow in ihrem Reich

Zwischen den Gängen gibt es Foto-Shootings. Dabei werden die Speisekarte, aber auch die Zusatzleistungen (Fotogebühr, Kostümaufschlag) in unverständlichem Kauderwelsch präsentiert. Am besten man lässt sich einfach drauf ein, vor allem wenn man „One Night in Russia" bestellt hat: Borschtsch und Pelmeni, Piroggen und sibirische Würstchen wechseln in rascher Folge und wehe, man stört Nina beim Kochen! Nach dem Essen nimmt sie sich dann aber gerne Zeit für ihre Gäste, beantwortet Fragen und berichtet von der abenteuerlichen Auswanderung der Alt-Gläubigen. Nach drei Stunden – die sich mehr wie 30 Minuten anfühlen – verlässt man das Café halb ungläubig, halb begeistert, dass es so etwas noch gibt.

INFO

Lage:

- Die Holy Assumption of the Virgin Mary Church befindet sich in 1105 Mission Avenue, Kenai.
  GPS 60.55287, -151.26725, *holyassumptionkenai.org*
- Die Kapelle in Ninilchik liegt oberhalb des Dorfes.
  GPS 60.050420, -151.664040. Trunnels Village Cache in der Beach Access Road in Ninilchik hat nur unregelmäßig geöffnet. Öffnungszeiten erfragen:
  Tel. +1 907 567 1028
- Das Samovar Café in Nikolaevsk ist nicht zu verfehlen, 64935 Nikolaevsk Road. GPS 59.81499, -151.61195

Essen: Samovar Café, 64935 Nikolaevsk Road. Montag bis Freitag 10 bis 20 Uhr. „One Night in Russia" nur mit Vorbestellung Tel. +1 907 235 6867, keine Website.

Übernachtungen: In Nikolaevsk und Ninilchik gab es bei Redaktionsschluss keine zuverlässigen Unterkünfte.
In Nikolaevsk war es schon vor Corona schwierig, inzwischen hat auch Nina Fefelow die Vermietung von Zimmern eingestellt. In Ninilchik haben zwei Anbieter pandemiebedingt noch geschlossen. Alternativen gibt es in Homer, Anchor Point und Kenai.

58. Katmai und Lake Clark: Flug-Safari ins Wohnzimmer der Grizzlys

Einmal einem Grizzly begegnen: Das ist der Wunsch vieler Alaska-Reisender. Wer sich nicht auf den Zufall unterwegs verlassen will, sollte eine Tour mit erfahrenen Guides buchen.

Ein Grizzly steht oberhalb einer Stromschnelle und beobachtet aufmerksam den Fluss, in dem Lachse aufwärts ziehen. Als einer der Fische versucht, die Stromschnelle zu überwinden, schnappt der kräftige Kiefer des Grizzlys zu. Viele Alaska-Reisende haben dieses Bild vor Augen, das Postkarten und Kalender ziert. Entstanden sind diese Fotos oft an den Brooks Falls im Katmai National Park. Was die Bilder nicht erzählen: Hier drängen sich 40 Personen gleichzeitig auf der kleinen Aussichts-Plattform. Nach

Im Landeanflug auf den Strand

genau einer Stunde muss man die Plattform räumen, weil die nächsten Bären-Fans aus der Warteschlange nachrücken. Menschenandrang in der Wildnis Alaskas? Leider ja.

Zack Tappan bietet seit mehr als 20 Jahren eine Alternative zu den Brooks Falls. Der Besuch bei den Grizzlys beginnt am frühen Morgen am Flugplatz von Homer. Hier stehen zwei sechssitzige Cessna 206 „Skywaggon", an denen die riesigen Ballonreifen auffallen. Nach den Sicherheitseinweisungen und der Startfreigabe hebt die Maschine nach Westen ab. Über den breiten Meeresarm des Cook Inlet geht es zu den auch im Sommer schneebedeckten Gipfeln am Westufer. Der Flug durch die qualmende Vulkanlandschaft des Mount Iliamna und seiner Nachbarberge ist der erste Höhepunkt des Tages.

Dann senkt sich die Nase der Cessna, blaue Flüsse und fruchtbares Grün kommen in Sicht. Immer tiefer sinkt das Flugzeug, kreist und setzt sanft auf dem schmalen Streifen zwischen Wasser und Treibholz auf; die zweite Cessna folgt kurz danach. Nur die Bal-

Ausgewachsene Männchen werden bis zu 600 Kilogramm schwer.

lonreifen erlauben solche langsamen Landungen im weichen Sand des Strandes. Zack und der zweite Pilot signalisieren einander „Daumen hoch" und die Gruppen trennen sich: So sind höchstens fünf Gäste mit einem Guide unterwegs.

Neugier und Respekt: junger Grizzly und Zack Tappan

Die Gäste steigen über das Treibholz und gelangen auf eine Wiese mit einem einzigartigen Ausblick: Links eine Bärenmutter mit zwei Jungen, geradeaus ein ausgewachsenes Männchen, in sicherer Distanz zwei junge Grizzlys, das erste Jahr alleine, ohne Mutter, unterwegs, alle kaum 50 Meter entfernt. Schnell wird klar, was dieses atemberaubende Erlebnis von den Brooks Falls unterscheidet: Es gibt keine Aussichtsplattform, die Besucher laufen auf den gleichen Trampelpfaden wie die Bären, sitzen wie diese am Ufer und queren, wie sie, den Fluss, indem sie hindurchwaten.

Den Ablauf der nächsten Stunden bestimmen die Bären – die Besucher sehen nur staunend zu. Je nach Jahreszeit fressen die

Grizzlys Gräser oder Beeren, buddeln nach Erdhörnchen oder jagen Lachse im seichten Fluss. Sie stören sich nicht an den Menschen, haben gelernt, dass sie weder Bedrohung sind noch Beute. Manchmal gibt es einen Kampf zwischen zwei Männchen – bis zu 500, 600 Kilogramm schwer – zu beobachten, an anderen Tagen nähert sich eine besorgte Mutter mit ihren Jungtieren der Besu-

Grizzly-Mutter und zwei Jungtiere

chergruppe bis auf 20, 30 Meter. Zack redet beruhigend, aber bei abnehmender Distanz zunehmend deutlich und lauter auf die Tiere ein, die manchmal in der Nähe der Menschen Schutz vor den ausgewachsenen männlichen Grizzlys suchen. Diese schrecken nämlich nicht davor zurück, Jungtiere zu töten, weil dann das Muttertier sofort wieder fortpflanzungsbereit ist.

Ruhig und geduldig erklärt Zack dieses Sozialverhalten der Grizzlys, ihre Interaktion miteinander und mit den menschlichen Besuchern. An Zacks Gürtel hängen sichtbar Trillerpfeife und Bärenspray. Er vermittelt die Sicherheit, damit notfalls umgehen zu können – aber auch, dass dieser Fall noch nie eingetreten ist. Gelegentlich sieht man vier-, fünfhundert Meter weiter die Gruppe des zweiten Flugzeugs, doch sonst keine Menschen, keinen Zaun, nur Grizzlys. Viele Grizzlys.

Im kurzen Sommer gilt es, sich ausreichend Reserven für den Winter anzufressen.

An den langen Küsten des Katmai National Parks und des Lake Clark National Parks gibt es etliche solcher Abschnitte und so fliegen Zack und sein Team fast täglich unterschiedliche Orte an, je nachdem, wo sich gerade viele Bären aufhalten. „Wir waren heute im Wohnzimmer der Bären", sagt Zack. „Wir waren zwar unproblematische Gäste – aber Du willst bei Dir daheim ja auch nicht jeden Tag irgendwen zu Besuch haben". So nehmen seine Gäste nicht nur atemberaubende Eindrücke und einmalige Bilder mit nach Hause, sondern auch das beruhigende Gefühl, dass die Welt noch in Ordnung ist, für Mensch und Tier, hier im Wohnzimmer der Grizzlys.

Den Grizzlys auf der Spur – mit Stiefelgröße 15

INFO

Lage: Die Flüge starten an der Südseite des Homer Airport: Sasquatch Alaska Adventure Co., 2260 Kachemak Drive, Homer.

Aktivitäten: Sechs-Stunden-Tour von Homer hinüber in die Nationalparks Katmai oder Lake Clark. Kaffee vorab, hüfthohe Leih-Gummistiefel und Snack nach Rückkehr inklusive. Mitte Mai bis Mitte September. Unbedingt langfristig reservieren, sonst oft ausgebucht. Tel. +1 907 299 7272, *sasquatchalaska.com*

Voraussetzungen: Man sollte innerhalb der vier Stunden vor Ort in der Lage sein, etwa fünf Kilometer im Gelände zu gehen. Kinder unter neun Jahren nur nach Rücksprache.

Übernachtungen: Sicherheit hat Vorrang: Wetterbedingt müssen Touren mal um einige Stunden verschoben werden. Es empfiehlt sich, die Nächte vor und nach der Tour in Homer zu verbringen. Trotz der zahlreichen Optionen sollte man vorausbuchen, z. B. in den Seafarer Suites: Außen rustikal, innen topmodern (2021 komplett renoviert).
Tel. +1 907 299 7955, *seafarersuites.com*

59. Entlang der Alëuten: Mit der „Trusty Tusty“ nach Unalaska

Seit 1964 stellt das Fährschiff „MV Tustumena“ die Verbindung zwischen den Alëuten-Inseln und Festland-Alaska her. Einmal im Monat werden Fracht, Lebensmittel und Post nach Kodiak Island, King Cove, Cold Bay und Dutch Harbor gebracht.

Fährschiff „MV Tustumena“ in der Kachemak Bay bei Homer

Bei einer Fahrt entlang der Alëuten stehen nicht die angelaufenen Inseln im Mittelpunkt. Der Weg ist das Ziel, genauer gesagt: die einzigartige Fährpassage durch den rauen Nord-Pazifik, an Bord des fast 60 Jahre alten Fährschiffes. Vier Tage dauert die Fahrt von Homer bis Unalaska Island.

Das Reiseerlebnis an Bord ist recht rustikal: Spartanische Kabinen und ein Restaurant, in dem dreimal täglich frisch gekocht wird – das war's dann schon. Aber wer hier mitreist, will ohnehin kein Bordprogramm rund um die Uhr. Die Reise ist ideal, um sich zu erholen und zu entspannen.

Die Passage beginnt in Homer (siehe Tipp 58), dem südwestlichsten Zipfel der Kenai-Halbinsel. Gegen 18 Uhr legt die „MV Tustumena" an. In den nächsten Stunden verschwinden Lkw-Anhänger über einen großen Hublift im Bauch der Fähre; Elektrokarren transportieren Pakete und das komplette Umzugsgepäck ganzer Familien an Bord; Lebensmittel werden palettenweise verladen. Um 22.30 Uhr heißt es „Leinen los!". Die „MV Tustumena" legt ab und nimmt Kurs auf Kodiak Island – Zeit für ein Bier und Gespräche in der Bar.

Die Route führt über den offenen Pazifik; drei Meter hohe Wellen sind auch im Sommer nicht ungewöhnlich. Gegen 8 Uhr am nächsten Morgen ist Kodiak erreicht, für einen Stopp von achteinhalb Stunden. Mehrere Museen, das bunte Treiben im Fischereihafen oder eine Wanderung bieten sich an, bevor die Tustumena wieder ablegt, Richtung Alëuten.

Einfahrt in den Hafen von Kodiak

Der nächste Tag verläuft ruhiger. Die kurzen Stopps mittags in Chignik und spätabends in Sand Point nutzt kaum jemand für einen Landgang. Schließlich lässt sich auch von Deck gut beobachten, wie Post und Pakete ausgeliefert werden, Schulkinder für ein

Basketball-Turnier auf der Nachbarinsel zusteigen und die Crew sich mit den Einheimischen austauscht. Auch in King Cove am dritten Morgen zieht es nur die Raucher von Bord, für eine schnelle Zigarette. In Cold Bay haben sich einige Bewohner versammelt und bieten von den Ladeflächen ihrer Pick-Ups geräucherten Lachs und indigenen Schmuck an, im Hintergrund das prächtige Panorama der Vulkangipfel. False Pass am späten Abend und Akutan am frühen Morgen grüßen schläfrig; da sind die Seelöwen auf einem Felsen und die Alke auf den Klippen deutlich lebendiger.

Russisch-orthodoxe Kirche Holy Ascension of our Lord in Dutch Harbor, Unalaska Island

Am vierten Tag wird morgens Dutch Harbor erreicht, Endpunkt der Reise. Die fast 4000 Einwohner leben im größten Fischereihafen der USA: Hering und Lachs, Dorsch und Königskrabbe gehen Sportfischern und kommerziellen Fangschiffen in die Netze und Körbe. Wer den Aufenthalt nutzen möchte, stößt direkt am Anleger auf einige private Anbieter, die Gäste mit ihrem Wagen zu ihren Lieblingsorten fahren – und bei einigen steht mittags dann sogar daheim die Fischsuppe auf dem Tisch.

Fischereiflotte im Hafen von Dutch Harbor

INFO

Lage: Die Alëuten-Passage startet im Hafen von Homer, das ab Anchorage per Mietwagen (360 Kilometer), Bus oder Flug erreichbar ist, *alaskabuscompany.com, ravnalaska.com.*

Fähre: Das 90 Meter lange Fährschiff bietet Platz für 160 Passagiere, verfügt aber nur über 23 Kabinen, die daher lange im Voraus gebucht werden sollten. Gemeinschafts-Sanitärbereiche mit Duschen, WC. Die Mahlzeiten an Bord sind preiswerte, gute Hausmannskost. Stabilisatoren sorgen auch bei hoher See für einen erträglichen Verlauf der Fahrt, *dot.alaska.gov/amhs.*

Wetter: Regen, Wind, Schnee, aber auch Windstille und Sonne – alles ist möglich. Packen Sie entsprechend; auf dem Schiff gibt es keine Möglichkeit, nachzukaufen.

Rückreise: Erneut per Fähre (nach acht Stunden Aufenthalt in Dutch Harbor) oder täglich per Flug mit RavnAlaska von Dutch Harbor nach Anchorage, *ravnalaska.com.*

Zentral-Alaska und der Norden

Knochen eines Grönland-Wals in Utqiagvik (Barrow)

Zentral-Alaska und der Norden

Arktischer Ozean
65
Beaufortsee
Noatak National Preserve
Gates of the Arctic Nat'l Pk & Pre
66
Kobuk-Valley-Nationalpark
Yukon Flats Nat'l Wildlife Refuge
USA
ALASKA
63
63
Fairbanks
64
62
Norton-Sund
61
60
Anchorage
Yukon Delta National Wildlife Refuge
Beringsee
Golf von Alaska
Bristol-Bucht

60. Kennecott und McCarthy: Minen-Siedlungen am Gletscher

Der Wrangell-St Elias National Park bedeckt eine Fläche größer als die Schweiz. Doch nur zwei Straßen führen in den Park hinein. Die McCarthy Road beginnt in Chitina und ist die lohnendere; sie endet in McCarthy zu Füßen der Kennicott Mine.

Der Begriff Road ist übertrieben für diese Rüttelpiste: Die McCarthy Road verläuft überwiegend auf dem ehemaligen Gleisbett der Copper River and Northwestern Railroad, wobei man sich nicht die Mühe machte, die alten Schwellennägel zu entfernen. Grund genug für die meisten Mietwagengesellschaften, das Befahren dieser Straße aufgrund der vielen Reifenschäden zu verbieten.

Schon zu Beginn ergeben sich schöne Blicke auf die Zweitausender der Chugach Mountains und den Copper River. 27 Kilometer nach Chitina wird der Kuskulana River auf einer imposanten Brücke überquert. 20 Kilometer weiter verläuft die Piste unterhalb der

McCarthy Road: Schotterpiste durch die Wildnis

258 Meter langen Gilahina Trestle, einer langsam zerfallenden Holz-Balkenbrücke der bereits 1938 wieder eingestellten Bahnstrecke. In McCarthy endet die Straße dann vor einem Flussbett. Ab hier geht es nur zu Fuß weiter, über eine schmale Brücke auf die Ostseite des Flusses und von dort noch einmal zehn Minuten in den Weiler McCarthy. Der alte Bahnhof ist heute ein Museum. Hier geht es nun geradeaus hinauf zur Minenstadt Kennecott; biegt man scharf rechts ab, kommt man nach McCarthy.

Kuskulana Bridge: 73 Meter über dem Tal

Weil in der Minen-Siedlung Kennecott Alkohol, Glücksspiel und Prostitution verboten waren, entwickelte sich McCarthy zum Rotlicht-Distrikt für die Minenarbeiter. Mit dem Niedergang der Mine verschwand das alles, bis auf den Alkohol: Der Saloon ist auch heute noch das Herz des Ortes. Um ihn herum gruppieren sich

Lebendiges Museum: die Kennecott Mine

Kupfer-Vorkommen waren erschöpft. Heute ist die Mine ein großes Freilichtmuseum, das man teils auf eigene Faust entdecken kann, teils im Rahmen von Führungen.

Vom Kennicott-Gletscher indes ist nichts zu sehen: Sein Eis liegt unter seiner Moräne verborgen. Wer den Root Glacier Trail in Angriff nimmt, gelangt zu Aussichtspunkten, von denen man die weiß und blau glitzernde Pracht des Root Gletschers erleben kann. Fordernder ist der

In Kennecott sorgt ein Food Truck für überraschend gute Verpflegung, die Kennicott Glacier Lodge ist die einzige Unterkunft des Ortes, mit viel historischem Charme und Charakter ausgestattet. Zudem sind McCarthy und Kennecott auch Ausgangspunkte für mehrtägige Wildnis- und Bergsteigertouren mehrerer Anbieter. Nicht überraschend, am Ende einer gut 90 Kilometer langen Straße in eine Bergwelt größer als die Schweiz …

INFO

Lage: Chitina liegt am Highway 10, etwa 75 Fahrminuten südöstlich von Glennallen.

Anreise nach McCarthy:

- Auf eigenes Risiko mit dem Mietwagen (nicht zu empfehlen). Die McCarthy Road beginnt in Chitina, etwa 100 Kilometer südöstlich von Glennallen. Wenige Kilometer hinter Chitina wird der Tazlina River auf einer Brücke gequert; dann endet der Asphalt und die Strecke wird zur rauen Schotterpiste für die nächsten 90 Kilometer. Etwa zweieinhalb Stunden Fahrzeit ab Chitina bis McCarthy.
- Kennicott Shuttle: Im Sommer täglich um 7 Uhr ab Glennallen mit Stopps in Copper Center und Chitina. Aufenthalt in McCarthy: ca. 5 ½ Stunden. Tel. + 1 907 822 5292, *kennicottshuttle.com*
- Wrangell Mountain Air fliegt von Mitte Mai bis Mitte September täglich vom Chitina Airport. Nur beim Hinflug wird eine Schleife über Kennicott gedreht. Tel. +1 907 554 4411, *wrangellmountainair.com*

Von McCarthy nach Kennicott: Mehrere Anbieter, etwa alle 30 Minuten, Unternehmen wechseln häufig. Gleiches gilt für Radverleih. Anbieter für 2023 waren bei Drucklegung noch

61. Das Talkeetna Roadhouse: Alaska, wie es sein sollte

Knarzende Holzbohlen und wackelige Betten – aber riesige Frühstücks-Portionen und herzliche Gastfreundschaft: Wer das Talkeetna Roadhouse besucht, wünscht sich mehr davon. Zudem ist Talkeetna Ausgangspunkt für fantastische Flightseeing-Touren zum Denali.

Ohne Roadhouses wäre die Erschließung Alaskas nicht denkbar gewesen. Meist im Abstand einer Tagesreise mit dem Hundeschlitten lagen diese einfachen Unterkünfte für Fallensteller und Goldsucher in Flusstälern und an Bergpässen. Auch die ersten Abenteuer-Reisenden erhielten hier Kost und Logis, doch der Niedergang erfolgte in den 1960er und 1970er Jahren: Die aus-

gebauten Straßen machten längere Reisen in kürzerer Zeit möglich. Die meisten Roadhouses verschwanden mit der Zeit.

Gemeinschaftsgefühl an den langen Tafeln im Hauptraum

Eine Handvoll dieser Relikte gibt es noch; das Talkeetna Roadhouse ist wohl das eindrucksvollste. Je weiter man nach Talkeetna hineinfährt, desto rustikaler und historischer wird der Ort. Fast am Ende der Main Street steht links das Talkeetna Roadhouse, ein verschachtelter Holzbau. Im großen Gastraum herrscht ständig Betrieb: Bergsteiger genießen die letzte große Mahlzeit vor dem Aufstieg zum Denali, denn Talkeetna ist der Startpunkt für Kletterer, die sich von hier ins Basislager fliegen lassen. Radfahrer planen vor dem Kaminfeuer die nächste Etappe und irgendjemand spielt Gershwin auf dem Klavier. Über allem liegt der Duft der kleinen hauseigenen Bäckerei, die für ihre Ingwersirup-Kekse berühmt ist (jeden Dienstag frisch!). Sofort fühlt man sich hier daheim, lässt sich in eines der Sofas fallen und schließt neue Bekanntschaften.

Im Roadhouse

Ein Dutzend Zimmer ist auf das Haus und seine Anbauten verteilt. Die Holzwände sind massiv, die alten Dielenbohlen knarren bei jedem Schritt, die Gemeinschaftsbäder sind – nun ja: historisch – aber sauber und gepflegt. Wem die doch eher hellhörigen Zimmer nicht zusagen, der findet in so skurrilen Unterkünften wie dem Lehrer-Apartment über der einstigen Dorfschule oder zwei alten Cabins weitere Angebote mit etwas mehr Privatsphäre, die auch vom Roadhouse-Team gemanagt werden. Wer am Morgen ins Restaurant kommt, sollte den Warnhinweis auf der Karte ernst nehmen: Die halben Portio-

Entspannt in den Abend schaukeln …

nen sind für die meisten Reisenden schon mehr als genug, aber das freundliche Personal packt gerne die Reste in einen Picknickbeutel für den anstehenden Tag.

Nagley's Store: „If we don't have it, you don't need it ..."

Für einen Spaziergang entlang der kurzen Main Street gibt es zwei Optionen: Nach links sind es 200 Meter zum kleinen Riverfront Park am Zusammenfluss des Talkeetna Rivers und des Susitna Rivers. Wendet man sich nach rechts, gelangt man zum inoffiziellen Zentrum des Dorfes: Nagley's General Store ist auch schon über 100 Jahre alt und verkauft immer noch nach dem Motto: „If we don't have it, you don't need it.' Gegenüber liegt das ähnlich historische Fairview Inn. Die Gedenktafel, dass man hier US-Präsident Harding 1923 abgefüllt und der sich davon nicht mehr erholt habe, sagt viel über das Selbstverständnis der Einheimischen ... Im nahe gelegenen Talkeetna Museum kann man noch mehr über diese Begebenheit und die restliche Geschichte des Städtchens erfahren.

Vom Bahnhof startet mehrmals die Woche der Hurricane Turn Train, der von hier zahlreiche kleine Cabins und Farmen im Busch mit Post und Lebensmitteln versorgt – Mitfahrer herzlich willkommen! Am Bahnhof vorbei und dann über die Gleise sind es nur ein paar Minuten Fußweg zum Friedhof, der mit seinen vielen Wildblumen mehr an einen verwunschenen Garten erinnert. Hier finden sich die Gräber vieler Bergsteiger, die hoffnungsfroh vom Talkeetna Roadhouse aus gestartet waren, aber auch die jener Buschpiloten, die bei Rettungsversuchen selbst ihr Leben ließen:

Talkeetna Airport: Ausgangspunkt für Flüge zur Fels- und Eiswelt des Denali

Wer als Urlauber von hier aus den Gipfel des Denali erspäht, hat Glück. Im Schnitt ist der Berg nur jeden dritten Tag nicht wolkenverhangen, das sollte man nutzen. Einige Schritte weiter liegt Talkeetnas Flughafen: Flüge über den Kahiltna Glacier zum Felskessel des Ruth Amphitheatre sind ein atemberaubendes Erlebnis.

Wer nun auf den Geschmack gekommen ist und mehr Alaska aus der historischen Atmosphäre heraus erleben will, sollte auch die folgenden rustikalen Roadhouses für eine Übernachtung oder ein Essen in Erwägung ziehen: Die Gakona Lodge und Trading Post zwischen Tok und Glennallen; das Black Rapids Roadhouse in Delta Junction; die Sheep Mountain Lodge am Glenn Highway und das Manley Road House in Manley Hot Springs (siehe Tipp 63).

Das Roadhouse: Talkeetnas „Wohnzimmer"

INFO

Lage: Talkeetna liegt etwas abseits der Hauptroute von Anchorage zum Denali National Park. Talkeetna Roadhouse, 13550 E Main St, Talkeetna. Restaurant bei Drucklegung nur für Übernachtungsgäste, soll aber wieder gelockert werden. Tel. +1 907 733 1351, *talkeetnaroadhouse.com*

Trinken: Denali Fairview Inn, 101 Main Street. Täglich ab 12 Uhr bis mindestens 1:30 Uhr am Morgen, keine Webseite

Aktivitäten:

- Hurricane Turn Train: Mitte Mai bis Mitte September, Donnerstag bis Montag. Der Zug fährt fast 100 Kilometer durch die Wildnis bis zur spektakulären Brücke über die Hurricane Gulch, *alaskarailroad.com*
- Flightseeing: Die Flüge zum Denali starten am neuen Airport von Talkeetna, jenseits der Bahngleise, z. B. mit Talkeetna Air Taxi, K2 Aviation oder Sheldon Air Service. Reservierung empfohlen, *talkeetnaair.com, flyk2.com, sheldonairservice.com*

Website: *talkeetnachamber.org*

62. Denali Park Road: Alaskas grandiose Radtour

Weit führt die einzige Straße in den Denali National Park. Nur die ersten Kilometer sind asphaltiert und dürfen mit Privatautos befahren werden. Ab der Brücke über den Savage River sind nur noch die Parkbusse auf der spektakulären Park Road zugelassen – und Fahrräder.

Eine Fahrt in den Denali Nationalpark gehört für viele Alaska-Reisende auf die „Bucket List". Schon aus den Park-Bussen heraus fühlt es sich an wie eine Grenze, von der Zivilisation in die Wildnis, wenn sich am Savage River der Schlagbaum hebt und der Asphalt dem Schotter weicht.

Doch wer die Park Road nur aus dem Bus erlebt, verpasst viel. Nicht nur, weil nach Murphy's Law die Bären, Karibus und Elche immer auf der anderen Seite des Busses zu sehen sind, sondern auch, weil keine Zeit bleibt, auszusteigen und die Natur mit allen

Denali Park Road am Polychrome Overlook

Sinnen zu genießen. Anders auf dem Rad, allein in der grandiosen Landschaft unterwegs. Mit unverstelltem Blick lässt sich die faszinierende Tierwelt erleben und genießen.

Man kann die komplette, 142 Kilometer lange Park Road mit dem Rad befahren, aber das ist nicht sinnvoll: Der erste Abschnitt bis zum Savage River ist stark befahren, zudem sind insgesamt mehr als 2000 Höhenmeter zu bewältigen und die beiden letzten Zeltplätze an der Park Road liegen 80 Kilometer auseinander. Lohnender ist daher eine Radtour in Kombination mit den Parkbussen, bei denen man unterwegs aus- und zusteigen kann.

Zum Einstimmen kann man sich am Ankunftstag im Park noch samt Rädern mit dem kostenfreien Shuttlebus zum Savage River transportieren lassen. Dort ergeben sich schon erste Blicke auf den Denali, im Flusstal sind oft Karibus zu entdecken und in den tieferen Passagen kreuzt schon mal ein Elch die Straße. Der 24 Kilometer lange Rückweg führt fast nur bergab.

Elche sieht man vor allem in tiefer gelegenen Wäldern.

Am nächsten Tag sollte man morgens mit einem der ersten Busse samt Fahrrad bis zum Highway Pass fahren. Nach dem Ausstieg steht man bei Meile 58 am höchsten Punkt der Park Road und hat zugleich den wohl schönsten Ausblick auf das Bergmassiv des Denali. Nach zwei kleineren Abfahrten und kurzen Gegenanstiegen ist nach einer Stunde auf dem Rad das Eielson Visitor Center erreicht. Von hier aus starten geführte kurze Wanderungen mit den Park Rangern und die Wasserflaschen können aufgefüllt werden.

Geschafft! Mit dem Rad am Wonder Lake Campground.

Nach der Pause kommt der schönste Teil: Die nächsten 30 Kilometer geht es bis zum 500 Meter tiefer gelegenen Wonder Lake fast nur bergab. Bei klarer Sicht auf den Berg lohnt der drei Kilometer lange Abstecher ans Nordende des Wonder Lake für ein Foto des sich im See spiegelnden Denali. Am Südende des Sees liegt der Campground mit weit verstreut liegenden Holzplattformen, auf denen man sein Zelt aufschlagen kann. Im August sind hier die Blaubeeren reif.

Camper-Bus: auch für Radfahrer

Wer nicht campen will, erreicht noch den letzten Bus zurück zum Parkeingang oder übernachtet in einer der komfortablen Lodges. Am nächsten Morgen lohnt ein Abstecher in die alte Minenstadt Kantishna am Ende der Straße, bevor man sich mit dem Shuttle Bus wieder den Berg hinauf transportieren lässt.

INFO

Lage: Alle Busse starten am Denali Bus Depot. GPS 63.73650, -148.89748

Route: Nach einem Bergrutsch ist die Straße im Jahr 2022 nur bis Meile 43 befahrbar, ab 2023 voraussichtlich wieder komplett. Auf der Webseite des Parks für Radler finden sich detaillierte Beschreibungen und ein Höhenprofil, *nps.gov/dena/planyourvisit/cycling.htm*

Grüne Busse:

- Zum Savage River verkehren kostenfreie Shuttlebusse, die max. zwei Räder mitnehmen, wenn Platz ist, *nps.gov/dena/planyourvisit/courtesy-shuttle-buses.htm.*
- Weiter in den Park hinein verkehren Camper-Busse, die mit Reservierung Fahrräder garantiert mitnehmen, sowie Transitbusse, die bei Verfügbarkeit ebenfalls Räder transportieren, *nps.gov/dena/planyourvisit/shuttles.htm.*
- Die hellen Tourbusse nehmen keine Räder mit.

Regeln: Zu Bären sollte man 300 Meter Abstand halten, zu allen anderen Tieren 25 Meter. Gegebenenfalls anhalten und Tiere passieren lassen.

Camping: Der Campingplatz am Wonder Lake ist 2022 geschlossen aufgrund der Straßensperrung. Er muss vorab gebucht werden, *reservedenali.com/camping/campground-information*

Übernachtungen:

- In der Nähe des Parkeingangs gibt es eine Vielzahl von Hotels und Campingplätzen, die für Aufenthalte im Sommer aber mindestens sechs Monate im Voraus gebucht werden sollten.
- Am Ende der Park Road in Kantishna liegen drei Lodges, die ihre einzigartige Lage zum Anlass nehmen, kräftig zuzulangen: Die Preise für eine Übernachtung mit Vollpension beginnen bei ca. 950 USD pro Person; meist sind zwei Nächte Mindestaufenthalt erforderlich, *alaskacollection.com/lodging/denali-backcountry-lodge, kantishnaroadhouse.com, katair.com*

Website: *nps.gov/dena*

63. Alaskas heisses Herz: Die Thermalquellen rund um Fairbanks

Zahlreiche Thermalquellen sind in Alaskas Norden bekannt, zwei von ihnen mehr oder weniger erschlossen: die Hot Springs in Chena und Manley. Fairbanks bietet sich als Ausgangspunkt für beide an, dennoch sind auch von hier aus die Entfernungen noch beträchtlich und zumindest für Manley sollte man vorab planen.

Das Granitgestein im Norden Alaskas fördert die Entstehung heißer Quellen: Es bricht senkrecht und erlaubt Wasser, schnell aufzusteigen ohne viel Wärme zu verlieren, anders als in Sedimentgestein mit seinen waagerechten Verwerfungen. Das wussten auch die Goldsucher Robert und Thomas Swan, die 1905 nach heißen Quellen suchten: Robert litt unter schwerem Rheuma und versprach sich Linderung durch das Thermalwasser. So folgten die beiden den Hinweisen der indigenen Ureinwohner, um schließ-

Chena Hot Springs: Bade-Erlebnis im Felsen-Pool

lich die Quellen von Chena, etwa 100 Kilometer nordöstlich von Fairbanks zu entdecken. Schon 1911 entstanden dann die ersten Hütten für Reisende.

Heute ist Chena Hot Springs ein vielfältiges, kommerzielles Unternehmen, aber nicht überlaufen. Hauptattraktion sind immer noch die heißen Quellen, die mit 65° Celsius aus dem Boden sprudeln. Mineralgehalt und -zusammensetzung ähneln den böhmischen Thermalbädern Karlsbad und Marienbad. Abgekühlt auf 41° Celsius kann man das Quellwasser naturbelassen draußen im Felsenpool genießen, oder – chloriert – im Hallenbad bei etwa 32° Celsius. Rund um die heißen Quellen entstanden weitere Attraktionen, so z. B. das Aurora Ice Museum, die nach Aussagen der Betreiber größte ganzjährig betriebene Eiswelt. Auf der 45-Minuten-Tour sieht man Eisskulpturen, Hotelzimmer im Iglu-Stil, eine Kapelle und eine Eis-Bar, in der zum Abschluss Getränke in Gläsern aus Eis serviert werden. Handschuhe und eine warme Mütze werden empfohlen. Weitere Aktivitäten schließen River Rafting, den Besuch einer Schlittenhundezucht, Ausritte und ATV-Touren ein.

Eisskulptur im Aurora Ice Museum

Wer all das erleben will, sollte mindestens eine Übernachtung einplanen und dies am besten nicht am Wochenende – Chena ist ein beliebtes Ziel für Kurzreisen aus Fairbanks und sogar Anchorage: Dann wird es voll und teuer. Sinnvoller ist da ein Aufenthalt unter der Woche. Dafür bieten sich Hotelzimmer, Cabins, ein Campingplatz und sogar Yurten an. Die Energie für all das kommt übrigens auch aus den heißen Quellen: Seit 2016 versorgt ein geothermisches Kraftwerk Chena mit Strom.

Oldtimer als Blumenkasten in Chena

Einen ganz anderen Charakter haben die heißen Quellen in Manley. Der Besuch in den Manley Hot Springs ist ein ungewöhnliches, rustikales Erlebnis. Das eigentliche Resort ging insolvent und wurde schon vor Jahren geschlossen. Aber Chuck und Gladys Dart betreiben ein großes Gewächshaus, das mit dem Thermalwasser beheizt wird – mit drei kleinen Betonbecken mittendrin. So badet man unter Weintrauben (reifen hier im Juli) und Birnen (August). Das nahe gelegene Manley Roadhouse bietet die einzige Unterkunft im Ort.

Regenbogen über Chena

INFO

Lage:

- Chena Hot Springs: 100 Kilometer nordöstlich von Fairbanks, Endpunkt der Chena Hot Springs Road. GPS 65.053517, -146.057496. Tel. +1 907 451 8104, *chenahotsprings.com*
- Manley Hot Springs: 250 Kilometer westlich von Fairbanks am Ende des Highway 2, GPS 65.001093, -150.634292. Für die Fahrt auf der Schotter-Straße des Elliott Highway sollte man mit mindestens vier Stunden rechnen – zahlreiche Aussichtspunkte entlohnen für die ruppigen Passagen. Hot Springs: Nur nach Reservierung, Tel. +1 907 672 3213, 24 Std. täglich, keine Webseite

Übernachtungen:

- Chena Hot Springs: Jurten, Cabins, Hotelzimmer. Tel. +1 907 451 8104, *chenahotsprings.com*
- Manley Hot Springs: Manley Roadhouse mit Restaurant (täglich geöffnet), *manleylodge.com*

Sonstiges: In Chena kleiner Laden mit Bäckerei, Tankstelle. In Manley (70 Einwohner) gibt es außer dem Roadhouse keine Infrastruktur für Reisende.

64. Nome: Last Train To Nowhere

Keine andere Stadt Alaskas liegt so abgeschieden und ist dabei gleichzeitig so vielfältig und abwechslungsreich für Reisende. Indigene Kulturen, der Goldrausch, die einzigartige Natur: Nome begeistert.

Der Goldrausch von 1899/1900 ließ Nomes Bevölkerungszahl innerhalb von Monaten von null auf 10.000 ansteigen – heute leben ganzjährig immerhin noch knapp 4000 Menschen in der Stadt auf

Tundra-Landschaft nördlich von Nome

der Seward-Halbinsel. Die meisten Besucher kommen im kurzen Sommer und beschränken sich auf die Stadt selbst; schließlich liegen das indigene Katirvik Cultural Center, das Stadtmuseum und auch das Informationszentrum zur Bering-Landbrücke mitten in der Stadt. Doch der Charakter Nomes erschließt sich erst, wenn man per Mietwagen die Stadt verlässt und auf dem immerhin 560 Kilometer langen Straßennetz die Umgebung entdeckt.

Die knapp 120 Kilometer lange Nome-Council Road bietet die größte Vielfalt rund um Nome. An der Beringsee-Küste stehen pittoreske Wellblech-Hütten, der Safety Sound ist ein Paradies für

Ornithologen. Der ungewöhnlichste Anblick aber ist der „Last train to nowhere": Die drei rostigen Lokomotiven waren einst auf der New Yorker Hochbahn im Einsatz und wurden später nach Nome verschifft. Der geplante Einsatz kam aber nie zustande. Zwar wurden 35 Kilometer Gleise in die unwirtliche Landschaft gelegt, doch Stürme brachten Brücken zum Einsturz und so rostet „der letzte Zug nach Nirgendwo" seit mehr als hundert Jahren hier vor sich hin.

Bei Meile 40 erreicht man kurz nacheinander zwei Gold Dredges: Schwimmbagger, die den Flussgrund ausbaggerten, auf der Suche nach Gold. Stookum Pass, Meile 53, bietet Ausblicke und die Möglichkeit, über die Grate der umgebenden Hügel noch höher aufzusteigen. Bei Meile 73 endet die Straße am Niukluk River. Auf der anderen Seite liegt Council, heute Wochenend-Siedlung für einige Bürger Nomes, ohne Services für Besucher.

Gold Dredge bei Nome

Die Kougarok Road, auch als Nome-Taylor Road bekannt, führt 140 Kilometer nach Norden durch die Kigluaik Mountains. Auch hier stößt man immer wieder auf Artefakte aus der Goldgräber-

Downtown Nome

Zeit. Vor allem aber bietet die Landschaft die eindrucksvollsten Berg-Panoramen und Wanderwege in der hochgelegenen Tundra. Bei Meile 54 zweigt die Pilgrim River Road zu den Pilgrim Hot Springs ab. Das ehemalige Waisenhaus hat sich dem Tourismus zugewandt und bietet auch Cabins für Übernachtungen. Die Straße dorthin überquert einen Pass, der einen idealen Startpunkt

Moschusochsen bei Nome

für Wanderungen darstellt. Am Ende der Kougarok Road, an der Kougarok Bridge bei Meile 86, sind oft Moschusochsen zu sehen.

Die Nome-Teller Road führt 120 Kilometer nach Nordwesten: Die 250 Iñupiak, die dort leben, machen Teller zur westlichsten Siedlung der USA mit Straßenanschluss. Mehr Infrastruktur als ein Postamt gibt es in Teller nicht, aber die etwa zweistündige Fahrt dorthin mit vielen steilen Passagen in der hügeligen Tundra-Landschaft lohnt dennoch. Unterwegs bestehen gute Aussichten, Moschusochsen zu sichten oder Karibus, die von den Iñupiak in freilaufenden Herden gehalten werden.

INFO

Lage: Nome liegt nur 250 Kilometer von der russischen Küste entfernt, aber 1000 Kilometer von Anchorage. Anreise nur per Flug möglich: Alaska Airlines fliegt mehrmals täglich von Anchorage hierher, *alaskaair.com*

Mietwagen:

- Stampede Rent-A-Car vermietet robuste SUV, Minivan und Pick-Ups. Büro im Aurora Inn, 302 Front Street. Frühzeitig reservieren, nur Tel. +1 907 443 3838, *aurorainnome.com/stampede-car-rentals/*
- Das Dredge No 7 Inn vermietet Fahrzeuge an Übernachtungsgäste, *dredge7inn.com/car-reservation.php*

Übernachten und heiße Quellen:

- Aurora Inn & Suites: DZ mit Du/WC, 302 Front St, Nome, Tel. +1 907 443 3838, *aurorainnome.com*
- Dredge No.7 Inn: DZ mit Du/WC, 1700 Teller Highway, Nome, ein Kilometer nördlich des Stadtzentrums, Tel. +1 907 304 1270, *dredge7inn.com*
- Pilgrim Hot Springs: Cabins, Tages-Permits für die heißen Quellen möglich. Tagesbesuche: Täglich außer Dienstag 10 bis 22 Uhr. Reservierungen, Permits und Anfahrtsbeschreibung nur über Kawerak, Inc., 500 Seppala Drive, Nome, Tel. +1 907 443 4278, *pilgrimhotsprings.com*

Website: *visitnomealaska.com*

65. DIE ARKTIS: ZUM NALUKATAQ NACH UTQIAGVIK

Um einen authentischen Einblick in die Traditionen und Kultur der Iñupiak zu bekommen, sollte man Ende Juni zum Nalukataq, dem Walfangfest, nach Utqiagvik reisen.

Die Gastgeber schneiden einen Block Muktuk aus der Walhaut heraus. Die Fettschicht besitzt eine höhere Konzentration an Vitamin C als viele Zitrusfrüchte und war daher in der Arktis eine wichtige Vitaminquelle. Der Geschmack erinnert an Mandeln: Es ist Nalukataq – Walfangfest. Einige Meter weiter zelebriert eine Fanggemeinschaft den „Blanket Toss": Sie schleudert ein Mädchen von einer großen Decke aus Walrosshäuten trampolinartig hoch. Früher konnte man so die Wale besser ausfindig machen.

Utqiagvik, nördlichste Siedlung der USA

Ende Juni ist die beste Zeit für eine Reise nach Utqiagvik (früher: Barrow). Der genaue Termin des Festes ist von den Walen abhängig: Utqiagvik liegt auf der Migrationsroute der Buckelwale und nach wie vor dürfen die Einheimischen Wale für den Eigenbedarf fangen. Das drei Tage dauernde Festival beginnt mit einem Kirchgang und einer Flaggenparade, gefolgt von Karibu- und Gänsesuppe mit Brot. Gäste erhalten einen Teil der Wal-Eingeweide.
Sicher nicht jedermanns Sache – aber authentischer als das Kurzprogramm, das Tagesbesucher absolvieren. Diese haken die be-

kannten Sehenswürdigkeiten im Schnelldurchlauf ab: Point Barrow ist dabei, ebenso das Iñupiat-Kulturzentrum und der Whale Bow. Den Abschluss bildet eine routinierte Folklorevorführung. Den US-amerikanischen Gästen reicht das meist. Sie haken den Superlativ („Northernmost Point of the USA!") ab und fliegen um 17 Uhr zurück. Besser ist es aber, das alles bei einem mehrtägigen Aufenthalt intensiv zu entdecken, inklusive Mitternachtssonne und authentischem Walfangfest.

Fast am Ende der Welt ...

INFO

Lage: Utqiagvik ist die nördlichste Siedlung der USA und liegt etwa 1200 Kilometer Luftlinie nördlich von Anchorage

Anreise: Flüge zweimal täglich mit Alaska Airlines von Anchorage, *alaskaair.com*

Übernachtung: Unterkünfte sind knapp und teuer – unbedingt frühzeitig buchen. Empfehlenswert sind z. B.

- Top of the World Hotel. Zentrale Lage, Restaurant. 3060 Eben Hopson St. Das Hotel steht unter lokalem Management; dazu gehört auch der Veranstalter Tundra Tours, Tel. +1 907 852 3900, *tundratoursinc.com*
- Latitude 71 BnB: Kleines B&B mit Gemeinschaftsküche. Zentral gelegen, 5725 B Ave. Tel. +1 907 301 6017, *latitude71bnb.com*

Touren: Tundra Tours bietet die fünfstündige Tour für Tagesbesucher, organisiert aber auch individuelle Programme und ist die beste Informationsquelle für das Walfangfest, was Daten, Programm, Unterkünfte anbetrifft.
E-Mail: *twh@tundratoursinc.com*. Tel. +1 907 852 3900, *tundratoursinc.com/tours*

Website: Keine eigene Webseite für Besucher.

66. Qikiqtagruk: Die grosse Einsamkeit im Kobuk Valley National Park

Eine halbe Million Karibus, aber nicht mal 15.000 Besucher im Jahr: Der Kobuk Valley National Park ist einer der abgelegensten der USA. Qikiqtagruk ist das Tor zu Sanddünen und Karibuherden im Nationalpark.

Teile der Western Arctic-Karibuherde auf ihrer jährlichen Migrationsroute

Schon im Landeanflug auf Qikiqtagruk, das frühere Kotzebue, entdeckt man aus der Luft umfangreiche Herden. Doch es handelt sich nicht um Karibu, sondern um europäische Rentiere, die Ende des 19. Jahrhunderts eingeführt wurden und leichter zu züchten waren als ihre nordamerikanischen Verwandten. Wer Karibus wie die mehr als 250.000 Tiere starke Western Arctic-Karibuherde auf ihren Wanderungen durch den Nationalpark antreffen will,

sollte im Frühjahr oder im Herbst reisen, wenn die Karibus zwischen ihren Winter- und Sommerquartieren wechseln.

Aber auch im Sommer lohnt ein Besuch im Kobuk Valley: Die bis zu 30 Meter hohen, durch Vergletscherung entstandenen Sanddünen sind ein beliebtes Ziel, ebenso eine Kanutour auf dem

Qikiqtagruk, das frühere Kotzebue, an der Küste der Tschuktschensee

Kobuk River. Einzelne Karibus sieht man auch im Sommer, dazu Bären, Elche, Wölfe, Moschusochsen, Luchse und mehr.

In jedem Fall muss man langfristig vorausplanen. Das engagierte Team im Northwest Arctic Heritage Center in Qikiqtagruk hat zwar Antworten auf alle Fragen, doch man gelangt von hier nur per Charterflug in den Park und die Flugkapazitäten sind begrenzt. Wer sich auf eine entsprechend langfristige Planung einlässt, wird die Einsamkeit der Wildnis in ihrer ursprünglichen und schönsten Form erleben – natürlich weit abseits aller ausgetretenen Pfade.

INFO

Lage: Qikiqtagruk liegt etwa 900 Kilometer nordwestlich von Anchorage. Der Nationalpark Kobuk Valley erstreckt sich nordöstlich des Ortes, auf einer Fläche fast dreimal so groß wie das Saarland. Tägliche Flüge mit Alaska Airlines von Anchorage, *alaskaair.com*.

Übernachtung: Nullagvik Hotel, 306 Shore Avenue, Qikiqtagruk, DZ Du/WC, Tel. +1 907 442 3331, *nullagvikhotel.com*

Information und Planung: Northwest Arctic Heritage Center, Qikiqtagruk. Tel. 1 907 442 3890, *nps.gov/kova/planyourvisit/northwest-arctic-heritage-center.htm*

Sonstiges: In Qikiqtagruk gibt es die notwendigsten Lebensmittel; im Arctic Center sind Bear Container erhältlich, die für Übernachtungen in der Wildnis sinnvoll sind. Sämtliche andere benötigte Ausrüstung muss mitgebracht werden.

Touren in den Nationalpark: Die Parkverwaltung listet alle lizenzierten Anbieter auf, *nps.gov/locations/alaska/services-kobuk-valley.htm*. Flüge und Expeditionen, z. B. mit Arctic Treks, *arctictreksadventures.com*

Website: *nps.gov/kova*

Register

Die AutorInnen

Michaela Arnold (Northwest Territories)
Sie hat sich im Jahre 2002 mit dem Nordkanada-Fieber infiziert und die Region seitdem mehrfach bereist. Ihr Lieblings-Roadtrip ist der Dempster Highway und das am besten im Herbst oder Winter.

Karin Schreiber (Northwest Territories)
Seit Ende der 1990er Jahre ist Karin Schreiber Feuer und Flamme für Kanada. Ihr Herz schlägt besonders für die Prärieprovinzen Manitoba und Saskatchewan sowie die Northwest Territories im Norden des Landes. Ihr bester Reisemoment? Zweifelsohne die Begegnung mit Eisbären an der Küste der Hudson Bay im Norden Manitobas.

CANUSA
TOURISTIK SEIT 1983
Wir sind die Experten für
Ihre Nordamerika-Reise
CANUSA TOURISTIK GmbH & Co. KG | (040) 22 72 53-0 | ham@canusa.de oder
persönlich in Hamburg | Hannover | Frankfurt | Köln | München | Stuttgart | Berlin.
canusa.de

Die AutorInnen

Holger Bergold (Yukon)
Seit fast vierzig Jahren ist Holger Bergold eng mit Kanada verbunden. Als Verkaufs- und Marketing-Direktor für Canadian Pacific Hotels bereiste er alle Provinzen. 1988 gründete er seine eigene Marketing- und PR-Repräsentanz in Frankfurt und vertritt und berät seither Fluglinien, touristische Regionen, Reiseveranstalter und Kunden aus der Tourismusindustrie.

Martin Pundt (Alaska)
Seit 25 Jahren entdecke ich als Autor und Reiseveranstalter Alaska mit Mietwagen und Camper. Schon bei diesen Road Trips wird die Wildnis spürbar. Doch immer öfter steige ich auf Kanu oder Fahrrad um, reise per Zug oder Wasserflugzeug, denn erst jenseits des Asphalts beginnt das wahre, authentische Alaska. Kommen Sie mit auf diese Reise, liebe Leserinnen und Leser!

Bildnachweis:

Allgemein:

Cover: Scalia Media | Adobe Stock; SCStock | Adobe Stock S. 5

Northwest Territories

J. F. Bergeron S. 21 o, 33 o, 56; Bill Braden S. 57; Dave Brosha S. 35; Jason van Bruggen S. 24; CambridgeBayWeather, CC BY SA 3.0 S. 17 u; Denkzauber S. 22 u, 45, 74; Destination Canada S. 20, 61, 62, 73; Hanna Eden | NWT Tourism S. 82; Colin Field S. 28-29, 40, 58 u, 64, 66, 70 u, 78; Colin Field | NWT Tourism S. 18, 19 u; George Fischer S. 23 u, 54, 80, 84, 86 o, 86 u; George Fischer | NWT Tourism S. 17 o, 26; Paul Gierszewski, CC BY SA 4.0 S. 51; Angela Gzowski S. 36, 60, 77; Ole Helmhausen S. 47, 81; Ronne Heming S. 48 u, 72; Pat Kane S. 71; Pat Kane | NWT Tourism S. 25, 69; James MacKenzie S. 37 u; Peter McMahon S. 83; Corey Myers Photography S. 15, 50; Cory Myers | Frontier Lodge S. 53; NWT Tourism S. 33 u; Terry Parker S. 42, 58 o; Hans-Gerhard Pfaff S. 46 o, 48 o, 65; Hans-Gerhard Pfaff | NWT Tourism S. 34; Adam Pisani S. 38; Darren Roberts Photography S. 41, 43; Darren Roberts Photography | NWT Tourism S. 27; Gerold Sigl S. 14, 19 o, 32, 44, 46 u, 85; Gerold Sigl | NWT Tourism S. 16; Yuichi Takasaka S. 22 o, 37 o; Kaitlyn Vician S. 12-13; Paul Vecsei | NWT Tourism S. 23 o; Willy Waterton S. 52, 76; Weiland | NWT Tourism S. 21 u, 68, 70 o

Yukon Territory

Alle Fotos Holger Bergold, außer Government Yukon S. 96 u, 130, Cecil Sanders via Flickr, CC BY SA 2.0, S. 248

Alaska

Alle Bilder Martin Pundt, außer Jason Ahrns, CC BY SA 2.0; S. 283; Alaska Drones | Shutterstock.com S. 303 o; Alaska Railroad | Glenn Aronwits S. 279 u; BILD LLC | Shutterstock.com S. 279 o;Nina B | Shutterstock.com S. 348-349; Brian Bonney | Visit Anchorage S. 322 u; Rebecca Coolidge | Visit Anchorage S. 321; Danita Delimont | Shutterstock.com S. 376-377; Dcrane | Shutterstock.com S. 326 u; Jay Gao | Shutterstock.com S. 303 u; hakkun, CC BY SA 30, S. 285; Teri Hendricks | Visit Anchorage S. 318; Imageinit | Shutterstock.com S. 367; Andrea Izzotti | Shutterstock.com S. 302; Andrew F. Kazmierski | Shutterstock.com S. 370; Chris Lott, CC BY 2.0, S. 371; Jacob Loyacano | Shutterstock.com S. 372 u; Nic McPhee, CC BY SA 20, S. 275; Ion Mes | Shutterstock.com S. 308; Roy Neese | Visit Anchorage S. 319, 322 o; Niagara66, CC BY SA 4.0, S. 272; Jody O. Photos | Visit Anchorage S. 320; ovedc CC BY SA 40, S. 286-287; Lucas Payne | Shutterstock.com S. 324;Albert Pego | Shutterstock.com S. 375; Pixabay S. 270-271, 273, 284; Real Window Creative | Shutterstock.com S. 374, 378; Milan Sommer | Shutterstock.com S. 326 o; Mark Stephens Photography | Shutterstock.com S. 346, 347; Christoph Strässler, CC BY SA 2.0, S. 274; Jerzy Strzelecki, CC BY 3.0, S. 372 o; Paul Swanson | MFS S. 291; T.M. Urban | Shutterstock.com S. 379; Vagabond54 | Shutterstock.com S. 304